新编21世纪高等职业教育精品教材

市场营销系列

品牌策划与推广

Brand Planning and Promotion

王成荣　王　肇／编著

中国人民大学出版社

· 北京 ·

图书在版编目（CIP）数据

品牌策划与推广/王成荣，王肇编著．-- 北京：中国人民大学出版社，2023.9

新编21世纪高等职业教育精品教材．市场营销系列

ISBN 978-7-300-31897-4

Ⅰ.①品… Ⅱ.①王… ②王… Ⅲ.①品牌-企业管理-高等职业教育-教材 Ⅳ.①F273.2

中国国家版本馆CIP数据核字（2023）第118852号

新编21世纪高等职业教育精品教材·市场营销系列

品牌策划与推广

王成荣　王　肇　编著

Pinpai Cehua yu Tuiguang

出版发行	中国人民大学出版社		
社　址	北京中关村大街31号	邮政编码	100080
电　话	010－62511242（总编室）		010－62511770（质管部）
	010－82501766（邮购部）		010－62514148（门市部）
	010－62515195（发行公司）		010－62515275（盗版举报）
网　址	http://www.crup.com.cn		
经　销	新华书店		
印　刷	北京七色印务有限公司		
开　本	787 mm×1092 mm　1/16	版　次	2023年9月第1版
印　张	13.25	印　次	2025年2月第2次印刷
字　数	292 000	定　价	38.00元

前言

我们已经进入一个崭新的品牌经济时代。五光十色的商品与千变万化的消费需求，在市场博弈中相互促进、共同成长。在技术、商品快速迭代与供求迅速变化中，唯一不变的是，品牌越来越受到推崇；企业创造品牌的愿望与消费者拥有品牌的渴望，不但从未减弱，反而与日俱增。品牌，早已超越其保证品质和服务、象征身价与资产的意义而成为市场的核心要素，成为企业核心竞争力乃至国家竞争力的象征。

党的二十大报告提出，推进新型工业化，加快建设制造强国、质量强国。繁荣品牌经济，培育国货品牌，有利于促进我国制造业升级和经济高质量发展，提高我国产品的国际竞争力。

在全球化、信息化和数字化叠加背景下，品牌的成长规律、周期变化，以及品牌创建与培育的理念、策略与方法，都在因势而变。创业者们在思考，从何处入手、怎样快速创立自己的品牌；中小企业在寻觅，用什么策略提升自己的品牌影响力；大型企业在探索，用怎样的战略创造品牌的强势地位和可持续发展活力。而越来越理性的消费者，则从浩如烟海的市场信息以及各种好评度、排行榜、论坛和好友推荐中，寻找与自身个性、价值相吻合的品牌产品；或者，他们期待在市场上，猛然眼前一亮，与某些品牌不期而遇、“一见钟情”。

怎样创建品牌？如何提升品牌影响力，进而创造品牌的强势地位，最终赢得消费者的青睐、获得市场的尊重，使企业健康发展并取得持久的利益？毫无疑问，需要企业进行有效的品牌策划、推广与管理。

史芸赫在《品牌人格：从一见倾心到极致信仰》一书中谈道：当下，品牌管理的第三个纪元，正在全球同步揭开序幕。第一代品牌管理，等于形象包装，意在令人一见倾心。第二代品牌管理，重在提高价值，助推企业把利润升上去、把规模做起来。第三代品牌管理，在于塑造企业的“人格”。[①] 我国乃至世界市场，是一个庞大的多层次、多元化的市场，企业经营能力及消费者需求差异都很大。因此，三代品牌管理，处在交叉并存、逐渐提升与替代的状态。

---

① 史芸赫．品牌人格：从一见倾心到极致信仰［M］．北京：机械工业出版社，2019.

本教材作为高职高专院校经济贸易、市场营销、工商管理、旅游管理、餐饮管理与服务专业，以及相关产品设计与制造、资产评估与管理等专业的通识课程教材，力求从这些专业的人才培养目标出发，立足于我国品牌策划、推广与管理的实践，通过简明的理论阐述、大量的案例分享与技能训练，使学生了解品牌以及品牌策划、推广与管理的常识，掌握品牌识别、品牌定位、品牌设计、品牌营销、品牌文化塑造、品牌战略与管理等方面的一般方法与实际技能。

笔者曾主持完成国家社科基金项目“中国名牌战略研究”、北京社科基金项目“品牌价值的评价与管理”“老字号品牌价值研究”等课题项目，出版《中国名牌论》《品牌价值论》《品牌价值评价与管理》《老字号品牌价值》《老字号品牌文化》等著作，在《管理评论》《商业研究》《销售与市场》等杂志上发表了数十篇相关论文，同时，对海尔、同仁堂、全聚德、三一重工、蒙牛、万科、汾酒、王致和、张一元、六必居等著名品牌做过个案研究或咨询。尽管如此，由于品牌经济的蓬勃发展和企业品牌管理的不断创新，编写这本通识性的教材，仍感学识浅薄、困难重重。

好在，在这样一个资讯发达和文献充裕的时代，笔者能够捕捉到很多新鲜案例，检索到很多新的文献，尽量使本教材的内容与时俱进。为此，特别感谢书中所列文献的作者和诸多品牌企业，本教材的出版凝聚着他们的智慧与心血。

感谢我的合作者王肇博士，他对品牌管理，尤其是品牌创新和价值管理有深入研究，承担了本书的重要编写任务；感谢鹿瑶博士，她参与了第三、四、五章初稿的编写；感谢周浩讲师，他参与了第一、二章初稿的编写；感谢首都经济贸易大学崔也光教授对本教材编写的指导。

由于作者水平所限，本教材内容缺陷、不足乃至错误在所难免，敬请使用教材的师生和读者批评指正。我愿意与大家共同努力，不断修改完善这本教材。

王成荣

2023 年 4 月

目录

第一章

绪　论

知识目标

1. 了解品牌经济的概念、标志以及发展品牌经济的意义。
2. 了解中国品牌经济发展的基本情况，以及在全球化竞争中面临的挑战。
3. 理解品牌经济的溢价效应。
4. 掌握品牌管理的内容，理解品牌管理对品牌发展的意义。

技能目标

1. 初步学会从品牌经济视角观察、分析企业营销活动。
2. 初步学会甄别品牌影响力大小，对企业实施品牌战略的效果做出大致评价。

素养目标

1. 培养对全球化背景下品牌经济发展趋势的理解。
2. 树立培育民族品牌的意识，增强对民族品牌的信心。

第一节　品牌经济

案例导入

2022 年全球品牌价值 500 强出炉

2022 年 1 月 26 日，在达沃斯世界经济论坛上，英国品牌金融咨询公司（Brand

Finance）发布了《2022年全球品牌价值500强》。每一年，Brand Finance都会对5 000个全球最大的品牌进行调研并发布近百份报告，对所有行业与国家的品牌进行排名，评出年度Brand Finance全球品牌价值500强，入榜的品牌均是行业翘楚，对全球市场产生着巨大影响力和引领作用。

在2022年全球品牌价值500强中，从国家上看，美国和中国继续在排行榜上占据主导地位。其中，美国入榜品牌199个，占比39.8%；品牌总价值3.9万亿美元，占比49%。中国入榜品牌84个，占比16.8%；品牌总价值1.6万亿美元，占比19%。在全球品牌价值TOP10中，美国占有7席，韩国占1席，中国工商银行和华为进入前10位。除美国和中国外，日本、法国、德国、英国，以及加拿大、印度、韩国、瑞士、意大利、西班牙、荷兰、瑞典、澳大利亚等国，在全球品牌价值排行榜中均占有一定地位。

从行业上看，科技板块仍然是品牌价值最高的行业，2022年累计品牌价值接近1.3万亿美元。科技品牌在现代世界中变得越来越重要。50个上榜的科技品牌中，苹果、微软、三星三大科技巨头，合计品牌价值在行业中占比达50%以上。其中，苹果品牌价值增长35%至3 551亿美元，成为全球第一家市值超3万亿美元的公司，其成功在于不断磨炼其核心品牌定位，同时将品牌有效地应用于更为广泛的服务。榜单排名第9位的华为，以重视研发并将业务重心向云服务转移等优异表现，使其品牌价值以29%的幅度增长后达到712亿美元。汽车板块，在丰田、梅赛德斯-奔驰、特斯拉、大众、宝马、保时捷等国外强势品牌面前，中国汽车品牌逆势而上。比亚迪专注于电动汽车，以100%的增长幅度，成为该行业品牌价值增长最快的品牌，其月销量甚至一度超越领军者特斯拉。在互联网行业，谷歌、脸书实力不减。抖音的品牌价值翻了两番，品牌价值从2021年的187亿美元增长到2022年的590亿美元，被Brand Finance评为全球品牌价值增长最快的品牌，在新冠疫情期间，抖音从内容获取到用户体验都做了很大投入，因而成为排名最高的新晋品牌。

与品牌价值排名的趋势一致，品牌强度排名前5的品牌中有4个来自媒体。微信居于品牌价值排行榜第13位，以品牌强度指数93.3分的高分，蝉联“全球最强品牌”称号。继微信之后，谷歌及其旗下的YouTube，分别排到第3、4位。韩国品牌Naver位列第5。

从品牌守护指数上看，2022年，Brand Finance对全球250位首席执行官（CEO）进行了排名。最佳品牌守护者是微软董事长萨蒂亚·纳德拉（Satya Nadella），他通过将微软的企业文化转变为团队合作、创新和包容，并在整个企业中灌输持续增长思维，从而彻底改变了微软的命运。中国有47位CEO上榜，其中不乏各自行业的领军人物。

资料来源：2022年全球品牌价值500强出炉，微信蝉联“全球最强品牌”称号[EB/OL].(2022-01-26)[2023-03-12]. https://baijiahao.baidu.com/s?id=1723023096099181643&wfr=spider&for=pc.

思考：

1. 从全球品牌价值500强排行榜中，可以看出品牌经济有哪些特征？
2. 全球品牌价值500强排行榜中，中国入榜品牌数量不断增多说明了什么？
3. 中国品牌在全球哪些行业具有比较优势？
4. Brand Finance公司为什么在对品牌价值排名的同时，对CEO进行排名？

一、品牌经济的概念与标志

（一）品牌经济的起源与发展

品牌经济是市场经济发展到高级阶段的产物。在品牌经济下，品牌在市场上不仅是有价值的资产，而且作为一种新的国际语言进入世界各个角落，以超越地理和文化边界的能量带动经济运营和国际贸易，体现企业非凡影响力，彰显国家形象和竞争力。在品牌经济下，品牌作为一种营销学概念，已经远远超越其保证品质和服务，象征身价、资产和声誉的范畴，而成为推动企业可持续发展的无形力量。

随着品牌经济的发展，品牌竞争成为国际市场竞争的焦点。源自联合国开发计划署的一项统计表明，占全球品牌不到3%的世界名牌，其产品占据全球市场的40%以上，销售额占到了全球市场的50%。像华为、海尔、联想、格力、美的、淘宝、腾讯、抖音、全聚德、同仁堂、淘宝、苹果、亚马逊……这些耳熟能详的全球品牌，成为市场最活跃的因素，不仅引导着各自行业的发展，影响着人们的生活方式和价值观，而且影响着世界经济的格局。

（二）品牌经济的概念

所谓品牌经济，是指产生于工业化和市场经济的高级发展阶段，品牌成为市场的核心资源，以不可替代的整合与引导力量，带动社会经济整体运营的一种经济现象或经济形态。

在品牌经济中，品牌作为企业、地区，甚至国家经济发展中的核心因素，成为市场运行的焦点，成为整合各种经济要素、带动经济整体发展的核心。在品牌经济下，文化、艺术、历史、地理标志等要素也成为生产要素；所有资源向优势品牌流动与汇聚，产生品牌特有的“级差地租”，形成品牌附加值。

（三）品牌经济的标志

衡量一个国家或地区是否进入品牌经济发展阶段的标志有以下几个。

1. 多数进入成长期和成熟期的企业实施了品牌战略

这些企业在品牌意识和品牌战略驱动下，能够以品牌为核心整合自身的人、财、物、信息、技术、渠道及商誉等各种资源，有效融合社会资源，并以品牌价值最大化为目标，通过品牌化营销，谋求企业的可持续发展。

知识拓展

2022年品牌价值前10的中国品牌

品牌名称	品牌价值（亿元）
国家电网	6 015.16

续表

品牌名称	品牌价值（亿元）
中国工商银行	5 369.32
海尔	4 739.65
腾讯	4 572.36
中国人寿	4 525.39
中国石油	4 516.81
中化	4 129.78
华润	4 086.29
中国一汽	4 075.39
华为	4 055.17

资料来源：世界品牌实验室．2022 年度《中国最具价值品牌 500 强》研究报告．

2. 企业及产品竞争让位于品牌竞争

市场竞争发展到一定阶段，各类品牌具有不同的生态位，市场上形成品牌群落和相对的生态平衡。其明显标志是，在一些主要行业，品牌集中度较高，逐渐形成著名品牌。著名品牌不仅市场占有率高，而且影响或引领着行业的标准和发展趋势。

知识拓展

2022 年中国汽车行业品牌前 10

排名	公司名称	销量（万辆）	市场占比（%）
1	比亚迪	180.46	8.8%
2	一汽大众	177.91	8.7%
3	长安汽车	127.42	6.2%
4	上汽大众	124.35	6.1%
5	吉利汽车	123.47	6.0%
6	上汽通用	103.69	5.0%
7	广汽丰田	97.15	4.7%
8	东风日产	89.79	4.4%
9	一汽丰田	79.93	3.9%
10	上汽通用五菱	78.63	3.8%

资料来源：中商情报网．2022 年 1—12 月中国汽车厂商零售销量排行榜 TOP10（附榜单）[EB/OL].(2023-01-31)[2023-03-01]. https://cj.sina.com.cn/articles/view/1245286342/4a398fc6001018tu4.

3. 形成品牌集聚或品牌集群带动区域经济发展的局面

品牌经济发达的区域，小至一个城市，大到一个地区或国家，著名品牌或品牌集群能够充分发挥技术、产品、资源和产业基础等方面的优势，在市场驱动和政府引导下，形成区域整体竞争力，进而产生辐射作用，带动行业和相关产业发展；当区域品牌经济发展到较高阶段后，会产生国际化品牌影响。

4. 形成支撑品牌消费的中高收入群体

从消费角度看，伴随经济发展并逐步进入富裕阶段，社会上形成部分中高收入群体，建立了品牌经济的消费物质基础和消费能力支撑。尤其在大中城市，消费文化出现急剧变化，人们更加重视物质满足以外的精神满足，追求品牌文化带来的某种心理体验和精神寄托。

二、品牌经济的溢价效应

（一）微观溢价效应

在品牌经济环境中，品牌之于企业，既是全部无形资产的有形展示，其中蕴含着企业的文化、性格、商誉与核心价值，更是一种具有吸引力、整合力和增殖力的核心资源，能够使企业产生经营附加值，给企业带来品牌溢价。

在品牌经济环境中，有品牌的企业是头脑型企业，赚的是智慧价值；没有品牌的企业是肢体型企业，赚的是劳务费。

耐克公司不用一间厂房、一台生产设备，缔造了一个遍及全球的运动产品的帝国。一双在美国零售价 100 美元的耐克鞋，耐克公司的品牌溢价和销售渠道的成本与收益占到总价格的 70%，耐克公司从中获得几十美元的利润；为耐克代工的工厂价值增值，包括直接劳动力成本、管理费用和工厂利润在内，所占比例不超过 10%，生产者所获利润不到 2 美元。

在星巴克，喝一杯咖啡 32 元，其中品牌溢价高达 16.56 元，占售价的 51.75%。这便是消费者的认同决定品牌所得。

研究表明：70%的消费者需要使用品牌来指导他们的购买决策；50%或更多的购买行为是品牌驱动的；25%的消费者声称如果购买他们所忠诚的品牌，价格则无所谓。72%的消费者愿意多付 20%以上的钱购买自己喜欢的品牌；50%的消费者愿意为品牌多付 25%以上的钱，40%的消费者愿意为品牌多付 30%的钱。铸就品牌—赢得信任—取得溢价，这就是品牌逻辑。

知识拓展

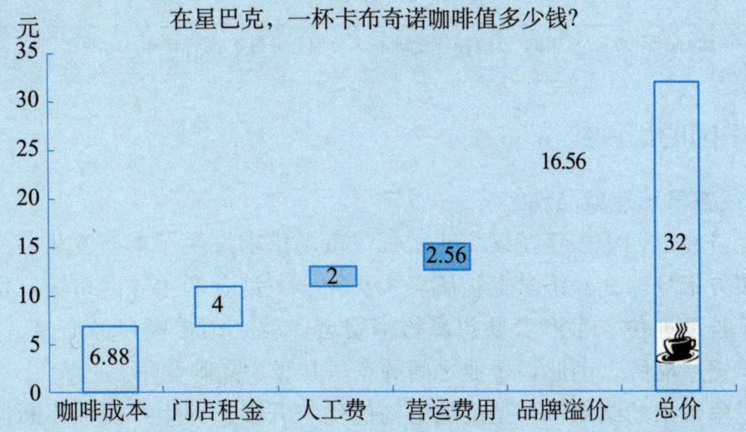

图 1-2 星巴克卡布奇诺咖啡价格构成图

资料来源：王成荣，李诚，王玉军．老字号品牌价值［M］．北京：中国经济出版社，2012.

（二）宏观溢价效应

在品牌经济时代，品牌是一个国家的“软实力”，代表着它的国际形象与综合国力。公司或产品品牌与国家品牌相互推动，产生特有的宏观溢价效应。

世界品牌实验室研究发现，国家品牌对公司或产品品牌的贡献率达到了29.8%；公司或产品品牌对国家品牌的贡献日益加大，在中国，产品品牌对经济增长的贡献率已超过25%。“德国制造”的商标在世界市场上风行。日本前首相中曾根康弘说：“在国际交往中，索尼是我的左脸，松下是我的右脸。”

在品牌经济时代，国家之间的竞争最终都会表现为品牌竞争，几乎所有资源、购买力都向品牌集中，尤其是向著名品牌集中，品牌无形财产也因此迅速攀升。在全球排名前100的经济体中，有51个是公司品牌，49个是国家品牌，这说明不少国际著名公司品牌的实力超过一些国家。公司品牌成为一个国家国力强盛的直接反映，世界经济版图是由品牌来划分的。

知识拓展

2023年全球品牌价值500强排名前10的国家

排序	国家	500强中拥有量	占500强百分比	100强中拥有量	占100强百分比
1	美国	201	40.20	51	51.00
2	中国	79	15.80	21	21.00
3	日本	32	6.40	6	6.00
4	法国	31	6.20	3	3.00
5	德国	24	4.80	8	8.00
6	英国	24	4.80	3	3.00
7	加拿大	15	3.00	1	1.00
8	印度	12	2.40	1	1.00
9	瑞士	11	2.20	1	1.00
10	韩国	8	1.60	4	4.00
合计		437	87.4	99	99.00

注：根据Brand Finance发布的2023年《全球品牌价值500强》报告整理。

三、中国的品牌经济

（一）买方市场造就品牌经济

中国经济经过四十多年持续高速增长，市场供求发生了本质变化，买方市场全面形成。买方市场，在经济学上被解释为买主——消费者主导的市场，作为卖方的生产者处于被动地位。生产者要想赢得消费者，就必须提高产品质量，降低价格，改善服务，塑造品牌。因此，企业之间的竞争升级为品牌竞争。

品牌竞争带来的结果：一是产品结构优化与升级，即生产资本不断流向朝阳产业和品牌企业。二是品牌集中加剧，即生产能力不断向优势品牌集中。在中国，主要消费品行业销量前10位的品牌，市场占有率已经达到50%～70%，汽车、家电和日化类产品的品牌集中度则更高。三是企业优胜劣汰，即众多无品牌优势的企业生产经营日益困难，在竞争中不断被淘汰出局。

企业在“适者生存，优胜劣汰”的市场规则面前，要想成为“适者”并决胜于市场，就必须拥有质量、性能、价格、服务优异，并有较高科技含量和文化附加值的品牌。买方市场造就了品牌经济。

（二）消费水平提升推动品牌经济

品牌的生命在于市场，市场越大，品牌的生命力就越强。品牌是由生产者和消费者在市场这个大熔炉中共同锻造的。中国消费者消费水平的提升和消费意识的觉醒，为品牌经济发展注入巨大动力，品牌开始全方位影响社会经济生活。

1. 支付能力日益提高

近年来，中国城乡居民收入稳定增长，2019 年中国人均 GDP 首次超过 1 万美元，恩格尔系数下降至 28.2%，为品牌消费奠定了坚实物质基础。同时，中国基尼系数较大，2021 年为 0.47，较大的收入差距造就了一部分中高收入阶层，为品牌消费提供了巨大的市场。

2. 品牌偏好迅速形成

在商品极大丰富的时代，消费者购买行为有了充分选择余地，消费者不仅关注商品的质量、性能、价格、包装，更关注自己购买和使用某种商品的心理感受和情感体验，对品牌的追求和偏好迅速形成。

3. 消费品位明显提升

伴随品牌消费意识的觉醒和消费理念的巨大变化，消费个性化、时尚化、审美化的趋势越来越明显，消费者更加注重商品带来的象征个人地位、形象、性格和审美倾向的属性。如奢侈品市场在中国异常活跃，“千禧一代”成为其消费主力，就是消费品位提升的明显例证。

4. 国产品牌受到青睐

随着个性化消费时代的到来，新国潮消费崛起，并渗透到国货、文化、科技等各个领域。《百度 2021 国潮骄傲搜索大数据》指出，国潮在过去十年关注度上涨 528%，2021 年国货品牌关注度达到国外品牌的 3 倍，手机、服饰、汽车、美妆、食品、家电依次成为国货品牌关注度增长最快的六大品类。

能力训练

同步测试

一、简述题

1. 你是怎样理解品牌这个概念的？
2. 请简单列举你所知道的知名品牌。

二、案例分析题

龙泉青瓷传统烧制技艺及品牌介绍

（一）发展概况

龙泉青瓷是出产于浙江省龙泉市的地理标志产品，具有典雅、端庄、古朴之特色，以瓷质细腻、线条明快流畅、造型端庄浑朴、色泽纯洁斑斓著称于世。龙泉青瓷始于晋代，北宋时初具规模，宋元之际进入鼎盛时期，龙泉成为全国著名的瓷业中心。

龙泉青瓷分“哥窑”和“弟窑”。哥窑瓷品以紫口铁足、釉裂成纹、幻变见长，釉层饱满丰厚，釉色清灰淡雅，素有“金丝铁线”之美称，瓷器古色古香，庄重典雅，被视为瓷中珍品。弟窑则以晶莹润泽的青釉闻名天下，白胎厚釉，光泽柔和，温润如玉，其有棱线处，微露白痕为“出筋”，脚呈红色为“朱砂底”，被誉为“青瓷之花”。

（二）传承字号

传承龙泉青瓷传统烧制技艺的中华老字号为浙江龙泉官窑瓷业有限公司，2006年被商务部认定为首批中华老字号。其发展始于清嘉庆十五年（1810年）浙江龙泉八都木岱村的“赖永顺”字号，赖氏先祖赖永魁潜心研复南宋官窑青瓷工艺，在龙泉青瓷走向衰落之时带动龙泉青瓷业复兴。目前该字号传承人为青瓷世家第八代传人赖建平。

（三）非遗项目

龙泉青瓷传统烧制技艺是烧制技术与艺术表现的完美结合。2009年9月，龙泉青瓷传统烧制技艺被正式列入《人类非物质文化遗产代表作名录》，成为全球唯一入选“非遗”的陶瓷类项目。

资料来源：王成荣，韩凝春，于继超．老字号非遗研究［M］．北京：九州出版社，2021.

请结合案例回答以下问题：

1. 龙泉青瓷有哪些品牌特色？
2. 在你的印象中，我国还有哪些世界知名的传统品牌？

第二节　全球化的品牌竞争

案例导入

在全球化市场中发力的小米

2022年，全球经济萎靡。然而，小米却拿出了一份相当好看的年报。2021年小米全年总收入3 283亿元，同比增长33.5%，净利润220亿元，同比增长69.5%。

其中，小米高端智能手机全球出货量实现翻倍增长。在AIoT方面、家电领域、互联网服务乃至研发投入等各个维度，小米都有着不俗表现。

小米何以拥有这般超强的“成长力”？首先基于其立身之本——不断增强的“产品力”。小米自成立以来，小米产品在创新配置方面从未令消费者失望，而走上"高端化"之路以后，更是屡屡拿出亮眼的产品，构建了多维度产品矩阵。比如，2021 年发布的小米 12 系列，搭载了超强硬件与多项核心突破性高科技，第一次采用"国际大厂"标准的"大小双旗舰"配置，分别对标了 iPhone13 和 iPhone13 Pro Max，成为第一家有底气正式对标"苹果"的国产品牌。产品全渠道上线后 5 分钟销售额即突破 18 亿元，其中 50%以上为新用户，证明了自身强大的"吸粉"能力。又如，小米推出 Redmi K50 电竞版及冠军版，将小米手机的潮流性与辨识度又提升了一个层次，在首销的第一分钟，其销售额即突破 2.8 亿元。在手机领域之外，小米自 2013 年起布局物联网业务，陆续推出小米盒子、活塞耳机、电视、路由器、移动电源、智能手环、空气净化器、台灯等智能设备，此后还有互联网空调、洗衣机等家电产品诞生，产品触角延伸至智能硬件及生活消费领域。

稳步推进"全球化"，使小米获得了全球消费与资本市场的认可。2021 年，小米境外市场收入 1 636 亿元，同比增长 33.7%，占总收入的 49.8%。这是国内其他品牌难以企及的。据统计，2021 年小米智能手机出货量排名全球第三，市场占有率 14.1%，其中，在全球 14 个市场排名第一，在 62 个市场排名前五位。小米的"国际化"重在精耕细作。比如在欧洲市场，小米改善产品结构，发力高端，智能手机市场占有率达 22.5%。在拉美和非洲市场，小米紧抓机遇，积极开发新兴市场，智能手机出货量同比增长 94.0%和 65.8%。此外，小米境外互联网服务及境外 IoT 业务均保持了快速增长的势头。

小米何以在行业缺芯、供应链紧张、全球海运资源紧缺、全球疫情反复，外部环境充满了动荡和不安，以及行业内部竞争激烈的情况下，逆势增长？研发，作为小米的铁律之一，无疑发挥了重要作用。在小米，"技术为本"早已刻在了它的基因中，未来 5 年，小米计划研发耗资突破 1 000 亿元。小米设立的"百万美金技术大奖"，至今已连续评选 3 年；2022 年年初，雷军给仿生机器人团队 CyberDog 颁发了"百万美金技术大奖"，这个团队获奖的理由是，仅用时 10 个月就研发并量产了一款四足机器人。2021 年，小米启动了更广泛的人才激励计划，用于激励包括青年工程师、技术专家、中高层管理者和新十年创业者计划入选者等在内的优秀人才。在人才和研发的高投入下，小米自研专业影像芯片小米澎湃 C1 和充电芯片小米澎湃 P1，分别搭载于 Xiaomi MIX FOLD 和 Xiaomi 12 Pro 两款高端旗舰机型上，大幅提升了手机性能。

案例来源：李休想．小米发布 2022 财报：高端化进程加快，全球化市场发力［EB/OL］.(2022-03-24)［2023-03-12］. https://baijiahao.baidu.com/s?id=1728193806131996016&wfr=spider&for=pc.

思考：

1. 小米如何获得超强的"成长力"？
2. 根据小米的案例，说明品牌全球化战略的重要意义。

一、全球化与品牌发展

（一）全球化的概念

全球化，是一种人类社会发展的现象过程，通常是指世界各国联系不断增强，人类生活在全球范围内发展以及全球意识的崛起。尽管受国际政治、经济因素影响，当今世界“逆全球化”和贸易保护主义潮流涌动，但全球化仍是不可改变的人类社会发展的必然趋势。

狭义的全球化是指经济全球化。经济全球化，是指世界经济活动超越国界，通过对外贸易、资本流动、技术转移、提供服务，相互依存、相互联系而形成全球范围有机经济整体的过程。从根源上说，全球化是生产力和国际分工高度发展的产物。经济全球化，有利于资源和生产要素在全球的合理配置，有利于资本和商品全球性的流动，有利于科技在全球的广泛利用，有利于促进不发达地区的经济发展，是世界经济发展的必然趋势。但经济全球化也是一把双刃剑，既加速了世界经济的增长，为部分发展中国家融入世界、超速发展提供了难得机遇，同时也加剧了国际竞争，增加了国际投机和国际风险，对发展中国家民族工业造成严重冲击。

经济全球化主要表现在以下方面。

1. 贸易自由化

经济全球化促进了世界多边贸易体制和贸易规则的形成，从而加快了国际贸易的增长速度，促进了全球贸易自由化的发展。

2. 生产国际化

全球贸易促进了国际分工、生产国际化和全球供应链的形成。以互联网为标志的信息革命，大大促进了生产要素的跨国流动，为全球化生产创造了优越条件。

3. 资本全球化

世界性的金融机构形成网络，大量的金融业务跨国界进行，跨国贷款、跨国证券发行和跨国并购形成体系。世界各主要金融市场在时间上相互接续、价格上相互联动。外汇市场成为世界上最具流动性和全天候的市场。

4. 科技全球化

各国科技资源在全球范围内优化配置，先进技术和研发能力大规模跨国界转移，跨国界联合研发广泛存在。以信息技术产业为典型代表，各国的技术标准越来越趋向一致。

跨国公司是经济全球化的主要推动者与担当者，因此经济全球化具有鲜明的贸易自由、相互依赖和强者主导的特征。

（二）全球化推动品牌发展

在全球化背景下，一家企业是否拥有品牌，既表明其经济实力和在全球市场的地位，也反映其未来收益和可持续发展能力的大小；一个国家拥有多少品牌，既是衡量其经济发展水平和成熟度的重要标志，也反映着国家形象和地位。品牌是一个企业或国家走向世界的金钥匙。拥有过硬的品牌，才能立足于世界，并在全球化竞争中赢得优势。

经济全球化的所有领域，均带有品牌的烙印和影响，贸易和生产领域尤其突出。全球化是推动品牌发展的根本动力。

1. 国际贸易加速品牌扩张

贸易自由化为品牌在国际市场的扩张提供了有利条件。它们以卓越的品质与性能，具有竞争力的价格，不断拓展国际市场，进而完成国际生产布局，实现创造全球化品牌的目标。

2. 全球并购提升品牌实力

资本全球化为品牌在全球并购创造了优越条件。每年全球外国直接投资（FDI）一万多亿美元，最大用途就是品牌并购。通过跨国并购，品牌企业取得技术和市场优势，扩大品牌规模，提升品牌实力，造就品牌全球效应和影响力。

3. 国际分工放大品牌价值

国际分工是社会分工跨越民族、国家界限而形成的国与国之间的分工，很多品牌借助自身的技术优势、管理优势和品牌综合优势，通过垂直型分工和水平型分工，构筑全球产业链，造就强势品牌，放大品牌价值。如德国宝马汽车，在德国设计，在澳大利亚制造发动机，在美国和加拿大生产变速箱，在日本做汽车钢板，在韩国做汽车轮胎，20 多个国家参与制造。美国波音飞机，在德国设计，在全球 70 多个国家生产，最后在西雅图组装。

二、中国品牌面临全球化挑战

（一）中国品牌发展现状

当今中国，经历了改革开放 40 多年的经济高速发展，经济总量和国际贸易已经位居世界前列。“中国制造”的产品冲击着全球市场的每一个角落，在全球 500 种主要工业品中，中国有 200 多种产品产量排名世界第一，汽车、玩具、服装、鞋、自行车、手机、电脑、电视、空调、冰箱、洗衣机、微波炉等，均在国际市场上具有重要地位，是名副其实的制造大国。与此同时，中国品牌也在竞争中快速成长起来，华为、美的、伊利、小米、格力、海尔、联想、海康威视、京东方、歌尔、中车、比亚迪、吉利、哈弗、蒙牛、海天等品牌的产品在国际市场均有较高影响力。全球消费者对中国品牌的信任度——值得信赖或基本值得信赖的比例达到空前的 48.5%。一大批国货潮牌、老字号品牌也越来越受到国内消费者，特别是年轻消费者的推崇。

中国品牌在全球品牌之林中数量增长最快，但最能带来品牌溢价的制造业产品品牌较少，进入 Brand Finance “2023 年全球品牌价值 500 强”的中国品牌有 79 个，其中科技、制造与物流行业品牌有 24 个，占比只有 30.38%。

知识拓展

入选“2023 年全球品牌价值 500 强”的中国 79 个品牌行业结构

行业	进入数量	占比
科技、制造与物流业	24	30.38%
金融业	21	26.58%
建筑与房地产业	16	20.25%
电信与媒体业	8	10.13%

续表

行业	进入数量	占比
零售与餐饮业	6	7.59%
能源与公用事业	4	5.06%

注：根据 Brand Finance 发布的《2023 年全球品牌价值 500 强》整理。

总体来讲，在推动中国经济高质量发展、建设全国统一大市场、拓展国际市场中，中国品牌发展仍然任重道远。主要不足表现为：品牌众多，但科技含量低、文化附加值低，满足高端需求的品牌少，具有国际竞争力的品牌少。多年来，中国企业在品牌建设上，普遍存在重数量轻质量、重模仿轻原创、重制造轻设计、重营销轻管理、重眼前轻长远以及重物轻人等现象，急功近利，缺乏科学的品牌管理，影响了品牌事业的健康发展。

(二) 中国品牌面临的挑战

中国建设全国大市场、参与全球化，以市场优势和制造业优势，在国际分工中占据有利的生态位，取得了举世瞩目的发展成就；但随着全球化的深入、能源与环保压力的加大、生产低成本优势的削弱，原有发展模式难以为继，品牌成为国际竞争的利器。中国品牌面临的主要挑战如下。

1. 在全球供应链中处于低端地位

根据价值链 U 形曲线理论，由于众多中国企业品牌优势和技术优势较弱，在 U 形曲线中处于贴牌生产等低价值环节，这一环节能源消耗大、环境污染大、盈利空间小，享受不到前端创意、研发、设计和后端全球销售服务等高价值环节带来的盈利。即使有些产品形成一定品牌效应，与国际一线品牌相比，也有不小差距。

2. 在国际贸易中处于低价状态

中国加入 WTO 以来，国际贸易快速持续增长，2021 年货物出口总额高达 33 640 亿美元，出口商品以机电产品和劳动密集型产品为主。出口产品结构虽日益优化，创汇能力不断提升，但自主品牌与发达国家相比所占比例较低，不但不能享有更多的品牌溢价，反而因低价销售，不断遭遇反倾销调查和抵制。

仅以服装出口为例，我国是服装出口大国，2018 年出口额为 1 578.5 亿美元，2021 年，在海外消费需求反弹、部分订单回流等因素支撑下，我国服装全年出口 1 702.8 亿美元，占全球总出口额的 1/3。但我国的服装出口多数为来料加工、来样加工、来牌加工，自主品牌只占 10%左右，且缺少设计师品牌，世界级品牌仍为空白。随着劳动力成本的提高，其国际市场竞争力不断降低。

3. 在国内高端消费品市场外资品牌竞争优势明显

中国有超过 200 万个品牌，多数具有价格竞争力，在国内中低端市场占有绝对优势，但在高端消费品市场，仍然有较大的发展空间。轿车、日化用品、化妆品、婴幼儿辅食、空气净化器以及高端家电，甚至牙膏、智能马桶盖等产品，外资品牌仍占主导地位。国外品牌在碳酸饮料市场占比超过 90%，在化妆品市场达 75%，在食品、医药行业占 30%～40%。《2020—2021 中国奢侈品报告》显示，2021 年，中国奢侈品市场比上年增长 18%，消费总额达到 1 465 亿美元，在全球奢侈品市场的占比高达 46%。

4. 民族品牌在国际市场缺乏核心竞争力

中国民族品牌辐射全球市场，一部分已成为畅销货。但面对激烈的市场竞争，部分民族品牌在“合资”中被外资收购后弃而不用，失去品牌价值；不少民族品牌因品牌价值较低，创新力不足，在关键技术上受制于人，难以形成核心竞争力，难以和世界知名品牌相抗衡。即使进入“全球科技品牌价值 100 强”的 11 个中国制造业品牌，科技领先者亦屈指可数。① 中国出口的汽车、服装、鞋类、家电、手机、电脑、玩具和塑料制品等消费品，多为中低端品牌，尚未进入国际高端市场。

知识拓展

中国 500 最具价值品牌影响力范围分布对比表

影响力范围	2010 年品牌数量	所占比例（%）	2022 年品牌数量	所占比例（%）
区域性	18	3.6	—	—
全国性	453	90.6	438	87.6
世界性	29	5.8	62	12.4

资料来源：世界品牌实验室．《中国 500 最具价值品牌》2010 年研究报告和 2022 年研究报告．

一些中国民族品牌把市场数据作为唯一的考核标准，对品牌和商标重视不足。很多民族品牌在国外遭人注册。市场销售额只是企业生存状况的一个表现指数，品牌价值才是企业的生命力所在。由于中国企业品牌意识不够，关注市场价值而不关注品牌价值，因此造成企业的短期行为，企业寿命也低于世界品牌经济发达国家。根据最新的一项调查显示，美国企业平均寿命 11.2 年，日本 8.9 年，欧洲 7.6 年，中国企业只有 3.3 年。

（三）中国品牌国际化的差距

品牌国际化是中国品牌发展的必由之路。中国品牌国际化的主要差距表现在以下方面。

1. 国际化程度的差距

一是自主品牌占比低，走向国际市场的中国企业，拥有自主品牌和自主品牌出口额占出口总额比重均不足 20%。二是中国品牌在海外市场销售占比不高。全球最有价值品牌 500 强中，多数品牌在国际市场的销售额占比在 50%以上，具有极高的品牌国际辨识度；中国品牌中只有华为、联想、海尔、小米在海外销售占比超过 50%。在手机品牌中，小米、OPPO 和 vivo 三个国产品牌在海外市场销售占比达到 40%～70%，但还是比不上三星的 99%、苹果的 90%。

2. 技术创新和产品研发差距

随着技术创新加速，加上新生的 E 时代群体消费观的驱动，产品快速迭代、生

① 英国品牌评估机构“Brand Finance”发布的“2022 全球科技品牌价值 100 强”榜单，中国入选品牌 26 个，其中制造业品牌有华为、台积电（中国台湾）、美的、小米、海尔、格力、联想、海康威视、京东方、歌尔、联发科（中国台湾）、创科实业（中国香港）、中兴。

命周期不断缩短，企业加大研发投入成为品牌竞争的有效手段。中国品牌的研发费用加速提升，但除部分企业外，与国际知名品牌，尤其是科技品牌相比仍存在较大差距。如吉列剃须刀，产品虽小，但每年高额的研发投入累计获得数十项世界专利，因而创造了“面颊上的革命”，全球市场份额达到70%以上，产品研发投入成为吉列品牌保持创新力和影响力的关键因素。

3. 知识产权管理的差距

世界知名品牌不仅重视研发投入，更重视知识产权的创立、保护和风险规避。这些品牌一般设有独立的知识产权管理部门，依托自身或联盟资源优势进行大规模技术创新，在专利数量和质量上获取优势；以知识产权国际化为背景，保护、控制和转让相结合进行专利经营；专利战略与经营战略互相配合，为企业国际市场战略目标服务。中国品牌的知识产权意识不断增强。像华为、OPPO和京东方成功上榜全球PCT专利申请量10强。但仍有众多中国品牌在知识产权管理方面重借鉴轻原创、重使用轻保护；在专利申请方面重数量轻质量、重申请轻经营；知识产权管理系统化不够、产出效率不高。多数品牌由于研发投入低、专利少，严重制约了品牌的发展；有些品牌商标被抢注、专利被侵权，造成品牌资产的损失。在国际化中，不少品牌难以跨越技术标准中的知识产权障碍，遭遇国外品牌知识产权诉讼的威胁，严重影响了品牌形象与竞争力。

知识拓展

2021年全球PCT专利申请量排名前10品牌

排名顺序	公司品牌	所属国别	专利授权数
1	华为	中国	6 952
2	高通	美国	3 931
3	三星	韩国	3 041
4	LG	韩国	2 885
5	三菱电机	日本	2 673
6	OPPO	中国	2 208
7	京东方	中国	1 980
8	爱立信	瑞典	1 877
9	索尼	日本	1 789
10	松下	日本	1 741

注：根据世界知识产权组织（WIPO）2021年全球PCT专利报告整理。

4. 品牌营销和品牌建设的差距

品牌营销与产品营销最大的不同在于：先做市场，后做工厂；先创品牌，后做企业；先做品牌规划，后进行市场部署，并利用品牌无形资产整合市场有形资源。优秀的品牌均着眼于未来收益，在品牌建设上不遗余力、敢于投入；善于开发品牌资产和核心技术，建立高效的供应链，确保产品低成本、高质量；善于利用营销组合，向市场传递鲜明的品牌核心价值和品牌个性，以赢得消费者的长期信赖。在这点上，中国企业的品牌培育普遍缺乏主动性、持续投入、长期建设与维护。一些品牌缺少创意、规划，生产营销只重短期业绩；而且品牌老化，活力不足，既缺少诸多经典品牌的贵气，也缺少类似于系列快消品牌的激情与朝气，因而影响了品牌的成长速度。

能力训练

同步测试

一、简述题

1. 全球化如何推动品牌的发展？
2. 中国品牌发展过程中需要在哪些方面提高管理水平？

二、案例分析题

“红星牌”宣纸品牌

造纸术是中国古代四大发明之一。宣纸是我国传统手工制品的杰出代表，因为其质地纯白细密，纹理清晰，绵软坚韧，百折不损，光而不滑，吸水润墨，宜书宜画，防腐防蛀，故有“纸寿千年”“纸中之王”的美称。宣纸以安徽宣城而得名，但宣城本身并不产纸，而是其周围诸地产纸，皆以宣城为集散地的原因。宣纸生产历史悠久，是传统手工纸的典型代表，从原料加工到成纸，多道工序全由手工完成。宣纸的手工制作和纸质特点体现了传统技艺的长处，这一技艺至今尚不能用机制代替，全靠师徒传承，世代相传。

中国宣纸集团公司是传承宣纸传统制作技艺的老字号企业，前身为成立于 1951 年 7 月的泾县宣纸联营处。泾县宣纸联营处以“红星”为封刀口印，因此其产品也称为“红星牌”宣纸。1996 年，以中国宣纸股份有限公司为独家发起人，募集设立安徽红星宣纸有限公司，在深交所发行并上市“红星宣纸”股票。1998 年 12 月，“红星牌”宣纸被认定为中国驰名商标。2002 年红星牌宣纸获得首批原产地域保护。2006 年企业入选首批中华老字号企业名录。2011 年被命名为首批国家级非物质文化遗产生产性保护示范基地。2013 年 12 月 6 日，中国宣纸集团公司依法整体变更为中国宣纸股份有限公司。

中国宣纸股份有限公司现有员工约 1 000 人，占地面积约 3 平方千米，宣纸产能 500 吨左右，纸占宣纸行业产量的 80%，是文房四宝生产企业、人类非遗保护与传承代表性单位、宣纸与书画纸国家标准起草单位，被授予全国影响力国家文化产业示范基地、国家级非物质文化遗产生产性保护示范基地、国家重点文化出口企业、国家级高新技术企业、中华老字号等称号。

案例来源：王成荣，韩凝春，于继超．老字号非遗研究［M］. 北京：九州出版社，2021.

请结合案例资料，尝试分析以下问题：

1. 你认为在品牌全球化过程中，我们的民族品牌有哪些优势？
2. 请结合案例资料和你了解的民族品牌，尝试探讨如何对该类品牌进行管理和推广？

第三节　企业品牌管理的意义

案例导入

中国品牌商标被频频抢注

知名商标的价值不言而喻。创立一个品牌，往往需要企业几十年甚至上百年的不懈努力，而一旦品牌商标被抢注，就意味着该品牌精心开拓的市场受到严重干扰和威胁，其直接和间接的经济损失以及潜在的品牌信誉、文化损失更是无法估量。值得关注的是，近几年来，我国商标在国外被抢注事件频发，这从一个侧面暴露出目前我国企业开展海外经营存在的漏洞。据不完全统计，2004 年世界品牌实验室公布的“中国 500 个最具价值的品牌”中，有 46%未在美国注册，50%未在澳大利亚注册，54%未在加拿大注册，而高达 76%的未在欧盟注册。

2005 年 3 月，海信集团就商标问题与博世达成和解，同年 5 月，海尔又在德国与德国通讯对簿公堂。相同的麻烦后来又落到了新科、康佳和德赛头上。这 3 个商标在俄罗斯遭到一家名为莫奥斯泊罗夫公司的抢注。此前，类似的事情已经发生过不少，却没有引起我国企业的足够重视，例如“英雄”在日本被抢注，“大宝”在美国、英国、荷兰、比利时被抢注，“红星”二锅头在欧盟被抢注，“安踏”“大宝”“六神”“小护士”等也都难逃厄运；被抢注了却还一直蒙在鼓里的品牌更是多如牛毛。国家商标管理部门最新公布的统计数据显示，我国商标在国外被抢注案件每年超过 100 起，主要涉及化妆品、饮料、家电、服装、文化等多个行业。

案例来源：刘冬梅．我国商标被国外抢注的原因及对策［J］．中外企业文化，2006（6）：67-68.

思考：

1. 你觉得对民族品牌的管理和保护有哪些意义？
2. 我们应该如何保护品牌资产？

一、企业品牌管理的演变

随着品牌在企业营销中越来越重要，企业品牌管理逐渐从管理中分离出来；品牌管理的外延越来越大，对品牌策划与推广的作用越来越突出。

从全球角度看，企业品牌管理经历了职能管理（即品牌经理制）、卖点管理、形象管理、资产管理和关系管理几个阶段。随着品牌竞争的深化，品牌管理的内涵不断丰富，而且管理重点逐渐转移到如何与消费者建立并巩固良好的关系上，落脚在如何进行品牌策划与推广上。企业通过研究消费者的行为特征和接触习惯，在收集顾客资料的基础上建立顾客数据库，并设计互动的、长期的、个性化的、人性化的、增值化的顾客关系管理体系，不断加强与顾客的密切沟通、联系和增值服务，以此来提高顾客的满意度和忠诚度。

中国的品牌管理起步较晚，但起点较高，经历了标识形象管理、创意策划管理、工具整合管理、全面品牌管理和精准决策管理等几个阶段。在不同的阶段，市场供需状况、顾客心智模式、信息传播特点、品牌认知程度、品牌管理重点都有所不同，在不断总结自身经验和借鉴国外管理模式过程中，针对品牌策划与推广的管理体系越来越趋于成熟。①

二、品牌策划与推广的内容

企业品牌策划与推广是企业营销管理的重要内容，其范围非常广泛，主要包括以下方面。

（一）品牌战略的制定

品牌战略的制定是品牌管理和策划推广的前提。通过对品牌发展进行整体性、长远性规划，并推动其有效实施，提高品牌的识别度、影响力和竞争力，从而提升品牌价值，并通过持续的品牌管理和品牌维护，赢得顾客信赖和市场份额。对于致力于品牌致胜的企业，品牌战略既是企业可持续发展的战略，也是企业的顶级战略，它引领着企业其他战略的制定。

（二）品牌定位的确立

品牌定位的确立是对品牌进行策划与推广的关键。在对自身资源、市场需求与竞争情况进行综合分析基础上，打造一个在目标消费者心目中占据独特位置的品牌形象，即通过对品牌进行整体设计、传播，在消费者心智战争中取得主导地位，这是品牌定位的核心内涵。

（三）品牌设计

品牌设计是实现品牌定位的具体行动。通过设计品牌的名称、标志、包装和广告等，直接给消费者带来视觉和听觉的冲击；通过设计品牌的核心价值、品牌个性、品牌承诺，建立与消费者的情感链接，给消费者带来独特的品牌消费体验。

（四）品牌营销与传播

品牌营销与传播是实现品牌收益、提升品牌价值的基本策略。依据品牌定位，制定合理的产品策略、价格策略、渠道策略、广告促销策略和媒体投放方案，有效传播品牌的个性信息，维护与消费者的关系，扩大市场销售；通过有效的品牌延伸，放大品牌的价值。

（五）品牌文化管理

品牌文化管理是张扬品牌个性、提升品牌文化附加值的重要途径。通过确立和传播品牌核心价值，赋予品牌产品以文化内涵和文化韵味，将历史、地理、科技、艺术等文化元素融入产品和品牌营销中，从而树立品牌的独特文化形象，增强品牌与消费者的情感链接，使消费者愿意付出更多货币购买体现他们价值的品牌。

---

① 徐志国．物流革命：中国物流企业创建强势品牌研究［M］．北京：中国商务出版社，2021.

三、企业品牌策划与推广的意义

品牌是企业的最佳资产和营销的核心要素。加强品牌管理，开展品牌策划与推广工作的根本目的，无疑就是以品牌营销为中心，维护品牌形象，提升品牌价值，巩固品牌的市场地位。

（一）推进品牌战略变成品牌行动

在品牌经济背景下，企业普遍树立了比较强烈的品牌意识，塑造品牌、追求品牌溢价，成为企业的共识和共同营销取向；然而，多数企业因缺乏科学的品牌管理，往往事倍功半，不能有效实现既定的品牌目标。强化品牌策划与推广的重要意义在于，企业有专门的部门从事品牌管理，促使企业把对品牌的追求和战略构想，转化为清晰的品牌行动，真正做到以品牌为核心，整合企业内外资源，调整组织管理体系并设立专门的品牌策划与推广机构；以品牌成长为核心，加强品牌产品研发和创新，实施产品研发、生产，开展各种营销服务和品牌传播活动，从而确保企业市场目标和品牌价值的实现。

（二）高效创建强势品牌

科学的品牌管理，是高效创建强势品牌的根本保证。强势品牌是在消费者心智中占据主要地位，以一贯的品质、特色和不可侵犯的商标、标识等无形资产，受到市场钟爱和投资者信赖的品牌。通过品牌策划与推广，企业在确保较大投入的情况下，依据市场分析和品牌战略，提炼高度差异化、清晰明确、易感知、有包容性和能触动感染消费者内心世界的品牌核心价值；规划以核心价值为中心的品牌识别系统，使品牌识别与企业营销传播活动的对接具有可操作性；以品牌识别统率企业的营销传播活动，使每一次营销传播活动都演绎传达出品牌的核心价值、品牌的精神与追求，确保企业的每一份营销广告投入都为品牌赋能，从而不断积累品牌资产，建立品牌的强势地位。

（三）优选品牌架构与合理延伸品牌

在单一产品的格局下，品牌营销传播活动都是围绕提升同一个品牌的资产而进行的；而产品种类增加后，就面临着品牌延伸使用还是采用新品牌，以及如何协调原有品牌与新品牌、企业品牌与各产品品牌之间的关系等诸多问题。通过科学的品牌管理，平衡成本、利润与理性延伸品牌、培育强势品牌可能带来的未来收益的关系，采用科学的品牌化战略模式，优化品牌架构，有效规避品牌延伸或开发新品牌带来的风险，就能够较好地解决这些问题，从总体上增加品牌资产，提高品牌收益。

（四）有效保护和利用品牌资产

如何有效保护与利用品牌资产是品牌策划与推广的重点。通过科学的品牌管理，厘清品牌资产的构成，梳理品牌资产各项指标如知名度、品质认可度、品牌联想、溢价能力、品牌忠诚度的内涵及相互之间的关系，在此基础上，结合企业实际制定品牌建设所要达到的品牌资产目标，可以使企业的品牌创建有的放矢。同时，在品牌战略指导下，围绕品牌资产目标，可以创造性地策划低成本提升品牌资产的营销推广策略。

（五）强化品牌关系与优化品牌体验

品牌营销的最高原则是“消费者为王”。互联网时代的社会化媒体赋予了消费者强大的信息获取与口碑传播能力。只有通过科学的品牌策划与推广，及时准确捕捉、感知消费需求变化，在各种可能的品牌接触点上，与消费者保持即时性的无缝连接和互动沟通，牢牢地占据消费者的心智空间，努力使其进入信任、共鸣、依赖的状态，才能形成较高的消费者黏性，建立广泛而坚固的消费者关系和长期的消费者忠诚。同时，通过精心设计契合消费者个性的场景，营造以特定文化引领的消费氛围和特殊情感空间，给消费者提供有趣、好玩、新奇、快乐、尊贵、怀旧等各种不同主题的购买体验，形成视觉、听觉、味觉、嗅觉、触觉的立体刺激，给消费者留下独特的心理体验与无穷回味，才能确保品牌的生命活力永不衰竭。①

（六）增强企业核心竞争力

企业核心竞争力是指企业在一定时期内保持竞争优势的动态平衡系统。这个系统包括技术力、管理力、营销力、文化力等要素，这些要素处于企业的不同层面，通过有机组合，实现动态平衡。企业核心竞争力是难以模仿和超越的一种力量。在品牌经济时代，企业以品牌为核心进行运营，其技术力、管理力、营销力、文化力集品牌于一身，因此，品牌就成为企业核心竞争力的载体。有效的品牌策划与推广，可以在品牌旗帜下，把技术、管理、营销、文化等各种独特的、稀缺的、超强的资源有机融合在一起，创造放大效应，形成核心价值，不仅能够使品牌资产日益增殖，而且使品牌资产直接转化为企业核心竞争力。

能力训练

同步测试

一、简述题

1. 请简述品牌管理的主要内容。
2. 请你谈谈进行品牌管理的实践意义。

二、案例分析题

青岛，中国“品牌之都”

在青岛城市发展的百年历史上，城市和品牌共生共荣，相辅相成，相映生辉。

如果说，青岛啤酒作为一个百年品牌，更多代表的是青岛的“历史”，那么20世纪80年代崛起的海尔品牌则是“新势力”的代表。海尔的创业史，是中国家电业从小到大、从弱到强，从“中国品牌”发展为“全球化品牌”的一个缩影。

凭借强劲的制造业、港口经济以及海洋经济等王牌产业，青岛孕育了青岛啤酒、海尔、海信、双星、澳柯玛等一批企业和品牌。如今，青岛拥有“中国驰名商标”141件，入选“中国制造2025”试点示范城市，正在发展以实体经济为核心的现代产业集群。中央电视台这样评价青岛：这是一个随时都能感受品牌力量的城市；这

---

① 徐志国．物流革命：中国物流企业创建强势品牌研究［M］．北京：中国商务出版社，2021.

里诞生的品牌，已经影响了中国，正在影响世界。

资料来源：海欣．青岛，如何成就“品牌之都”[J]．齐鲁周刊，2018 (18)：8-9.

请结合案例资料，尝试分析以下问题：

1. 青岛市有哪些知名品牌？它们各有什么特点？
2. 对于品牌的管理，能够给经济发展和城市建设带来哪些价值？

第二章

品牌解析

知识目标

1. 理解品牌的定义与内涵，明确品牌的构成要素。
2. 理解品牌的基本特征和本质属性。
3. 了解品牌的分类方法，从不同角度对品牌进行定位。
4. 了解品牌的成长环境，掌握品牌的成长规律。

技能目标

1. 初步学会对具体品牌的特征进行判断和评价。
2. 初步理解品牌发展的基本规律，对具体品牌的成长环境和发展阶段进行分析。

素养目标

1. 培养对民族品牌正确解析的能力。
2. 增强对文化赋能民族品牌的理解和价值判断。

第一节　品牌内涵

案例导入

打造品牌核心价值的重要意义

我们在理解品牌核心价值时常常偏重于品牌所提供的物质层面的功能性利益，

实际上品牌的核心价值更在于精神层面的情感性价值与社会价值。品牌的核心价值是品牌的精髓，是品牌资产的基础。它让人们明确、清晰地识别并记住品牌的利益点与个性，是驱动消费者认同、喜欢乃至热爱一个品牌的主要力量。品牌的核心价值也是品牌营销传播活动的原点，即企业的一切营销活动都要围绕品牌的核心价值而展开，或体现与演绎核心价值，或丰富与强化核心价值。品牌的核心价值一旦建立，若始终如一地坚持，久而久之，就会在消费者大脑中烙下深深的印记，成为品牌资产的基础，成为品牌对消费者最有感染力的内涵。尽管品牌产品不断创新，广告不断推新，但其核心价值的承诺总是一脉相承。例如沃尔沃是“安全”；雀巢咖啡是“味道好极了”；金利来是“充满魅力的男人世界”；海信是“有爱，科技也动情”；海尔是“真诚到永远”；同仁堂是“同修仁德，济世养生”等。这些著名品牌的具体产品在变，包装在变，价格在变，广告在变，质量也在变，但不管怎么变化，在同一个品牌之下的品牌的核心价值能够产生永恒的魅力。

资料来源：王成荣．品牌价值论：科学评价与有效管理品牌的方法［M］．北京：中国人民大学出版社，2008.

思考：

1. 品牌与名牌、驰名商标之间有哪些区别与联系？
2. 在品牌的培育过程中，核心价值起哪些作用？

一、品牌的定义与内涵

（一）品牌的定义

“品牌”一词来源于古斯堪的纳维亚语“布兰多”，本义是“烙印”。它曾经是，现在依然是牲畜所有者用来标识他们的牲畜的工具，后来作为区分不同制造商的产品的工具。

在《牛津大辞典》里，品牌被解释为“用来证明所有权，作为质量的标志或其他用途”，即用以区别和证明品质。随着时间的推移，市场竞争日趋激烈，竞争手段不断升级，品牌承载的含义也越来越丰富。目前，理论界对于品牌的定义引用最多的是市场营销专家菲利普·科特勒的定义：品牌是用来识别一个企业的产品和服务，并与竞争者相区别的一个名称、专有名词、标记、标志、设计，或是这些要素的综合。

我们可以从以下两个角度来深刻理解品牌：

第一，从消费者角度看，品牌的价值和精髓代表着某种价值观、生活方式和态度，品牌是文化的象征，有自己的个性、形象、风格。它是消费者心理在产品上投射而形成的一种人格化的象征，而实现这种象征的过程就是一种体验，所以也可以把消费者角度的品牌理解为一种消费体验、一种情感体验。

第二，从企业角度看，品牌被当成一种资产和可以建立资产的营销工具。如品牌对企业而言有财务上的价值，可以买卖和交换，同时品牌是一种营销工具，它表明企业的形象、产品的质量和档次等属性，表明企业或产品的定位，品牌也可以帮助消费者进行有效的品牌识别。

综上所述，本书认为品牌的定义可以归结为：品牌是企业通过各种营销手段，在市场上刻意塑造的企业或产品的形象、个性、主张、联想和承诺。它外在的表现为一系列区别性的符号和标记；内在的实质则是消费者对产品或服务价值和利益的情感认同，体现了产品或服务对消费者物质和情感需求的体现和满足。品牌作为一种无形资产，能够给拥有者带来增值。

（二）品牌的内涵

1. 品牌是市场经济发展的产物

品牌的产生需要具备四个基本条件：(1) 独特的生产技术；(2) 广阔而成熟的市场；(3) 健全的法治体系；(4) 较发达的传播媒介。在自然经济条件下，手工作坊式的生产，师傅带徒弟的管理方式，生产工艺极不稳定，显然不具备这些条件。在小商品经济条件下，市场狭小，缺乏竞争，没有形成运行良好的市场规则，尤其是缺少法律保护，传播手段也极其有限，因而不可能产生现代意义上的品牌。在市场经济条件下，科技进步使产品有了较高技术含量和稳定的质量，并有广阔的市场及信息传播条件，产品通过商标注册能得到最有效的法律保护，因此，市场经济形态是产生品牌的最好土壤。

2. 品牌的特定对象是产品或企业

品牌演变大体经历了从单一产品到组合产品，再到企业三个阶段。最初，生产者开发并销售某种产品，并以卓越的品质、优良的性能赢得顾客信赖，进而扩大市场，取得竞争优势，逐渐成为品牌。但是，由于利润驱动规律的作用和品牌效应的激励，企业不甘心生产单一产品，往往会不失时机地延伸品牌，生产系列产品和相关产品。如果品牌延伸成功，一个品牌下就会包括多种产品，组合产品品牌就产生了；最终，企业因此名声大振，管理质量全面提升，就逐渐成为品牌企业。品牌企业是品牌的最高境界。

3. 品牌的特定内容是质量与文化

人们往往把优质产品视为品牌。优质产品是品牌的基础和核心，但并不是品牌的全部。品牌能从市场竞争中脱颖而出，得到社会公众的信赖，不单是具有卓越的品质，能够满足人们的特定物质需要，更重要的是具有较高的文化含量，能够给人们带来精神享受。假如我们将某一品牌奶糖与上海冠生园的大白兔奶糖混在一起，从质量甚至口味上也许无法辨别出谁好谁坏，但对喜欢大白兔奶糖的人来说，吃大白兔奶糖时的甜蜜感受和对往事的回忆，比起其质量和味道更重要一些。正是这种情感联系，使品牌具有了强大的魅力。

4. 品牌具有特定的物质载体

从表面上看，品牌以一种商标或企业名称的方式存在，但它具有实际物质载体——产品。产品是看得见、摸得着的能够满足人们某种需要的物质属性。有时，人们也把特色服务说成是品牌，但这种品牌或是由产品品牌派生出来作为产品品牌的附加部分而存在的，如海尔的“星级服务”；或是具有独立的物质载体，如餐饮品牌的载体是蕴含着独特的工艺技术菜肴，商业品牌的载体是优秀的服务员以及优美的购物环境、商品陈列和服务设施。

二、品牌与名牌、驰名商标、商誉

（一）品牌与名牌的关系

品牌与名牌都是具有较好市场表现、得到消费者一定认可的产品牌子。二者的差异表现在：一般而言，名牌是一个大众化、通俗化的用语；品牌是一个专业化、科学化的术语。从范围上看，名牌并不一定是品牌，有些所谓名牌未经市场锤炼，靠一时超常规广告及营销推广，其产品可以在短期内声名鹊起。品牌也不一定就是名牌，不少产品有自己的商标，在一定的范围内也有一定的认可度与信赖，甚至有一定的顾客忠诚度，但不构成名牌。而品牌一旦成为名牌，即为知名品牌或著名品牌。这类品牌往往在市场上占有主导地位，有些成为市场领导者，拥有较高的商誉和品牌影响力。

名牌与品牌在利益诉求点上是有差异的。名牌重点诉求于理性利益；品牌则更加关注感性利益，诉求于“让人感动”，它不仅具有某种功能价值，还有很多附加信息，在视觉、情感、理念和文化等方面能够引起人们的共鸣。一个品牌一旦让消费者得到某种满足感和独特价值，记住它的个性并对其产生热爱与信赖，而且在较大的范围内传播和畅销，令更多的人感动，这种品牌就成为著名品牌，也就是真正意义上的名牌，是品牌追求的至高境界。

（二）品牌驰名商标的关系

1. 品牌与商标的关系

（1）从品牌与商标的内涵来看，商标是一种外在的、附着在产品上用于识别的标志。商标一经注册即可获得商标专有权，其他任何未经许可的企业和个人都不得仿冒侵权，这一点体现了商标的法律性。品牌作为企业或产品的标志，更多地包含了市场的含义，它所表示的是卖者对交付给买者的产品特征、利益和服务的一贯性承诺；借助品牌，消费者能够记住产品和企业。可以说，商标是品牌的一部分，是品牌受法律保护的标识。

（2）从品牌和商标的外延来看，品牌不仅是经营者对消费者的承诺，而且它有个性风格，能体现一种文化，代表了产品及其生产者的市场形象；商标则是一个较为明确的概念，商标所有者主要侧重于从商标设计、使用、法律保护等方面对其进行管理。

（3）从品牌与商标的评估方式来看，品牌和商标均为企业的无形资产。品牌评估是一种社会化评估，按同一适用标准、同一基准时间、同一评价方法，评估不同品牌的比较价值。品牌评估主要着眼于品牌的未来收益。商标评估是一种资产化评估，采用成本重置、收益现值和现行市价等方法，单独对一个商标进行评估，它强调交易性，评估结果要满足交易的需要。

2. 品牌与驰名商标的关系

驰名商标是指经过长期使用、在市场上享有较高信誉、为相关公众所熟知，由权威部门认定的商标。驰名商标在法律保护上较一般注册商标享有更宽广的范围，具体主要体现在以下几方面：（1）驰名商标不受一般商标先注册后保护的限制。（2）驰名商标在相关类别商品及其服务上，有连带的保护权。（3）诉求时限比一般商标长。（4）国际通行标准，即被某国商标主管机关认定为驰名商标，并被《巴黎公约》

成员的商标主管机关认可为驰名商标的，各成员都有承担保护驰名商标的义务，对侵权商标应根据国际标准予以从严查处。我国于 1985 年加入了《巴黎公约》，我国驰名商标保护已纳入国际法治化轨道。

3. 品牌与商誉的关系

广义的商誉是企业获利高于同行业平均收益的能力，它几乎包括了全部无形资产；狭义的商誉是扣除各单项可确指无形资产（如专利权、非专利技术、商标权、著作权、土地使用权、特许权和租赁权等）后的所有无形资产的剩余部分，即其他无形资产因丢失或无法测算而没有进行评估部分的综合，所以它是无形资产中最“无形”的资产，具有质的综合性和量的可变性。商誉的形成具有多方面的因素，如企业的发展状况、人员素质、地理位置、悠久历史或卓越声誉等。它依附于企业整体而存在，是企业长期积累的结果。

品牌与商誉相互关联，均属于无形资产范畴，有着许多相同的影响因素，在企业中均发挥着创造超额利润的作用。不仅如此，由于品牌与商誉的价值具有模糊性和相互交融性，因而在评估理论与实践中容易出现一些误区，极易混淆。

品牌与商誉有着明显的区别：（1）功能不同。品牌是为区分同类产品、保护高质量的产品而问世的；商誉则是为补齐无形资产而设的。（2）载体不同。品牌价值通过产品得以实现，即使是企业品牌也需要借助产品得到认可，而且品牌价值可单独确认与计量，并可以转让其使用权和所有权；商誉则以企业整体为依托，是附着于企业各项资产之上的综合体，不可独立，只能随企业所有权的变化而实现其转移或转让，没有所有权与使用权之分。

三、品牌的构成要素

一个品牌不仅仅只是一个名称，它还包含许多信息，只有将这些信息最大限度地整合起来，品牌才是完整的。品牌的构成要素主要包括显性要素和隐性要素两方面。

（一）品牌显性要素

品牌显性要素是品牌外在的、具体的东西，可直接给予消费者较强的感觉上的冲击，主要指企业对具体产品的包装设计等。

1. 品牌名称

品牌名称是建立品牌的基础。品牌名称是品牌内容的概括和体现，它不仅对产品本身的内容加以概括，还反映着企业的经营理念、价值观和文化个性等。它在整个品牌中起着提纲挈领的作用，是品牌传播和消费者记忆品牌的主要依据。从某种意义上讲，品牌名称既是一种象征品质的标志，也是一种产品持续一致的信誉保证。

2. 视觉标志

视觉标志是激发品牌视觉感知的一种识别体系，通过给人以更具体、更可感的形象记忆，帮助消费者更好地识别、记忆品牌。具体而言，视觉标志包括以下组成部分：

（1）标志物：品牌中可以被识别但不能用言语表达的部分，是品牌的图形符号。

（2）标志字：品牌中可以读出来的文字部分，常常是品牌的名称或企业的经营口号、主打广告语等。

(3) 标志色：用以体现个性以区别于其他产品的色彩体系。

(4) 标志包装：具体产品个性的包装。如绝对伏特加的瓶子，由于广泛应用于其广告创意中，其知名度甚至高于其品牌名称本身。

(二) 品牌隐性要素

品牌隐性要素是品牌中不能被直接感觉，存在于品牌的整个形成过程中的品牌精神和核心要素，是决定品牌资产价值的关键因素。

1. 品牌承诺

品牌承诺的实施方是品牌生产者，接受方是消费者。一个品牌对消费者而言是一种保证，因为它始终如一地履行诺言。产品本身不可能保持不变，事实上，许多品牌的产品都是在连续不断地改变、提高，但其仍受到消费者的钟爱，那是品牌生产者灌注在产品中的经营理念、价值观、文化观等始终保持稳定的缘故。一家企业是否有先进的技术，对品质是否有很高的要求，对环境品质是否很重视，这些属性、理念在很大程度上决定着消费者对产品的感情。好的品牌承诺会使消费者在接触这个品牌时有十足的信心。麦当劳作为一种经营快餐的企业，带给消费者的理念不是简单的吃饱吃好，而是经营“快乐”，有了这样的理念和承诺，消费者在任何时间用餐都会体验到一种轻松愉悦的氛围。

2. 品牌个性

就像人有性格一样，每个品牌都有它自己的“风格”。因此，品牌不同于商标，它不仅是一种符号，更是一种个性。由于消费者追求认知态度与行为的一致性，将品牌个性化后，会使消费者更容易接近并接受。因为人们通常会选择符合自己认知的品牌，比如追求时尚的年轻女性往往会选择真维斯、以纯，而不会去选择森马等较男性化的休闲服。詹妮弗·阿克开发了品牌个性框架，勾勒出了品牌个性的纯真、刺激、称职、教养和强壮等五个维度，每一个维度又可以分解为一系列的因子和特征。国内学者基于中国特色的文化背景，也对品牌个性维度进行了探讨。例如，黄胜兵和卢泰宏（2003）从中国传统文化角度阐释了中国品牌的“仁、智、勇、乐、雅”等个性维度。

企业创造了品牌的个性，而这种个性带来的相关情感暗示，满足了不同消费者的需求，从而更好地使品牌与消费者建立良好的关系。通常来说，相对于死气沉沉的产品而言，绝大多数消费者更加愿意和那些有灵性、有情感的品牌打交道。

3. 品牌体验

消费者是品牌的最后拥有者，品牌是消费者经验的总和。在品牌的整个形成过程中，消费者扮演了一个“守门人”的角色，他们对品牌的信任、满意、肯定等正面情感归属，能够使品牌经久不衰，而他们对品牌的厌恶、怀疑、拒绝等负面感知，必然使品牌受挫甚至夭折。使用一个品牌的主观经验不同于使用同类但没有承诺的产品的感觉，很明显的例子就是人们往往挑选一个市场占有率高的品牌，但若给的是同样两种产品却没有品牌标识时，消费者就拿不定主意了。所以，品牌确实能改变人们应用产品的真实情感，给人们带来一种特殊的体验，而这些往往就形成了品牌的一种无形价值。

知识拓展

本土化品牌个性维度

维度	指标特征
仁	平和的、环保的、和谐的、仁慈的、家庭的、温馨的、经济的、正直的、义气的、忠诚的、务实的、勤奋的等
智	专业的、权威的、可信赖的、专家的、领导者的、沉稳的、成熟的、负责任的、严谨的、创新的、有文化的等
勇	勇敢、威严、果断、动感、奔放、强壮、新颖、粗犷等
乐	欢乐、吉祥、乐观、自信、积极的、酷的、时尚的等
雅	高雅、浪漫、有品位的、体面的、气派的、有魅力的、美丽的等

资料来源：黄胜兵，卢泰宏．品牌个性维度的本土化研究［J］．南开管理评论，2003（01）：4-9.

能力训练

同步测试

一、多选题

1. 品牌产生需要的条件包括（　　）。

A. 独特的生产技术　　B. 广阔而成熟的市场

C. 健全的法治体系　　D. 企业的管理制度

2. 品牌的构成要素包括（　　）。

A. 品牌名称　　B. 视觉标志　　C. 品牌个性　　D. 品牌承诺

3. 下列属于品牌个性维度的是（　　）。

A. 纯真　　B. 称职　　C. 教养　　D. 强壮

二、简述题

1. 简述品牌的定义。

2. 简述品牌与名牌、驰名商标之间的关系。

3. 请尝试列举几个民族品牌，并分析其品牌个性特征。

三、案例分析题

中华餐饮老字号历史文化有脉可循

中国餐饮作为我国国粹，是集聚老字号品牌最多的行业门类。我国老字号餐饮文化及非物质文化遗产的发展有着深厚的历史渊源。

例如南宋都城临安（今杭州）的餐饮文化，就承接了北宋汴京（今开封）的餐饮文化。据记载，南宋临安府的酒楼，大都仿效汴京，重视门楼装潢宏丽与店内摆设精致，有官办酒楼和民办酒楼之分。《武林旧事》卷六《酒楼》记录了当时户部点检所开办的10家官办酒楼，如和乐楼、中和楼、太和楼、和丰楼、春风楼、西楼、太平楼、丰乐楼、南外库、北外库、西溪库等。临安的民办酒楼，富丽可与官楼相比，著名的也有十余家，每楼各有十余小阁。除豪华酒楼外，还有称为酒肆或酒家的普通酒店，以及满足不同人士需求的各种特色酒店。据耐得翁《都城纪胜·酒肆》

记载，临安的小酒店有包子酒店、宅子酒店、花园酒店、直卖店、散酒店、肥羊酒店等多种名目，如肥羊酒店主要零卖羊肉食品。

明清时期是我国餐饮文化迈上一个新高度的历史时期，现存我国多数餐饮老字号均发端于明清时期。明代玉米、马铃薯等高产作物的引进，丰富了我国人民的食物结构。明中叶以后，社会上奢靡之风在餐饮上表现明显。这种历史文化背景助推了餐饮业的繁荣，使大量餐饮字号应运而生，北京的便宜坊、柳泉居、大顺斋均为明代就兴起的老字号。

案例来源：王成荣，韩凝春，于继超．老字号非遗研究［M］．北京：九州出版社，2021.

请尝试分析以下问题：

1. 结合案例，谈谈你对品牌内涵的理解。
2. 你认为品牌发展的背后承载着哪些历史文化的烙印？

第二节　品牌特征与本质属性

案例导入

海尔品牌的发展

诞生于1984年的“海尔”是海尔集团的家电主品牌。近四十年来，海尔品牌始终站在技术革命和时代发展前沿，引领家电产业的发展潮流。

传统工业时代，海尔以优异的质量和服务，创建了中国家电知名品牌。

随着海尔全球化品牌战略实施，在多数企业还在借贴牌被动“出海”时，海尔放弃了稳定的代工利润，制定了自主创牌的国际化战略，从研发、生产到营销服务，实现了一体化全球布局，在全球30多个国家建立本土化设计中心、制造基地和贸易公司，将不少海外高端家电品牌收归旗下，形成了覆盖海尔、卡萨帝、统帅、斐雪派克、通用家电、卡迪等在内的全球高端品牌体系，用户遍布全球100多个国家和地区，连续13年蝉联全球大型家电品牌销量第一。在科技方面，海尔成为唯一覆盖国际5大标准组织的企业，累计取得10项中国专利金奖，主导和参与国际标准数达到行业最高的82项，以全球引领的科技实力，始终走在家电科技前沿。2022年，海尔名列世界品牌实验室《世界品牌500强》第35位，品牌价值达4 739.65亿元。

在互联网时代，海尔创平台品牌，从传统家电企业转变为互联网企业，以“人单合一”价值引领为基础，通过“平台、小微”等组织结构变革，海尔实现了与上下游的关系从零和博弈变成利益共享共同体。

在物联网时代，海尔从传统制造企业转型为共创共赢的物联网社群生态，率先在全球创立物联网生态品牌。现在的“海尔”在满足用户的最佳体验并与用户不断交互迭代的同时，构建了共创共赢的链群生态，实现生态圈内利益相关方的不断增值。2020 年 9 月，海尔推出全球首个场景品牌“三翼鸟”，拓展了 300 多种场景方案，带动超过 30 个行业的消费，实现跨产业、跨行业融合创新，构建起了全新的生态。在“万物互联”的物联网时代，以智慧家庭引领的海尔生态品牌，将为全球用户带来越来越多的美好生活体验，成为全球生态品牌的引领者。

从质量立牌、海外创牌、建设高端品牌到换道场景生态品牌，海尔每一次超前布局，选择的都是难走的路，并保持战略定力。

思考：

1. 海尔品牌的发展有哪些特征？
2. 你觉得品牌的本质属性是什么？
3. 结合你的了解，谈谈中国品牌在全球哪些行业具有比较优势。

一、品牌特征

这里所说的品牌，一般指优秀品牌。其特征可从内在特征和表象特征两方面进行概括。

（一）品牌的内在特征

1. 质量优异

质量优异是品牌的基础。品牌成名并久经市场考验，关键在于有优良、稳定、可靠的产品质量。从广义来讲，产品质量既包括原材料的质量、生产技术与工艺的质量、外观及包装的质量，也包括功能质量和服务质量。还要看到，质量的本质在于适用性。质量好坏的最终评判者是消费者，只有消费者认可的质量才是最好的质量。因此，质量优异是一个系统的概念。

（1）产品自身品质优异。不同类的品牌应达到相应的质量标准。如国际品牌就应经过国际质量认证，达到国际质量标准；区域性品牌就应达到国家标准或行业标准。并且，执行质量标准一以贯之，不管怎样检测和抽查，都能达到 100%的合格。

（2）产品功能强。产品各种功能的设计，充分考虑到消费者的需要，使消费者达到最大限度的满意。

（3）产品服务好。与产品品质和功能相适应，能为消费者提供售前、售中和售后高质量服务，在质量保证及保换与保修上达到较高标准，消费者的投诉率降至较低水平。

2. 文化附加值高

品牌中蕴含的文化附加值从广义来讲包括以下四个方面：

（1）品牌所反映的生产者的文化理念和精神追求。如“同仁堂”反映的是“同修仁德，济世养生”的企业精神；“张一元”秉承的是“金般品质，百年承诺”的经营信条；“六必居”则代表了“酱领五味，滋养民生”的核心价值。

（2）品牌所蕴含的技术工艺。品牌是人类聪明才智和科学技术的结晶，一个品牌凝结着设计者的独具匠心、生产者的独特工艺和辛勤汗水，也凝结着人类所创造的大量科学技术成果。有些现代品牌产品，如飞机、汽车、计算机、手机等，完全是高科技的产物。

（3）品牌所反映的民族精神、情感、风俗习惯。如新中国成立前东亚毛纺织公司生产“抵羊”（“抵制洋货”之意）牌毛线；如今海尔以“敬业报国，追求卓越”为公司使命，就有民族精神与民族情感的流露。也有不少品牌在外观、包装和商标上明显地带有民族风格的烙印。

（4）品牌所体现的审美观、审美情趣。如每次巴黎、米兰、伦敦时装周所展示的著名品牌服装，其款式及色彩往往预示着一种审美的趋势，代表着一种流行和时尚。品牌成为美学的载体。这种审美产生的文化附加值，不是一种具体的使用价值，它只是满足人们审美体验的一种价值，是品牌所期望达到的一种境界。如果说一些传统品牌的文化附加值是生产者不自觉地赋予其中的话，那么现代品牌的文化附加值则反映了生产者高超的经营谋略。品牌文化附加值作为品牌内在品质的一个要素，决定着品牌的交换价值。

（二）品牌的表象特征

品牌的表象特征，主要表现为知名度、美誉度、顾客忠诚度、市场占有率、品牌收益、无形资产价值和社会效应均比较高，同时均有较长的市场生命周期。

（1）较高的知名度、美誉度与顾客忠诚度。这是品牌最明显的表象特征。品牌，尤其是著名品牌，首先在于知名，进而美名。品牌的知名度和美誉度最根本的源于品牌自身的质量、服务和文化附加值。顾客忠诚度是指顾客对某一特定产品或服务产生了好感，形成了“依附性”偏好，进而重复购买的一种趋向。它是品牌知名度、美誉度最终带来的结果，也是提高品牌知名度、美誉度的目的。品牌的顾客忠诚度高，说明在品牌与顾客之间建立起来的情感连接和相互信任、相互依赖的“质量价值链”越牢固。

（2）较高的市场占有率和品牌收益。这是以高知名度、高美誉度和高顾客忠诚度为前提的。一种品牌一旦有了较高的知名度、美誉度和顾客忠诚度，其市场半径就会迅速扩大，市场占有率就会迅速攀升，高额利润也会滚滚而来。据统计，世界上有 8 万多种品牌产品，覆盖着 98%的国际市场，著名品牌的市场占有率可高达 30%以上，其品牌收益可以数亿、数十亿美元加以计算。就国内来讲，有些行业的著名品牌也具有这种明显特征。品牌收益，既是规模效益，以量取胜，更是级差效益，即品牌的文化附加值所带来的级差效益。

（3）较高的无形资产价值和社会效应。品牌的无形资产价值是企业不断创新、长期积累、精心管理的结果。实践证明，品牌的等级越高，其无形资产的价值也就越高，在企业总资产中的比例就越大。品牌的无形资产价值越高，相应的正面社会效应就越大。品牌的社会效应表现在以下方面：

一是扩散效应，即品牌理念及其所带来的生活方式广为流传。

二是放大效应，也称马太效应，即在传播中不断添枝加叶，好上加好。

三是刺激效应，即吸引消费者，刺激需求。

四是持续效应，即能使企业保持长久的影响力和竞争优势。

（4）较长的市场生命周期。一种品牌之所以能够经受市场竞争的长期考验，是因为它可以秉持核心价值，通过创新，不断完善老产品、开发新产品，打破产品生命周期。品牌产品可以推陈出新，但品牌自身却永葆青春，长期保持市场的领先地位。品牌作为一种知识产权，既与有形的产品联系在一起，也可以独立存在。任何一种产品或长或短都有市场生命周期，但著名品牌没有可预见的市场生命周期，支撑品牌的一种产品被淘汰，只要开发出更新更好的产品，品牌仍然会发展。也不可否认，某些品牌只依附于一种产品，没有产品创新，这种产品被市场淘汰了，品牌也就退出了市场。世界上众多品牌和中国的老字号，有长达百年甚至数百年历史，经久不衰，体现出无穷的生命力，这反映了品牌具有长市场生命周期的特点。

二、品牌的本质属性

品牌具有两重属性：一方面反映其自然、技术的属性，如设计精湛、质量超群、包装考究、功能独到等，它能最大限度地满足人们生产生活上的需求；另一方面反映它的社会属性，即表现出复杂的经济关系，这种经济关系是品牌的本质属性。

品牌的本质属性包括以下六个方面。

（一）品牌生产中的分工协作关系

品牌是集体智慧与劳动的产物。现代生产分工细密，生产的专业化程度高，作业的规范和标准极其严格。一件产品不可能由一两个人完成，而要经过成百上千个人的共同协作才能完成。对于一些科技含量较高的产品，不仅需要企业内部劳动者之间的高度协作，其供应链突破企业乃至国家范围，是全球若干企业共同协作的结果。例如，波音公司的 787 飞机实现了 135 个地点、180 个供应商的协同工作。在其 400 多万个零部件中，波音公司本身只生产大约价值 10%——尾翼和最后组装，其余的生产是由全球 40 多家合作伙伴完成的。飞机设计由美、日、俄、意共同完成，研发和制造涉及美、日、法、英、意、瑞（典）、加、韩、澳和中国等国的多家顶级供应商。

（二）品牌营销中的互利互惠关系

一个品牌的诞生、成长和不断趋于成熟，既是设计者和制造商的功劳，更离不开经销商在其中所做出的不懈努力。经销商是生产者与消费者之间的桥梁和纽带，在品牌营销中经销商能否传递和增强品牌特有的价值和文化精神，提供与品牌相适应的服务，直接影响着消费者对品牌的认同度和忠诚度。

（三）品牌成长中的竞争关系

品牌是在市场竞争环境中诞生和成长起来的，竞争是品牌发展的动力。即使有些品牌在市场上占有绝对优势，也未必能够长期垄断市场，它们并非没有竞争对手，只不过有些竞争对手暂时弱小一些，有些处于间接、潜在的竞争者地位。优秀的品牌靠自身的实力，敢于与同行对手进行竞争，善于在竞争中赢得优势，同时把竞争视为“双赢”的动力，在处理与竞争对手的关系时，坚持既竞争又合作，在与竞争对手共同成长中树立自身高尚完美的品牌形象。

（四）品牌服务顾客中的信任关系

顾客对品牌的高度信任与忠诚是品牌赖以生存的基础。企业与顾客的这种关系也是品牌最本质的属性。品牌成名，是顾客捧出来的，是顾客给予的最大信任与支持。品牌之所以能够取得顾客的信任，绝不仅仅是靠广告宣传出来的，而是品牌对顾客的使命感、责任感和服务顾客的实际行动使然。品牌一旦与顾客建立了这种信任关系，顾客就会对品牌给予厚爱、认同，并积极购买与传播，以至增强黏性，建立永久的忠诚。

（五）品牌与金融机构合作中的信用关系

品牌的发展离不开资本的支持。品牌本身就象征着一种商业信用。有些企业家为了建立品牌的商业信用，不需要钱的时候也向银行借点钱，到期一分不差地归还银行，以证明自己践约守信，这是品牌刻意追求的效果。

（六）品牌发展中的奉献关系

大凡品牌，在其研发、生产、营销和传播过程中，都秉承着强烈的社会责任感，在节约能源、减少环境污染、支持公益事业、传递先进文化、营造优良风尚和美好生活境界等方面，勇于奉献，具有突出而良好的表现。

能力训练

同步测试

一、多选题

1. 下列属于品牌内在特性的是（　　）。

A. 质量优异　　B. 文化附加值高

C. 较高的社会效应　　D. 较长的生命周期

2. 下列属于品牌的本质属性的是（　　）。

A. 品牌生产中的分工协作关系　　B. 品牌成长中的竞争关系

C. 品牌发展中的奉献关系　　D. 品牌服务顾客中的信任关系

二、简述题

1. 请简述优秀品牌的基本特征。

2. 请讨论品牌所表现出的各经济主体之间的关系。

三、案例分析题

可口可乐的品牌内涵

"如果一场大火把可口可乐烧光，第二天我就可以再造一个可口可乐！"世界品牌可口可乐的身上有太多内涵，而这些内涵中，不可或缺的就是其鲜明的文化特征，其一段更改配方的往事就证明了这一点。

1985 年 4 月 23 日，可口可乐宣布更换可口可乐配方，推荐"更圆润、更可口"的 New Cole，借助媒体的广泛传播，在 24 小时之内，有 81%的美国人知道了这一消息，其公众获悉率竟超过了 1969 年 7 月的阿波罗登月。在"新可乐"问世的当天，就有 1.5 亿人品尝到了它。新产品走进市场如此之迅速，几乎是绝无仅有的，但这并未使新可乐代替老可乐的计划获得成功。面对铺天盖地的反对浪潮，甚至游行活动，可口可乐公司不得不在新可乐上市的 79 天后（1985 年 7 月 10 日）恢复老可乐的生产。虽然可口可乐更换配方未能如愿，甚至被百事公司美国业务部总裁罗杰尔·恩里克称为"80 年代的 Easel"（Easel 是美国福特公司在 20 世纪 50 年代开发失败的车名），但是，人们（包括可口可乐公司）却从中发现了可口可乐品牌或产品深处隐含着的文化，这也是使可口可乐得以再度崛起的重要的原动力。

请尝试分析以下问题：

1. 可口可乐公司的案例体现了品牌的哪些特征？
2. 可口可乐品牌的本质属性体现在哪些方面？
3. 你认为，可口可乐品牌发展过程中，有哪些值得我们借鉴的经验？

第三节　品牌分类

案例导入

海尔将意大利打造成欧洲门户

在弗朗西斯科·阿布里茨奥（Francesco Albrizio）的办公室里，他会沏上购自中国的龙井茶，把冒着热气的茶杯递给来访的客人。在办公室的墙上，挂着不少中国的名言警句。

阿布里茨奥是海尔（Haier）意大利子公司的负责人，在这家中国最大的白色家电公司进军欧洲的突破战中，他正扮演着急先锋的角色。

海尔是第一家完成国际收购的中国家电公司。2001 年，海尔首开先河，收购了陷入困境的意大利冰箱制造商迈尼盖蒂（Meneghetti），之后有多家中国公司竞相效仿。

“一种模式已被打破”，曾效力于美国惠而浦（Whirlpool）的阿布里茨奥说，“以前都是西方国家到中国开展业务，现在的情况已不再是这样。有很多理由支持中国在西方投资设厂。”

意大利投资促进署（Invitalia）称，海尔是 57 家收购过意大利企业或持有意大利公司股份的中国公司之一。

海尔在靠近意大利北部城市帕多瓦的工厂雇用了 130 名工人，其中有一半是中国人。该厂的产品上贴有“意大利制造”标签，也会销往非洲市场。

海尔的国际化采用了“先难后易”战略。1991 年，海尔冰箱能摆在自己的老师家门口——德国，靠的是揭下商标、打擂台的形式建立起的海尔产品高质量的信誉。从 1996 年开始，海尔已在菲律宾、印度尼西亚、马来西亚等地建立海外生产厂。1999 年 4 月，海尔在美国南卡罗来纳州生产制造基地的奠基，标志着海尔集团建成了第一个“三位一体本土化”的海外海尔，即设计中心在洛杉矶、营销中心在纽约、生产中心在南卡罗来纳州。如今，不仅有美国海尔，还有欧洲海尔、中东海尔等。

2009 年，海尔的全球销售额达到了 182 亿美元，该公司将意大利视为欧洲市场的门户。海尔成功地在意大利站稳了脚跟，这得益于其在中国本土的运营经验。海尔脱胎于 20 世纪 90 年代欧洲顶级家电公司意黛喜（Indesit）在中国建立的两家合资企业，10 年之后，意黛喜撤离中国，这两家合资企业也随之寿终正寝。

资料来源：朱丽叶・赛格雷蒂．意大利，海尔的欧洲之门［EB/OL］.（2011-05-11）［2023-03-12］. https：//news. ifeng. com/c/7fZgw1k9Hgd.

思考：

1. 你认为海尔的国际化对品牌发展有哪些重要意义？
2. 结合案例，尝试分析品牌可以如何进行分类。

品牌是一个非常笼统的概念，只有对其进行较为科学合理的分类，才能更好地认识其特征，研究其价值。品牌主要有以下四种分类方式。

一、国际品牌与区域品牌

这是按照品牌的市场半径和影响范围来划分的。

（一）国际品牌

国际品牌，即在国际市场上具有极高的声誉，被全球公众广泛认知的品牌。这类品牌历经锤炼，经受国际市场竞争的洗礼。同区域品牌相比，它的市场半径更大，可以辐射到世界各地，有些国际品牌甚至可以伴随人类的踪迹到达地球的每一个角落，满足不同民族、不同文化、不同生活方式的消费者的需要，具有强大的“征服力”。国际品牌既是竞争力的象征，也是文化的象征，它折射着某种消费水平、生活方式和文化信念。

（二）区域品牌

区域品牌，即在某一国家或特定地区具有较高社会认知度和市场影响力的品牌。这类品牌在当地有较高的市场占有率，形成区域消费者的品牌偏好，对外来同类品牌具有较大排他性。有些区域品牌是由区域资源的独特性和消费习俗共同造就的，它是区域文化和生活方式的象征。如不少老字号品牌就属于区域性品牌。

二、高端品牌与大众品牌

这是根据品牌目标顾客的消费层次划分的。

（一）高端品牌

高端品牌是指面向少数或极少数高端消费者，以品质特优、自身价值和文化品位较高而受到目标市场推崇的品牌。高端品牌的绝对市场占有率并不高，但品牌研发能力强，产品线和分销渠道清晰，美誉度很高，影响力很大。有些高端品牌虽然为一般消费者的购买能力所不及，却妇孺皆知，成为人们倾慕和追求的对象，甚至成为身份、财富和地位的象征。高端品牌主要靠增加产品附加值、造就品牌神话获取高额利润。高端品牌中的佼佼者通常也称为奢侈品牌。奢侈品牌是一种超出人们生存与发展需要范围的，具有独特、稀缺、珍奇等特点的消费品。有些高端品牌为了满足不断成长的年轻消费者需求，在品牌中加入一定的奢华元素和时尚元素，因而形成轻奢品牌。高端品牌在市场上也通俗地被称为一线品牌。

（二）大众品牌

大众品牌是面向社会主流消费群体，其品质、价格和服务更适合一般或较高收入消费者需要的品牌。大众品牌一般是人们的生活必需品，目标市场宽广，生产者能够以较低的成本实现规模化生产，又能以适中的价格形成竞争优势，因此能够获得极高的市场占有率和较高的品牌收益。大众品牌是品牌大家族的主体。大众品牌在市场上也通俗地被称为二线品牌或三线品牌。

三、时尚品牌与传统品牌

这是依据品牌与流行文化的关系划分的。

所谓时尚，就是在当下所流行并被一些人所崇尚的生活方式。时尚品牌即面向时尚人群开发的品牌，或通过创意设计引领消费文化和时尚潮流的品牌。时尚品牌除了具有优异的品质，更主要的是在产品设计上融入了时尚元素，以特有的文化符号，满足或契合追求时尚的消费者的精神和情感需求。时尚品牌的产品一般生命周期较短，流行期过去，便快速在市场上消失。因此，时尚品牌往往具有很强大的研发人员和设计师团队，产品快速推陈出新，永处时尚前沿或引领时尚潮流。时尚品牌依据其市场地位和时尚特性，也有奢侈时尚品牌、快时尚品牌和潮牌之分。一般而言，服装类奢侈品多数都有奢侈时尚品牌的特点。快时尚品牌提供当下流行的款式和元素，以价低、款多、量少为特点，激发消费者的兴趣，最大限度地满足消费者需求。潮牌多指一些原创品牌，即有自己的设计，张扬设计师的独特思想品格、风格和生活态度的时尚品牌。

传统品牌是针对时尚品牌而言的。一般而言，传统品牌多为生活必需品，质量稳定，市场稳定，顾客忠诚度较高，为社会大众广为认知和信赖，产品创新缓慢，较少受到社会文化与潮流的影响。与时尚品牌相比，其产品文化附加值相对较小。在传统品牌中，有一部分品牌拥有传统核心技艺，产品品质高，且久经市场考验，这类品牌逐渐成为顾客心目中的经典品牌。老字号品牌多为传统的经典品牌。

四、单一品牌与复合品牌

这是按照品牌所包容的产品品种划分的。

（一）单一品牌

单一品牌即企业使用单一商标生产单一产品而形成的品牌。这类品牌一般表现出企业、商标、产品的高度一致性，生产的专业化程度相当高，市场半径和市场占有率相当大，品牌形象清晰具体，易于传播，易于消费者识别。由于竞争状况不同，有些单一品牌市场占有率高，产品生命周期较长且有较强的竞争优势，因此市场相当稳定，如可口可乐。相反，也有些单一品牌市场虽大，但同行竞争激烈，因此表现出不稳定性。从发展的角度看，这类品牌最终可能会向复合品牌过渡。

（二）复合品牌

复合品牌指企业使用同一商标生产多种产品，或使用多种商标生产多种产品而形成的品牌。例如，宝洁就是典型的复合品牌，其旗下不同产品还有不同品牌。复合品牌的生产规模一般比较大，不同的产品都能获得较高的市场占有率。复合品牌的形象在消费者心目中不像单一品牌形象那样具体，其更突出企业整体品牌形象。复合品牌与单一品牌相比，市场风险和财务风险较小，也能最大限度地利用无形资产。但如果企业滥用自身品牌资产，盲目延伸，也容易陷入财务陷阱。复合品牌发展到最后就是公司品牌。

管理实践

从追赶者到领先者：京东方

我国曾长期处于“缺芯少屏”的窘境，显示屏大量依赖进口。2003 年 1 月，京东方从收购韩国生产线入手，向国际巨头发起挑战。

智能手机、平板电脑屏市场占有率全球第一，企业毛利率连续两年业内第一……经过多年的艰苦打拼，京东方科技集团成功打破“屏颈”，牢牢确立了在全球半导体显示行业的领先者地位。截至 2021 年，京东方累计自主专利申请超 7 万件，在年度新增专利申请中，发明专利超 90%，海外专利超过 35%，覆盖美国、欧洲、日本、韩国等多个国家和地区。美国专利服务机构 IFI Claims 发布 2021 年度美国专利授权量统计报告，京东方全球排名跃升至第 11 位，排名提升 2 位并连续第四年跻身全球前 20；世界知识产权组织（WIPO）2021 年全球国际专利申请排名中，京东方以 1 980 件 PCT 专利申请量位列全球第七，连续 6 年进入全球 PCT 专利申请前 10。

创新无止境，跨越需跨界。2015 年，京东方制定了向软硬融合、应用整合及服务化转型的新战略，在深耕显示器件、智慧系统产品的同时大举挺进智慧医疗。

“京东方致力于打造令人尊敬的百年老店。”京东方董事长王东升说，“我们的目标是成为显示器件领域的世界领导者、智慧系统领域的全球领先者以及智慧健康服务领域的全球典范。”

BOE 三个字母原是京东方名称的英文缩写，在新的发展阶段，被喻为 Best On Earth，代表着京东方立志成为全球伟大企业的极高志向。

资料来源：赵永新．京东方，从追赶者到领先者（中国品牌 中国故事）[EB/OL].(2015 - 11 - 18) [2023 - 03 - 12]. http://politics.people.com.cn/n/2015/1118/c1001-27826674.html. 有改编．

能力训练

同步测试

一、多选题

1. 按照市场半径和影响范围，品牌可以划分为（　　）。

A. 国际品牌　　B. 复合品牌

C. 区域品牌　　D. 高价值品牌

2. 按照与流行文化的关系，品牌可以划分为（　　）。

A. 时尚品牌　　B. 传统品牌

C. 复合品牌　　D. 区域品牌

二、案例分析题

2022 年中国 500 最具价值品牌前 10 名

排名	品牌名称	品牌拥有机构	主营行业
1	国家电网	国家电网有限公司	能源
2	中国工商银行	中国工商银行股份有限公司	金融
3	海尔	海尔集团公司	物联网生态
4	腾讯	腾讯控股有限公司	信息技术
5	中国人寿	中国人寿保险（集团）公司	金融保险
6	中国石油	中国石油天然气集团有限公司	石油化工
7	中化	中国中化控股有限责任公司	化工
8	华润	华润（集团）有限公司	多元化
9	中国一汽	中国第一汽车集团有限公司	汽车
10	华为	华为技术有限公司	通信电子

资料来源：世界品牌实验室 2022 年中国 500 最具价值品牌排行榜

请结合上述资料，尝试回答以下问题：

1. 请从不同角度，对表中所列示的品牌进行划分？

2. 结合本章内容和表中品牌的相关资料，谈谈你对中国品牌发展特点的初步理解。

第四节　品牌成长规律

案例导入

低调的比亚迪

2021 年 4 月 27 日，《时代周刊》评选出了“最有影响力的 100 家企业”，比亚迪成功入选，这个一贯低调的车企，一下子就迎来了它的高光时刻。《时代周刊》的评选，旨在探寻那些“塑造人类未来”的企业。《时代周刊》认为，比亚迪在其“扩大电动交通规模”战略下全速前进，在电动巴士业务方面取得可喜成就，在乘用车领域持续发力，而且作为中国一家自主品牌整车制造企业，比亚迪已经成功进入欧美市场。

2022 年 5 月初，在各大车企晒其 4 月销售成绩单的时候，比亚迪又以月销 10 万十连续两个月赢得新能源车销冠。这个成绩，即使在整个中国汽车市场，仍然超越大众等合资品牌，牢牢锁定市场第一，这是中国汽车产业引入合资车三十多年来，第一个登顶月销量冠军的自主品牌。

比亚迪取得如此惊艳销售成绩，凭的是运气，还是硬实力？比亚迪之所以能不受缺芯停产困扰，关键是早在2007年它就开始布局芯片研发，经过了十几年发展，已经可以完成芯片设计、晶圆制造、模块封装、仿真测试全产品链生产，做到芯片不求人。从刀片电池、“下一代电动车的摇篮”e平台3.0，到CTB电池车身一体化技术，这一切，都是比亚迪靠硬实力完成的。

在新能源汽车领域，比亚迪面对的竞争对手，是实力与品牌影响力兼具的特斯拉，还有不少国产新能源汽车品牌。为什么比亚迪能够胜出，如此受到消费者青睐？说白了，就是市场认可比亚迪电动汽车性能强、价格合理、使用成本低。这里的核心因素是，比亚迪依赖先进技术支持，克服了成本难点，通过全产业链模式，从采矿开始到整车制造，每个环节都能科学管理、有效地控制制造成本，于是打造出覆盖主流车价格定位的秦、宋、元系列，以及二十万元以上的比亚迪汉、唐系列。2022年5月，首款搭载CTB技术的e平台3.0——比亚迪海豹上市，直接与特斯拉Model 3竞争，加上已经上市的海豚，比亚迪新能源汽车引发一次又一次市场热销。

比亚迪——BYD的内涵“Build Your Dream”是“成就你的梦想”，契合了无数人对未来的憧憬；车型用秦、汉、唐、宋、元来命名，凸显了民族风。不仅如此，比亚迪车的颜值也备受年轻人的追捧。比亚迪，用情感把它的汽车与消费者联系在了一起。

基于先进技术的性能、严格成本控制的价格，还有充满激情的文化，铸就了比亚迪的优势。即使比亚迪旗下车型略有涨价，产品仍处于供不应求状态。

案例来源：车时代资讯.《时代周刊》2021最具影响力100强企业发布，比亚迪实力入围［EB/OL］.(2021-04-28)［2023-03-08］. https://baijiahao.baidu.com/s? id=1698273698583316764&wfr=spider&for=pc.

思考：

1. 比亚迪品牌发展有哪些特点？
2. 比亚迪的品牌发展受到哪些因素影响？

一、品牌成长环境

为什么世界上有些国家或地区品牌云集、实力雄厚，有些国家或地区却品牌稀少、实力单薄？为什么有些品牌历经百年乃至数百年长盛不衰、青春永驻，有些品牌红极一时、流光溢彩，却昙花一现？为什么有些品牌的价值稳定增长，有些品牌的价值大起大落？这种种现象的背后其实是有规律可以探索的。揭示品牌的成长规律，是了解品牌价值来源、深化品牌管理的重要基础。

（一）品牌发展历史分析

品牌发展大体经历了四个阶段，即品牌的形式化阶段、法律化阶段、价值化阶段和资产化阶段。

1. 品牌的形式化阶段

在品牌发展阶段中，首先是品牌的形式化。从形式角度看品牌，品牌是一种符号。在这一阶段，品牌作为表明产品的产地、制造者的标志而存在，人们理解品牌时也仅仅是将它看作一种符号和标记的形式。凡具有这种符号，就能保证产品是由同一供应者提供的、具有相同的质量和特性；在产品出售后，可以使买者辨明产品的制造者，方便修理和调换，并可以防止他人假冒。

2. 品牌的法律化阶段

由于品牌的内涵比较宽泛，法学方面的定义不明确、不严密，其权益维护问题在早期主要依靠市场的自发力量。随着品牌经济的兴起，品牌数量激增、市场扩大，以及品牌在竞争中作用的增强，品牌的法律化问题日益突出。许多西方国家纷纷颁布了商标法和相关的品牌保护法规，使得品牌通过商标这样一个概念在法学上有了明确的定义。法国 1803 年推出世界上最早与品牌相关的法律——《关于工厂、制造场和作坊的法律》，美国在 1870 年制定了《联邦商标条例》，德国在 1874 年公布了《商标保护法》，使品牌发展逐步进入法制化时代。全球范围得到各国公认的与品牌相关的公约是 1883 年签订的《保护工业知识产权巴黎公约》和 1891 年签订的《商标国际注册马德里协定》。我国是上述公约和协定的成员之一。品牌的法律化意义在于"商标"这一概念法律地位得以确认，品牌成为知识产权的组成部分，经过注册以后，其拥有者和品牌特许方获得了可保护的财产，也可以防止他人的冲击、假冒和伤害，由此产品品牌可以受到法律的保护。

3. 品牌的价值化阶段

第二次世界大战以后，全球化市场加速发展，人们物质文化生活水平得到较大的提高，消费者由满足基本的生理需要，转变为心理上、精神上更高的追求，注重个性的表现和发展，市场上商品丰富，其质量、性能、价格上的差异逐渐缩小，而品牌认知较高的商品在市场上的出色表现，则为企业带来了丰富的超值利润。针对这一趋势，通过运营、管理、传播等手段，提升品牌的内涵价值，以品牌的附加感受征服消费者，成为企业的普遍选择。在这一阶段，各种品牌管理的方法和战略思维也纷纷发展起来，特别是在消费品企业重塑品牌忠诚度过程中，品牌管理和品牌营销在市场营销中的地位和作用充分体现了出来，其中战略性的品牌理论包括奥格尔维（Ogilvy）的品牌形象论、里斯和特劳特（Ries & Trout）的品牌定位论、凯勒和阿克（Keller & Aaker）的品牌延伸研究系列等。通过企业的系统实践，许多著名品牌，如大众汽车、可口可乐等开始出现在全球各个市场，高价值品牌成为企业参与国际市场竞争的有力武器。

4. 品牌的资产化阶段

20 世纪 80 年代以后，全球开始密切关注知识产权，品牌的法律属性和价值化已经无法完整诠释品牌的真实含义，尤其是在全球掀起的新一轮并购风中，品牌成为企业并购时的重要考量因素。如英国罗尔斯罗伊斯牌汽车在被德国大众汽车公司兼并时，其品牌是以数亿英镑的价格转让的。品牌的性质发生了突变，品牌已具备一般商品的价值和交换价值的特征，品牌的商品属性显现了出来，成为企业必不可少的资产，品牌发展进入了资产化的时代。拥有品牌的企业更加注重品牌的内涵，更加注重品牌本身的无形资产价值。在理论界，大量品牌资产的研究出现了新的突破。该领域诞生了 Interbrand 和《金融世界》品牌资产评估模型、戴维·阿克（David Aaker）的品牌资产五星模型、凯文·莱恩·凯勒（Kevin Lane Keller）的基于消费者的品牌资产模型等，这些成果都为企业的品牌资产管理提供了新的指导。企业在开展市场营销时，将品牌作为知识产权和无形资产融入经营资产当中；在兼并和扩张时，品牌资产已成为资产兼并和重组的重要部分；品牌在企业破产时可以作为独立的资产进行拍卖；在国际市场上，品牌商采用授受品牌使用许可的方式作为投资，实施特许经营，实现企业的扩张战略。

（二）影响品牌发展的环境因素

从品牌发展的历史进程可以看出，在品牌，尤其是产品品牌的发展中，发达国家一直处于主导地位。为什么多数国际著名品牌相对集中于发达国家？它们为何拥有如此大的品牌主导力量？这与品牌成长的市场、科技、人文环境以及所处的行业密切相关。

1. 国家的经济、科技实力

在 Brand Finance 发布的《2023 年全球品牌价值 500 强》中，美国入榜品牌 201 个，中国入榜品牌 79 个，随后是日本、法国、德国、英国等国，分别上榜 32、31、24、24 个。这些国家都是世界上经济、科技实力较强的国家。我国经济总量和国际贸易总额较大，品牌经济发展迅速。伴随着中国基础科学研究能力、技术开发实力和创新创意人才队伍实力的增强，中国制造业品牌的地位有望得到进一步提升。

2. 公司发展的实力

规模巨大、实力雄厚的集团公司往往是培育国际品牌的摇篮。2022 年度世界财富 500 强中，中国共有 145 家公司上榜，美国有 124 家公司上榜。其余上榜较多的国家是日本（47 家）、德国（28 家）、法国（25 家）、英国（18 家）。很多顶尖级世界品牌，如国家电网、中粮集团、中国一汽、华为、苹果、大众、微软等，无不出自世界财富 500 强这些经济实力和科技实力都非常雄厚的航空母舰式的超级公司。

3. 竞争环境与政府支持

品牌是竞争的结果。竞争促进产品成本下降，质量提高，经过多次竞争优胜劣汰，优胜者即成为品牌。但这种竞争必须是有秩序的。无序的竞争，假冒伪劣盛行，绝不利于品牌的成长。实际上，政府不仅可以通过创造良好的营商环境为品牌发展铺路架桥，还可以通过科技政策、税收政策、外贸政策，以及必要的政治营销手段，支持品牌的发展。

4. 文化背景与文化传统

众多著名品牌均有比较悠久的历史，其中积淀着深厚的民族文化底蕴。即使历史较短的一些品牌，也有民族文化的烙印。因为品牌产生在特定的地区、特定的历史背景和特定的文化氛围中。特定的历史与文化孕育了品牌，品牌又反过来传承和弘扬这些文化，并把这些文化传向世界。当然，品牌在走向世界的过程中，也在不断完善自身，使之适应更广大市场的需求。

5. 所处行业的特性

在不同的行业中，创造品牌的方式是不同的。一般来说，消费品领域比较容易创建知名品牌。因为创造品牌的过程就是让客户接受新产品的过程。在不同的行业中，接受新产品所需的时间和难度显然不同。客户在放弃原有的习惯使用的产品转而使用一个新产品的时候，需要考虑成本和风险，同时还要改变某些消费习惯。在消费品行业中，客户接受新产品的成本低、风险小，消费习惯的转换也比较容易，这使得在消费品行业中创造知名品牌要相对容易。在工业品行业，接受一个新产品要困难得多，因为无论是成本还是附带的风险都要比消费品行业大得多，这也使得在工业品行业中更容易保存一个品牌。除了消费品行业外，快速发展的高科技领域也容易创建高价值的品牌。

二、品牌成长规律

无论哪一类品牌，如果抽象掉具体的特征，它们就都有着共同的成长规律。品牌的成长过程受到来自市场和科技进步等多方面因素的影响，取决于品牌设计者与生产者的投入和管理水平的高低。品牌成长规律如图 2-1 所示。

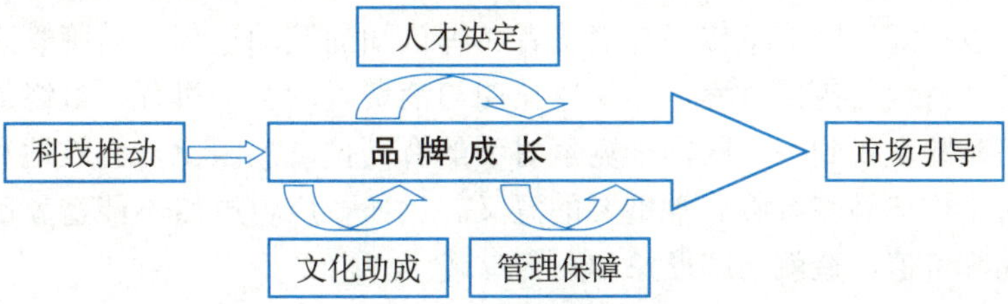

图 2-1　品牌成长规律

（一）市场引导规律

品牌成长离不开一定的市场环境，市场对品牌成长起着重要的引导作用。这主要体现在以下方面。

1. 品牌在市场需求中诞生

品牌的成熟度是与消费层次高低成正比的。当消费水平达到一定层次，市场就产生了对产品质量、功能、款式、包装等方面更高的需求，品牌应运而生。伴随着居民收入提高导致的消费需求变化，使品牌内涵也发生了深刻变化，品牌由一种名称、术语、标记、符号或它们的组合运用，逐渐演变为与消费者之间的互动关系，并更加关注消费者的需求、情感、回忆等因素。特别是随着体验经济的到来，品牌体验更成为消费者选择、识别和认同品牌的重要影响因素，能为消费者带来独特体验的品牌将为企业赢得竞争优势。

2. 品牌在竞争中成长

遵循优胜劣汰的法则，优质、新颖且诚信、动人的品牌，在竞争中获得强势，最终鹤立鸡群，成为行业品牌的领导者。品牌的竞争与资本的竞争有差异，资本竞争往往造成垄断，而品牌竞争的结果虽然也向少数品牌集中，但品牌园地仍是百花齐放、生态平衡的。因为不同品牌都有不同的核心价值，在广阔的市场中有自己的独特“生态位”。

生态位，本是指种群在群落中与其他种群在时间和空间上的相对位置及其机能的关系。每种品牌及品牌群的生存都需要一定的生态空间和资源，为了获得这些资源和空间，品牌都有扩张的倾向，扩大它们的市场生态分布范围。但资源和空间两者都是有限的，因此必然引起有同样需要的品牌及其群体间的竞争。但是由于竞争的影响，品牌当前占领的实际生态位总是小于它在没有竞争条件下可能达到的生态位，即基础生态位。资源和空间虽然是有限的，但消费者的需求、需要又是多种多样的，通过竞争和选择，品牌及其群体间产生生态位的隔离，使得生态位不重叠或少重叠，从而达到一定范围内的许多品牌的共存。因此，现有的品牌通过保持自己独特的价值来满足消费者，占据一定的生态位，并在竞争中形成了相对稳定的品牌关系。

3. 品牌靠市场营销获得发展

准确的品牌定位，清晰的品牌战略与策略，明确的广告、公关诉求都是品牌成长必不可少的。定位理论认为，在信息时代，消费者经常面对大量各种各样的信息，而人的大脑只能容纳有限的信息。因此，在众多的信息中只有很少的信息能够引起消费者的注意；对于信息的传播者而言，选择精确、差异化的信息，适应消费者的心理需求，是传播取得预期效果的关键；通过信息选择、传播目标确定和分门别类的过程，可以形成品牌信息传播与消费者品牌认知的互动过程。品牌管理人员经过长期、一致和持续的传播过程，即经过长期与消费者的互动过程，最终能够为品牌在消费者的头脑里找到一个区别于竞争对手的有利位置。因此，有效地利用各种营销工具，对于构建品牌有着非常重要的意义。比如，广告虽然不能造就品牌，但却可以提升品牌价值，造就品牌形象和顾客忠诚。

（二）科技推动规律

现代品牌是人类智慧和科学技术的结晶，以科技为先导，有较大的研发投入，品牌才能顺利成长。日本人认为，研发投入占销售收入 5%以上，企业才有竞争力，研发投入占 2%仅能够维持原状，研发投入不足 1%则企业难以生存。这是就企业竞争力而言的；对于支撑一个品牌，虽因科技含量各有不同，但对研发的要求都是较高的。

科技因素对品牌的推动作用体现在以下方面。

1. 科技决定品牌的生命周期

有些品牌历经百年甚至几百年长盛不衰，是巨大的科技投入支撑着的。例如，华为至少有七百多名数学家，八百多名物理学家，一百二十多名化学家，还有六千多名专门做基础研究的专家，六万多工程师。2021 年华为研发人员达到 10.7 万名，占公司总人数的 54.8%；研发投入达到 1 427 亿元，占全年收入的 22.4%。正是由于有巨额的研发投入和庞大的研发团队，确保了华为能够持续不断地创新。

2. 科技决定品牌的质量

品牌卓越的品质，从根本上讲是靠科技支撑的。且不说高技术类品牌，仅就一般品牌而言，对科技的依赖性也非常明显。吉列剃须刀，产品虽小，但细微之处见功夫。小小剃须刀，获得 23 项世界专利，被誉为“面颊上的革命”。雀巢为保持高质量、高品位、高营养的特色，且使雀巢产品适用于世界各地不同的消费特点，在美、英、法、德、意等 11 个国家建立了 22 个技术开发中心。靠 1 000 美元起家的耐克，对于像鞋子这样极普通的物品，却赋予了极高的科技含量，用近 100 名研究人员专门从生物力学、实验生理学、工程技术、工业设计学、化学等不同角度进行研究。

3. 科技决定品牌的生殖力

随着科技革命和知识经济的发展，新技术不断涌现，产品的生命周期不断缩短。50 年前产品的生命周期平均是 8 年，30 年前为 5 年，20 年前为 3 年，现在有些产品仅有一年甚至几个月的生命力。目前，发达国家每年创新产品产量要占全部产品产量的 40%以上。品牌要推陈出新，保持自己的市场地位，最根本的是依赖科技投入与开发。科技含量较大的品牌尤其明显。

（三）人才决定规律

品牌所代表的高品质、高性能，所蕴含的高科技、高文化，归根结底是由人创造的。品牌是一面镜子，它能折射出生产者的品德、智慧与情感；优秀的品牌出自优秀的人才。正因如此，日本的品牌理念才如此鲜明：造物先造人。这里所言人才决定规律之“人才”是广义的概念，既包括品牌的领导者、设计者，也包括品牌的具体制造者。

1. 品牌成名离不开企业家的培育

品牌与企业家共生，企业家创立了著名品牌，著名品牌也成就了企业家。企业家在品牌创造中承担着发现、发明、决策、管理、创新和市场开拓等多重角色。有些企业家从纷繁复杂的市场需要中把握需求变化趋势，发现市场缺口或市场切入点，缔造了品牌。有些企业家以强烈的科技意识和敏锐的市场眼光，发明了某种技术和某种产品。一百多年前，亨利·福特就是靠他自己的发明创造，奠定了福特汽车王国的根基。海尔 CEO 张瑞敏，以敏锐眼光和前瞻性思维，不断推进海尔的战略创新，保持了海尔持续的创新活力。比尔·盖茨是一个伟大的发明家，是他及其伙伴所发明的电脑软件改变了亿万人的生活。有些企业家以优秀决策者与管理者的角色成就了品牌。如雷蒙德·克罗克，他既不是麦当劳的创业者，也不是汉堡包和炸薯条专利权的持有人，但他自从成为麦当劳的掌门人以后，严格质量管理，实行标准化，服务要求快捷、友善、可靠，环境要求舒适、优雅，“提供更有价值的高品质的物质给顾客”，把一个普通的快餐店推向极致。享有全球第一 CEO 美誉的杰克·韦尔奇，执掌通用电气 20 年，把一个市值 120 亿美元的公司提升到 2 000 亿美元，塑造了一个新型公司的典范。有些企业家是品牌创新的有利推动者。如 IBM 的创业者托马斯·沃森，以及他的儿子小沃森，两人前赴后继，使得 IBM 品牌始终保持着一个创新者的形象。品牌是有性格的，品牌的性格往往与企业家的性格相通，是企业家性格的市场化表现。

2. 品牌是由员工创造的

传统的品牌管理把人与物等同起来，忽略了人的能动性和创造性。实际上，企业员工身处生产第一线，他们是品牌质量好坏的直接把握者。国外的经验证明，先进的科技加上训练有素的员工是取得产品质量优势和市场优势的关键。员工对品牌质量的影响是通过以下途径实现的：一是员工以自身不断探索和创新的精神，通过合理化建议等形式，完善产品和服务的设计，进而提高产品质量。如在日本，员工通过各种独特的“改善方案运动”、QC小组制度等提出合理化建议，从而大大促进了产品质量和经济效益的提高。二是员工以自身爱岗敬业的“工匠”精神创造出高品质。北京开关厂员工谨记“99＋‘1’＝0”，从细微之处入手，确保每项工作、每件小事都做得出色，最终确保品牌的高质量。同仁堂员工坚守“炮制虽繁必不敢省人工，品味虽贵必不敢减物力”的古训，以“修合无人见，存心有天知”的道德自律，精益求精，才使得品牌经久不衰，享誉国内外。六必居之所以能够延续近六百年，也是因为历代六必居的员工能够传承祖制，制作产品时坚持做到“六必须”：“秫稻必齐，曲蘖必时，湛炽必洁，水泉必香，陶器必良，火齐必得。”

好的品牌由名牌员工创造，名牌员工是培训的结果。戴姆勒-奔驰基于“高品质与人员高素质成正比”的品牌理念，在德国设有500多个培训中心，培训人数经常保持在6 000人左右，平均每年有2万至3万人接受培训。西门子在国内外拥有60多个培训中心，每年参加各种培训的人数达15万之多。松下以“造就人才的公司”著称，公司的教育训练中心下设8个研修所和一个高等职业学校，专门负责该公司各级员工的培养，同时还通过自我申报、社内招聘、社内留学、海外留学等制度培养人才，不断造就一批又一批优秀人才。通用电气把培训员工作为公司的重要使命，总公司的培训中心每年耗资1 500万美元，年培训人员可达5 000人，而且每年还要组织5 000人到国外接受各种培训。摩托罗拉有自己的摩托罗拉大学，这所大学有14个分校，用来培养公司的各类员工，为此公司每年要花费数亿美元。

（四）管理保障规律

管理对品牌的保障作用显而易见，卓越的管理造就卓越的品牌。建立以顾客为本的质量管理模式，是创造卓越品牌最基本的要求。

卓越品牌的质量管理主要体现以下特征。

1. 市场——衡量质量的最终标准

美国质量管理专家约瑟夫·M. 朱兰在《朱兰质量手册》中明确提出了“适用性”的概念，即产品质量就是产品的适用性。产品质量高，表明用户在使用中满足程度高；产品质量低，即用户在使用中满足程度低。由此可见，是否符合市场需要，对用户是否适用，是衡量产品质量的最终标志。品牌之所以有价值，关键在于它的质量在市场上久经考验，并得到用户的长期信赖。美国质量管理专家提出的“世界性质量”的概念，即指“在国际市场上有竞争力的产品质量”，这种具有“世界性质量”的产品具有最大适用性，这应是品牌质量追逐的最高境界。

2. 全过程的质量管理

传统观点认为，质量好坏是生产线上的事情，或者认为质量好坏是检验员的事情，这显然是一种误区。20世纪60年代初，美国通用电气公司工程师费根堡姆提出了“全面质量管理”的概念。他认为质量管理是全过程的管理，即包括市场调查、产品设计、产品制造、销售服务等全过程的质量控制，涉及企业每个部门、每个环节、每个岗位，企业中任何部门、环节、岗位出了问题，都会直接或间接地影响质量。因此，企业要想保证产品的质量，就必须重视高层领导的质量决策，重视关乎质量的每一个因素，以系统的和事前预防的思想为指导，把质量问题消除在萌芽之中。日本引进美国式质量管理后，以石川馨为代表的日本质量管理专家进一步发展了全面质量管理，强调要建立全公司范围的质量保证体系，实施质量管理诊断、质量管理教育与训练，做到“始于教育，终于教育”。尤其倡导开展质量管理小组活动，并把它作为全公司质量管理的一个组成部分，为全面质量管理找到了根本动力。全面质量管理作为一种全过程的管理，已经成为众多知名企业保持品牌质量的根本途径与方法。

3. “零缺陷”的质量管理原则

世界著名质量管理专家菲利浦·克劳士比（Philip B. Crosby）于 20 世纪 60 年代提出了“零缺陷”的质量管理思想。他认为，零缺陷是质量绩效的标准，应该成为企业毫不妥协的使命。所谓零缺陷，即做到尽善尽美，生产的产品没有废品，提供的服务没有纰漏。如何做到零缺陷呢？实践证明，必须在生产的每一个环节都注入零缺陷的机制。其中，产品的设计是首要环节，产品设计有缺陷，以后材料采购、生产、检验等环节做得再好也无济于事。国外流行的“1∶10∶1 000”法则表明，如果在生产前发现一次缺陷改正过来只需要花 1 元钱，那么到了生产线上发现就得花 10 元，如果到了消费者那里才发现就要付出 1 000 元的代价。把这个法则推而广之，如果在检验环节出现缺陷，可能有一件或几件产品进入流通领域，在产品线上出现缺陷，可能造成一批产品不合格，如果在设计中出现缺陷，生产出来的产品就可能是百分之百的废品。因此，控制产品质量必须把好第一关。当然，材料采购、生产过程、产品检验也不容忽视，这些环节只要严格按照质量要求，第一次就把事情做对，第一次就把事情做好，就可以避免失误，就可能达到真正的零缺陷，生产出百分之百的合格产品。

4. “顾客满意”的质量管理目标

近年来，顾客满意战略越来越为著名品牌所推崇。顾客满意包括两方面含义：一是全方位的满意，即消费者在与品牌接触的每个层面都感到完全的满意，企业要使“顾客满意”的观念深入每个员工的心里，融入企业的日常活动之中；二是全过程的满意，即企业必须从顾客第一次接触品牌到不能为他们服务为止，都小心呵护，使消费者与品牌紧密相连，互蒙其利。在“顾客满意”中，顾客是广义的，包括内部员工和外部顾客。在公司内部，股东、员工是企业的顾客，生产部门是采购部门的顾客，各职能部门之间相互为顾客，在生产环节上，下一道工序是上一道工序的顾客。在公司外部，现实客户和潜在客户都是公司的顾客。“顾客满意”是顾客在消费了企业提供的产品后所感到的满足状态，这种满足状态是建立在道德、法律和社会责任基础之上的。同时，这种满足状态作为一种个体的心理体验，在人与人之间存在着明显的差异，不存在统一的满意模式。因此，从总体满意出发，尽力做到因人而异，提供有差异的满意产品和服务成为企业永恒的追求。

5. 面向全社会的质量管理

品牌在完善质量的过程中，不仅要考虑对目标顾客的满足，而且要考虑对整个社会的满足，这种满足的支撑点是，品牌要有道德价值、政治价值和生态价值。道德价值是指在产品生产和消费过程中，不会发生与社会先进道德相抵触的现象；政治价值是指在产品生产和消费过程中，不会导致社会的动荡和不安；生态价值是指在产品生产和消费过程中，不会破坏生态平衡。在这三种社会价值中，如果说道德价值和政治价值较易鉴别和控制的话，生态价值鉴别和控制的难度则较大，这正是品牌的突破点。目前，绿色经济席卷全球，“双碳”目标对企业提出了更高的要求，世界上很多国家采取环境标志的办法来证明某一产品不仅质量合格，而且在生产、使用和处理过程中符合特定的环境保护要求，与同类产品相比具有低毒少害、节约资源等环境优势。“绿色”竞争成为品牌竞争的关键，具有远见的品牌企业都会在环境保护上倾注更多的精力，使自己的产品更加符合社会大众的根本利益。

当然，品牌都是有个性的，品牌的管理也不例外。在遵从一般管理规律的前提下，著名品牌的管理不仅是卓越的管理，更是有特色的管理。在长期追求高品质的过程中，著名品牌不断谋求管理创新，创造了自己独特的管理模式与管理风格，即开始由创造某些新方法，到产生新的理念，最终形成个性模式。如丰田的看板管理、通用电器的无边界管理、海尔的 OEC 管理和“平台+小微”管理等。这些个性化的管理模式对创造卓越品质，形成品牌个性起到了重要作用。

（五）文化助成规律

品牌的一半是文化，品牌是由某种文化精神铸就的。这里的文化不是指每个品牌具有的文化个性，而主要是指一种内在的文化共性。大凡著名品牌，都具有一些共性文化精神，是这些精神赋予品牌特有的生命基因。

1. 民族精神和爱国情结

品牌中具有深刻的民族性文化内涵，它源于品牌制造者的民族责任感和国家意识。在全球化趋势下，尽管各国市场紧密相连，很多公司的业务跨越国界，但品牌还是有国籍的。在当今国际上综合国力竞争中，企业对国家和民族的发展肩负着不可推卸的历史使命。一个国家的形象在很大程度上是由它的优秀企业和优秀品牌在世界上的形象树立起来的。华为、中国工商银行、中国一汽、同仁堂等代表着中国形象，苹果、可口可乐、IBM 代表着美国形象，丰田、松下代表着日本形象。日本经济学者中谷岩男提醒日本企业家，要使自己品牌在全球范围内树立强有力的“产品籍别”，使人联想到日本的形象，必须创立一种教义，即文化理念，它“像灿烂的北极星那样为世界各地的经营活动指明方向”。全球市场竞争表面上看是产品竞争，本质上是文化竞争。品牌是衡量一个国家技术、产业基础和国际竞争力的标志，更是物化的国家形象，如果企业没有强烈的民族责任感，不能在对外开放中创造和发展自己的品牌，就谈不上树立国家形象，增强国际竞争力。爱国主义是中国品牌文化的核心价值观，这种价值观决定了中国品牌的民族情结。中国品牌的发展始终同中华民族经济的振兴、中国现代化的实现紧密联系在一起。

2. 人本思想和人性化意识

这种文化精神体现为两个方面：一是在经营中体现一切以顾客为本，把提高人类的生活水准及创造快乐和幸福作为生产和服务的基本出发点。那种不为人类着想，单纯追求企业利益最大化的经营意识，违反了人本性原则，创造不出著名品牌；那些偷工减料、生产假冒伪劣产品的行为，更是一种反人性化的行为。伴随着市场经济的发展，市场走向多元化，顾客走向差异化，这对企业惯于向顾客提供千篇一律的模式化产品和服务的做法，对以企业为导向控制市场的惯例提出了直接的挑战。二是在管理中体现为以员工为本，采用充满人性化的方法发挥全体员工的智慧和创造性。伴随着社会经济的变革与发展、人性的觉醒和人的独立性的增强，管理中的人本化水平直接影响着品牌人本化含量，进而影响品牌的品级。在传统生产方式下，人与物均被视为无差异性的资源。事实上，当今社会，知识成为生产的决定性要素，人是知识的创造者、使用者，人是最重要的资源，没有人的智慧与热情，知识集约型工作就无法开展。可见，品牌的人本化必须基于管理的人本化。

3. 竞争进取精神

竞争性与进取性是品牌与生俱来的品格。竞争，从我们这个星球上一有生物就开始了。林中树木拼命伸展枝叶，是为了争取阳光，以求长得挺拔高大；动物拼命奔跑撕咬，是为了争夺食物，以图繁衍生存。“物竞天择，适者生存。”生物界的竞争以生物能否无意识地适应自然环境为淘汰的标准，企业间的竞争则以能否自觉地适应顾客为淘汰的准则。美国哈佛大学教授迈克尔·波特（Michael E. Porter）把取得竞争优势概括为三种通用战略：成本领先、别具一格和集中一点。但是，随着竞争的深化，低成本和低价格的销售策略，逐渐使得各竞争企业间的产品趋于“同质化”，产品价格之间的差别越来越小，消费者追逐的“价廉物美”中的“价廉”越来越失去竞争的实际意义，“物美”即产品造型、企业形象，则成了竞争中举足轻重的砝码。企业必须把注意力紧盯在消费心理需求的变化上。企业只有适应消费心理的变化趋势，满足消费者的心理需求，才能赢得竞争优势，才能获得因消费者心理认同而增加的“附加值”。任何国家、任何行业的品牌企业都把追求卓越、超越竞争对手作为品牌文化的核心内容。当然，超越竞争对手，并不意味着采取违规手段打倒竞争对手，而是谋求既竞争又合作，获得共同发展，这是一个品牌应有的竞合观和双赢观。

4. 审美意识

品牌审美意识源于消费者的内在审美需要和生产者的审美价值观。美是一种价值，它能满足人的某种需求和愿望，能激发人的肯定性的态度和情感，带给人身心的愉悦和精神的享受。人的需求是多层次、多种类的，人的精神享受表现为受人尊重、社会承认、友情传达、能力显示、财富炫耀等；更高的精神需求是对自我价值、自身潜能的实现等方面的追求。审美需要本质上是精神享受的需要，它基于人的本性，基于人的感性生命的存在和运动。随着人们物质生活水平的提高和文化修养的提升，审美需要变得越来越强烈、越来越丰富。精神追求的最高境界是审美价值的追求。现代消费者追求的不只是产品的质感和产品给他们带来的便捷与舒适，他们还希望产品能够从里到外地符合自己的情感和个性，体现自己的文化欣赏水平。品牌之所以能给消费者带来巨大的满足，原因是品牌中具有审美价值，使消费者享受审美体验。品牌所体现的审美价值是指包括产品的内在品质、使用功能、外观款式和包装装潢等全方位内容的统一体，渗透在品牌历史、品牌商标、工艺设计、专有技术、生产组织、包装广告、营销策略之中。每一个真正的品牌都有一部传奇史，通过各种手段、形式，发掘、宣传其传奇故事，以提高其文化品位。可以说，每一个品牌都有美的形态、美的内涵、美的故事，这就是品牌文化的审美性。

能力训练

同步测试

一、多选题

1. 下列属于品牌发展的历史阶段的是（   ）。

A. 形式化阶段　　B. 法律化阶段

C. 价值化阶段　　D. 资产化阶段

2. 下列属于影响品牌发展的环境因素的是（   ）。

A. 公司发展的实力　　B. 竞争环境与政府支持

C. 文化背景与文化传统　　D. 所处行业的特性

二、简述题

1. 请简述品牌的成长规律。

2. 请列举一个你熟悉的中国本土著名品牌，试分析它的发展阶段。

三、案例分析题

张小泉在谈判中保护民族品牌

张小泉品牌成名于 1628 年（明朝崇祯元年），是中华老字号，也是刀剪行业中的中国驰名商标。产品包括家庭用剪系列、工农业园林剪系列、服装剪系列、美容美发剪系列、旅游礼品剪系列、刀具系列等共 100 多个品种，400 多个规格。

上海张小泉刀剪总店在与德国双立人亨克斯公司的合资谈判中，具有 240 多年历史的德国双立人亨克斯公司提出的条件是，合资后的企业全部使用德方“双立人”品牌，张小泉公司则坚持生产“双立人”和“泉”字牌两种品牌。双方由于在品牌使用上各不妥协，谈判失败。张小泉总经理说：“老祖宗留下的宝贵无形资产，不能断送在我们手上。”这充分反映了中国人强烈的民族自尊心和民族责任感，反映了中国企业极力保护民族品牌的文化自觉性。

请尝试分析以下问题：

1. 张小泉品牌的发展体现了哪些品牌成长规律？

2. 你认为民族品牌应具备哪些文化精神？

技能训练

实训项目：掌握品牌发展的基本规律

一、实训目的

1. 掌握品牌发展的基本规律。

2. 能针对品牌实例进行有关品牌发展阶段的具体分析。

二、实训内容

1. 实训资料：收集民族品牌发展历史、品牌特色等资料。

2. 任务要求：

（1）选择品牌实例，针对品牌发展阶段给予分析说明。

（2）针对不同的品牌特色，对具体品牌的发展规律进行介绍和分析。

（3）分析内容要全面、客观。

三、实训组织

1. 全班同学分为若干项目小组，每个小组 3～5 人，选出组长与发言代表。组长的职责是领导全组成员开展实训，保质保量地完成实训任务；发言代表的任务是总结本小组全体同学的实训成果，代表本小组同学进行实训作业展示。

2. 全组同学在组长的领导下合理分工，团结协作。

3. 全组同学结合实训任务与要求深入分析，充分讨论，首先完成自己负责的相应部分的文字材料，最后综合形成小组书面实训报告。

4. 各小组在班级进行实训报告的 PPT 演示。

四、实训步骤

1. 指导教师介绍实训项目，明确实训任务与注意事项。

2. 各小组在教师的指导下根据实训任务制订方案并执行。

3. 各小组同学围绕实训项目认真学习本章理论与相关参考资料，夯实理论基础。

4. 小组成员在分工协作的基础上运用多种途径收集资料，并进行全面深入的分析。

5. 各小组讨论形成核心思想，归纳要点，形成讨论稿，完成实训报告。

6. 各小组在全班展示实训报告，互评成绩。

第三章

品牌识别与定位

知识目标

1. 理解品牌识别的作用和特点。
2. 理解品牌定位的内涵和策略，熟悉品牌定位的原则。
3. 掌握品牌定位的目标、原则和具体操作步骤。

技能目标

1. 初步培养品牌定位的意识，能够有效识别某一品牌的特征。
2. 能够应用品牌定位理论分析和处理实际管理问题，能够评价企业的品牌策略。
3. 逐步培养品牌定位能力。

素养目标

1. 提高对民族品牌的文化认同感，增强对民族特色品牌的文化自信。
2. 增强对民族品牌识别的能力，加深对民族品牌文化内涵的理解。

第一节　品牌识别

案例导入

vivo 的品牌特色和识别

vivo 手机是一家以设计驱动创造伟大产品，打造以智能终端和智慧服务为核心的科技公司，专为年轻、时尚的城市主流群体打造的拥有卓越外观、专业级音质享受、极致影像乐趣、惊喜和愉悦体验的智能产品，其品牌核心价值观为“本分、设计驱动、用户导向、学习、团队”。

“vivo”源于古拉丁语。在公元元年前后 600 年里，为表达对恺撒、屋大维等英雄的崇敬，古罗马元老院前聚集的公民情不自禁地在抛撒鲜花之时发出了“帷幄尔”的欢呼声，并出现对应的形容词“vivo”。近代，由于意大利歌剧艺术的兴盛，人们感到一般词汇已经无法表达对威尔第、普契尼等人作品的赞美，因此 vivo 被引入使用，这又赋予了 vivo 艺术出众的现场感和活跃感的含义。

2020 年 vivo 宣布与蔡司成为全球影像战略伙伴，“vivo 蔡司联合影像实验室”挂牌成立。2021 年，vivo 宣布携手欧洲杯，启动“非凡欧洲杯，让此刻更动人”系列品牌活动；截至 2021 年，vivo 在世界范围内拥有七大智能制造中心，全球化研发网络覆盖深圳、东莞、南京、北京、杭州、上海、西安、台北以及日本东京、美国圣地亚哥等 10 个城市，全球线下销售及售后网店超过 38 万家，进驻国家和地区超过 50 个，全球用户覆盖超过 4 亿人。

资料来源：李逾男，杨学艳．品牌管理［M］．北京：北京理工大学出版社，2017；vivo 官网：https：//www. vivo. com/brand/about.

思考：

1. 什么是品牌识别？
2. 企业如何打造具有自身特色的识别系统？
3. 品牌定位在品牌传播过程中起到什么作用？

一、品牌识别的概念①

著名品牌管理研究学者大卫·阿克对品牌识别的定义是“品牌识别是品牌战略者们希望通过创造和保持的、能引起人们对品牌美好印象的联想物”。这些联想物暗示着企业对消费者的某种承诺，如“同仁堂”就是“同修仁德、济世养生”的化身，

① 梁东，连漪．品牌管理［M］．北京：高等教育出版社，2012.

“全聚德”代表着“美味与尊贵的体验”，“百事可乐”定位于“新生代的可乐”。品牌识别指导着品牌创建及传播的整个过程，因此品牌识别必须具有一定的深度和广度。

从大卫·阿克对品牌识别的定义可以知道，“品牌识别是一种联想物”，目的是“引起人们对品牌的美好印象”。这个定义认为品牌识别是品牌的一个部分，强调品牌识别具有引发消费者对品牌积极联想的作用。品牌识别有三个方面的内容，即品牌精髓（soul of brand）、品牌核心识别（core identity of brand）和品牌延伸识别（extended identity of brand）。

品牌识别是品牌设计团队向市场传递的品牌架构主张，是品牌经过定位、设计后形成的品牌描述。它反映了品牌设计团队期望发展的品牌蓝图。品牌识别有效传递给顾客后形成了品牌联想，这些联想构成了品牌的整体形象。

二、品牌识别的特点

品牌识别是消费者对于品牌及品牌产品的价值体验过程。消费者是在所有与之相关的品牌接触过程中，在品牌认知经验和消费体验的历程中感受和体验品牌的外在和内在价值，认识品牌、了解品牌、选择品牌、建立品牌偏好，直至品牌忠诚。因此，品牌识别的特点可以从以下几个方面得以体现：

（1）品牌识别是品牌内外价值的均衡体现。它不仅暗示着品牌对消费者的承诺，同时也代表着品牌拥有者和品牌战略制定者对品牌的预期，也就是品牌创立之初对品牌内涵的设定。

（2）品牌识别构建在一个全方位的体系中，包含与品牌相关的组织活动的各个部分，其广度与深度并非一句精彩的品牌识别语句或一个独创的定位特征所能完全概括的。

（3）品牌识别的各个方面都要反映组织的价值与战略，能让消费者产生共鸣，同时还能体现出与其他品牌的差异性。

（4）当品牌实施延伸策略时，品牌识别的内涵是可能全部或者部分被保留下来的。

三、品牌识别的作用

品牌识别通常是基于品牌管理者的视角，通过考虑消费者认知、市场竞争关系等因素加以确定，从而形成与品牌有关的特殊的品牌识别。因此，品牌识别对整个企业内部的资源整合、企业文化构建都非常重要。

第一，品牌识别是策划、评价品牌有关方案时的可靠依据。企业中的任何成员都能够进行共同标准的判断，从而促进整个公司内部对品牌战略的共同认识。

第二，明确从消费者的立场出发的规定要素（消费者对于品牌的预期等），有利于实现基于品牌识别而形成的品牌战略所唤起的购买行为等效果。

第三，明确市场竞争中的规定要素（相对于竞争品牌的市场定位），揭示企业竞争优势和与其他品牌的差异，从而更有效地进行品牌设计。

四、品牌识别的构成①

国内外学者对于品牌识别有着不同的理解，品牌识别的构成和内容涉及不同的层面。法国著名学者科普菲尔（Kapferer）站在顾客的角度对品牌的识别要素进行了探讨。他于1992年提出了品牌识别的六棱柱模型，该模型将品牌识别分为体格、个性、文化、关系、影像、内在影像六个层面，这六个层面形成了一个有机整体，彼此相互呼应。

（一）体格

体格是指与品牌的标准定位相符，从品牌的主要或突出的产品功能和作用中提炼出来的外貌特征。一个品牌首先要有体格，即显著的或主要的独立特性的外在表现。

体格是品牌的基础，就如花的茎，是花的独立的、有形的维持者。体格是品牌传播的传统基础，与品牌的标准定位相符，它从品牌中主要或突出的产品中提炼出外貌特征。

（二）个性

个性，也称品牌性格、品牌形象，是购买者人格的象征。品牌要有性格。如果用人的形象来描述品牌，那么会逐渐形成谈论该产品或服务的拟人化的印象。珍妮弗·阿克尔把品牌个性概括为以下5个维度、15个层面：

（1）纯真：实际、诚实、健康、快乐。

（2）刺激：大胆、英勇、想象丰富、时尚。

（3）称职：可靠、智能、成功。

（4）教养：高贵、迷人。

（5）强壮：粗野、户外。

（三）文化

文化是品牌的灵魂，它决定着品牌对外沟通的基本原则，是品牌的生产者和生产国价值观的体现。品牌从各产品中提炼出自己的文化，包含了价值观系统、灵感的来源和品牌力量。文化与统领品牌对外标记（即产品和传播）的基本准则相关联。如“全聚德”反映了老北京的饮食文化，“苹果”反映了加利福尼亚文化。文化是识别必不可少的一面，但直到近年来人们才意识到了品牌和产品的关系，才使它处于显著地位。

（四）关系

品牌体现一种关系，它经常为人们之间的无形沟通提供机会，这在服务业中尤甚。如金六福的名字就散发着“和谐、幸福”的祝愿。

（五）影像

影像是消费者心目中对品牌形象的反映。当消费者被问及对某种车的意见时，

---

① 李逾男，杨学艳．品牌管理［M］．北京：北京理工大学出版社，2017.

他们的即时反应是想起与其最相称的驾驶者的类型——一个有家庭观念的人、一个守旧的人等。这种影像中的产品使用者与品牌的目标市场通常是有冲突的，目标市场是指品牌的潜在购买者或使用者，而影像中的使用者则不一定是目标消费者，而是品牌向目标消费者传达的形象，它是用于造成区别的一种手段。

（六）内在影像

如果说影像是目标消费者的外在反映，内在影像则表示目标消费者自己的内在反映。通过对某些品牌的态度，人们建立起了品牌与自己某种形式的内在关联。

例如，许多保时捷（Porsche）的主人只是简单地为证明他们有能力购买这种车。这一购买可能与他们的职业状况并不相符，在一定程度上这可以说是一种赌博。于是该品牌就表现为自强者千方百计要实现的目标，这样保时捷的广告表现为与自我进行的一场比赛，一场永无终结的比赛。正如人们所见，保时捷的影像可能与消费者的自我形象并不相同。

由此可见，品牌识别是一个内涵相当丰富的概念，产品属性和特点只是构成品牌识别的一个方面。品牌识别大体上可以分为两个层次：核心识别和扩展识别，具体如图 3－1 所示。

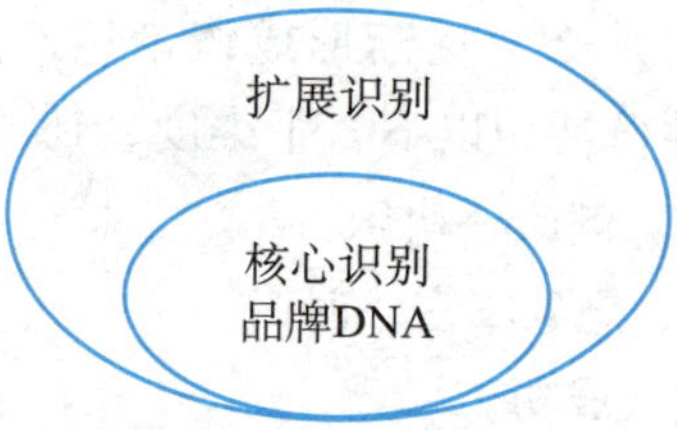

图 3－1　品牌识别结构

品牌核心识别是反映品牌最重要和最稳定的本质元素，代表品牌的“本性”和精髓，它好似品牌的基因（DNA），规定了品牌延续发展和品牌传播的基本信息。同时，它的稳定性很强，通常情况下，不会随着时间的流逝而发生根本性改变。核心识别作为品牌内涵的中枢，包含了能使品牌变得独特和有价值的元素。当某品牌想要进入新的市场或开发新的产品时，它需要保持稳定。

扩展识别是指能为品牌带来更丰富的内涵，同时使品牌识别表达更完整的元素。它为品牌的核心识别添加色彩，让品牌的理念显现得更加清晰，包括了品牌营销计划中的许多要素。相对于核心识别而言，扩展识别易随着时间或环境的变化而变化。通常情况下，核心识别没有足够的细节去履行品牌识别的所有功能。特别是当需要品牌识别帮助公司决定哪些营销计划可行有效，而哪些计划是徒劳无功或会产生负面影响时，仅靠品牌的核心识别是远远不够的。即使一个目标明确、思考周全的核心识别，也难免令品牌沟通最终产生歧义或表述不完整。因此，扩展识别作为品牌识别中非常重要的一部分，不但可以使品牌变得更加丰满和完整，并且可以让品牌管理者有更多可以发挥的题材。品牌的扩展识别有助于品牌方向具体化，其与核心识别共同形成了完整的品牌识别。

知识拓展

形象与品牌识别的关系

形象是针对信息接收方来讲的，是集中公众对一个产品、品牌、公司、政治人物或国家等的想象。形象涉及公众通过产品、服务和传播活动所发出的所有信号来诠释品牌的方式，它是一个接收性的概念。

识别是针对信息发布者而言的。传播者的任务是详细说明品牌的含义、目标和使命。形象则是对此诠释的结果，是对品牌含义的推断，是对符号的解释。从品牌管理的角度来看，识别必须先于形象形成。在向公众描绘一个品牌观点之前，必须明确自己要描绘什么。

品牌识别结构首先重视的是要避免人们对传播的理解偏差。虽然品牌刚创立时创建者可以将品牌说成是任何东西，但将品牌识别的概念进行概括一段时间后，它就有了自己的含义和一定的内容范围，即使一开始用毫无意义的词去描绘一个新品牌，若干年后它也会获得一个相对确定的概念，其中就包含了对以往传播内容和产品的记忆，它会将品牌限定在一个合理的感知范围内。

如果仅仅沉迷于品牌形象，就会倾向于重视表面而不是品牌的内在特质。因此，品牌广告不是为了取悦公众，而是为了更好地表达品牌的理念。

资料来源：梁东，连漪．品牌管理［M］．北京：高等教育出版社，2012.

管理实践

网易云的品牌识别和价值共创

网易云音乐的目标市场是一线与二线城市的泛“90后”年轻群体，透过“90后”群体的品牌标识而建立起各类职业标签，比如上班族、学生和创业者等多个细分标签。网易云音乐的做法是，在地铁站内打入广告，通过对曾经打动“90后”的歌曲歌词和评论内容，在地铁封闭空间中加速情感的渲染，这些内容来自网易云音乐中点赞数最高的优质乐评。对“90后”而言，伴随青春期成长的音乐能够引发群体的情感共鸣，消费者看到优质的UGC（用户生成内容）会选择转发和乐评，在社交网络中形成了网易云属于“90后”群体的理念，由用户的分享行为创造了网易云品牌。

2017年7月，网易云音乐推出“毕业放映厅”活动，以即将毕业的大学生作为营销对象，推出了诸多“90后”群体偏好的毕业歌曲。并且开放了“双指下滑”功能，播放“夜室”“情侣”“散伙”三个主题的微电影，一时间在社交网络上引起了大量讨论。

“90后”学生群体有较高的品牌参与意愿，通过成长经历、情感体验、真实故事三个角度能够引发用户的分享行为。“90后”在社交网络中有潜在的情感抒发需求，让消费者能依靠营销事件为契机，强化了消费者的自由表达空间，更多的“90后”群体以此在社交网络中分享一首网易云的歌曲，并且附上了表述回忆性的文字、图片等信息，为网易云音乐贴上了“90后学生群体”的标签。这便是网易云通过品牌标识来促进品牌价值共创的背后逻辑。

资料来源：华泽峰，谭啸威．消费者的品牌识别和品牌价值共创——以网易云音乐为案例［J］．营销界，2019（20）：37-38．

能力训练

同步测试

一、单选题

1. 下列选项中，属于品牌识别构成要素的是（　　）。

A. 个性　　B. 创新　　C. 精神　　D. 商标

2. 品牌识别的两个层次分别是（　　）。

A. 核心识别和扩展识别　　B. 中心识别和外延识别

C. 交互识别和扩展识别　　D. 无层次

二、简述题

1. 品牌识别的概念是什么？
2. 品牌识别的特点有哪些？
3. 请列举两个中国本土著名品牌，试分析它们的品牌识别特色。

三、案例分析题

七匹狼的品牌识别策略

“七匹狼”品牌创立于1990年，是由立志于创造中国服装名牌的七位年轻侨眷精心设计。2021年，由中国商业联合会、中华全国商业信息中心共同主办的2021（第二十九届）中国市场商品销售统计结果新闻发布会在北京举行，七匹狼夹克衫连续21年荣列同类产品市场综合占有率第一位、荣列2020年度同类产品市场综合占有率第一位；2020年度全国服装标准化技术委员会、中国服装协会标准化技术委员会联合年会在广西北海召开，七匹狼凭借其在中国男装领域的专业技术及行业标杆的实力斩获“标准化工作先进单位”殊荣；2021年6月，东方绅士之夜——男人风尚12周年盛典在上海举办，七匹狼凭借31年来对夹克单品的坚守与焕新，斩获瑞丽《男人风尚LEON》年度风尚夹克品牌大奖，继续稳坐“夹克之王”的宝座。

七匹狼以具有拼搏力和奋斗精神的“狼”为品牌标志，图像设计为奔狼，充满动感，寓意不断开拓、勇往直前。七匹狼的个性化之路是以“狼”为品牌形象的主体，并把品牌人格化。该品牌的产品分为经典系列和时尚系列，满足男士在不同场景下的穿着需求，并提出了“男人不止一面，品格始终如一”的品牌理念和口号，形成了以品牌为核心、以生活形态产业为主导的现代企业经营体系。

男士在表面和潜质上兼具狼的性格：孤独、勇往直前、百折不挠、精诚团结，而这些正是中国男士追求成功的必经心灵之路。成功和走向成功的男士群体折射出一种在人生旋涡里激流勇进、百折不挠，积极应对挑战的英雄气概；一种在冷静中思考，在负重中专注，在豪迈、自信、慷慨，甚至不羁反叛中充分展示自己的理想人格。这恰恰符合七匹狼的品牌精神“挑战人生、永不回头、相信自己、相信伙伴”。这些应该是七匹狼品牌个性的内涵，也应该是企业文化的内涵，以指引品牌个性的延伸方向。

资料来源：李滨．品牌文化与品牌战略［M］．西安：西安交通大学出版社，2016.

请尝试分析以下问题：

1. 七匹狼的品牌个性是什么？
2. 构建适当的品牌识别系统的作用是什么？
3. 在构建品牌识别时，如何更好地结合文化特色？

技能训练

实训项目：掌握品牌识别的基本内容

一、实训目的

1. 掌握品牌识别模型的基本内容。
2. 能针对品牌实例进行有关品牌识别内容的具体分析。

二、实训内容

1. 实训资料：收集服装、钟表、食品、汽车等世界知名品牌的发展历史、品牌文化、目标顾客、市场定位等资料。

2. 任务要求：

（1）每组同学各自选择品牌实例，对品牌识别方面所做的描述进行分析说明。

（2）针对不同的品牌识别内容，结合具体的品牌识别因素进行归纳、总结。

（3）分析内容要全面而客观。

三、实训组织

1. 全班同学分为若干项目小组，每个小组 5～8 人，选出组长与发言代表。组长的职责是领导全组成员开展实训，保质保量地完成实训任务；发言代表的任务是总结本小组全体同学的实训成果，代表本小组同学进行实训作业展示。

2. 全组同学在组长的领导下合理分工，团结协作。

3. 全组同学结合实训任务与要求深入分析，充分讨论，首先完成自己负责的相应部分的文字材料，最后综合形成小组书面实训报告。

4. 各组在班级进行实训报告的 PPT 演示。

四、实训步骤

1. 指导教师布置实训项目，明确实训任务与注意事项。

2. 各组在教师的指导下，根据实训任务制订方案并执行。

3. 各组同学围绕实训项目认真学习本节理论与相关参考资料，夯实理论基础。

4. 在分工协作的基础上，小组成员运用多种途径收集资料，并进行全面深入的分析。

5. 各小组讨论形成核心思想，归纳要点，形成讨论稿，完成实训报告。

6. 各小组在全班展示实训报告，互评成绩。

第二节　品牌定位

案例导入

999 感冒灵的品牌定位

华润三九医药股份有限公司（以下简称“华润三九”）是大型国有控股医药上市公司，主要从事医药产品的研发、生产、销售及相关健康服务。上市以来，公司多次获评中国主板上市公司“价值百强”“金牛百强”企业。华润三九产品覆盖领域广，产品线丰富，目前拥有年销售额过亿元的品种 21 个。“999”品牌在消费者和医药行业中均享有较高的认可度，连续多年荣列 WPP 集团发布的“最有价值中国品牌榜”榜单。华润三九连续多年在中国非处方药协会发布的非处方药企业综合排名中名列前茅，999 感冒灵颗粒/胶囊连续多年荣获感冒咳嗽类（中成药）第一名。此外，公司还有多达 10 个产品位居排行榜前列。华润三九在“关爱大众健康，共创美好生活”使命引领下，朝着中国“大众医药健康产业的引领者”的目标，创新运用中西医科学技术，专注高质量医药健康产品创新研发和智能制造，服务中国家庭每一位成员，致力于成为中国医药健康第一品牌。

“没事”999 感冒灵，“有事”更要 999 感冒灵。999 感冒灵虽然是感冒药，但从广告宣传内容来看，它主推的从来都不是治疗感冒，而是主打暖心，“暖暖的，很贴心”这句广告语想必你耳熟能详。这样的市场定位并不是头脑发热，而是基于消费者对于轻微感冒不愿吃药的洞察。华润三九瞄准了这部分人群，抓住了市场的这块空白。品牌的信任，并不是单纯地用广告获取消费者泪水，而是用安全、责任感去让消费者感受到被爱、被关怀，才能释放这个品牌的力量。

资料来源：华润三九公司官网（https://www.999.com.cn/about/culture/101002003002.html）；李逾男，杨学艳．品牌管理 [M]．北京：北京理工大学出版社，2017.

思考：

1. 什么是品牌定位？
2. 企业如何确定自己的品牌定位？
3. 品牌定位在品牌推广过程中能起到什么作用？

一、定位理论的提出①

20 世纪 50 年代，罗瑟·里夫斯创立了 USP 理论，重点关注产品；20 世纪 60 年代，大卫·奥格威创立了品牌形象理论，重点关注品牌形象；20 世纪 70 年代，

① 李逾男，杨学艳．品牌管理 [M]．北京：北京理工大学出版社，2017.

美国著名营销专家艾·里斯（Al Ries）与杰克·特劳特（Jack Trout）创立了定位理论，重点关注品牌定位。

里斯和特劳特认为，定位要从一个产品开始，可能是一种商品、一项服务、一个机构，甚至是一个人，也许就是你自己。但是，定位不是对产品展开经营，而是针对预期客户群体展开“行动”，为产品在潜在消费者的脑海里确定一个合适的位置。

定位理论的核心是“一个中心，两个基本点”：以“打造品牌”为中心，以“竞争导向”和“消费者心智”为基本点。

定位是定位理论中最核心、最基础和出现最早的概念和观点，定位这个概念和观点奠定了定位理论的基础，因此人们把这种视心智为战场、打造品牌就是要在这场心智战争中取得主导地位的理论称为定位理论。

二、品牌定位的内涵

品牌定位是在综合分析目标市场与竞争情况的前提下，建立一个符合原始产品的独特品牌形象，并对品牌的整体形象进行设计、传播，从而在目标消费者心中占据一个独具价值的地位的过程或行动。

对品牌进行定位时，必须挖掘消费者的兴趣点，为某一特定品牌确定一个适当的市场位置，使商品在消费者的心中占据一个有利的位置，并与其建立一种内在的联系。这样，当消费者产生这一方面的需求时，首先就会想到本品牌产品，为自己的品牌在市场上树立一个明确的、有别于竞争对手的、能满足消费者需要的形象，其目的是在潜在消费者心中占据一个有利的位置。比如在消费者需要健胃消食时，便可能立刻想到“江中牌健胃消食片”。

品牌定位是市场定位的核心和集中表现。企业一旦选定了目标市场，就要设计并塑造自己相应的产品、品牌及企业形象，以获得目标消费者的认同。由于市场定位的最终目标是实现产品销售，品牌不仅是企业传播产品相关信息的基础，还是消费者选购产品的主要依据，因而品牌是产品与消费者之间的桥梁，品牌定位是市场定位的核心和集中表现。品牌定位的目的就是将产品转化为品牌，以利于被潜在消费者正确认识。

三、品牌定位的作用

品牌定位对企业来说是至关重要的，品牌定位的作用包括以下几个方面。

（一）品牌定位有利于树立品牌独特形象、传递关键信息

品牌定位是针对目标市场及目标消费者确定和建立独特的品牌形象的结果，它是人们在看到、听到某一品牌后产生的印象，是消费者通过感觉、认知和理解品牌，从而在脑海中储存起来的、与品牌相关的信息。品牌定位是指对企业的品牌形象进行整体设计，能将自己的品牌与其他品牌区别开来，从众多同类或同行业的品牌中脱颖而出，从而在目标消费者的心中占据一个独特的、有价值的地位。

另外，消费者常常被来自四面八方的信息、广告所围困。现代社会的媒体工具种类繁多，电视、杂志、网络上的信息更新快速。面对如此多的媒体、如此多的产

品和信息，消费者往往无所适从，许多企业的营销努力达不到理想的效果。品牌定位使潜在消费者能够对某一品牌产生正确的认知，进而产生品牌偏好和购买行动。品牌定位是品牌信息成功通向潜在消费者心智的一条捷径。

（二）品牌定位是确立品牌个性的重要途径

品牌定位不但有利于向消费者提供个性化的服务，而且有利于塑造品牌的个性。品牌个性的形成与其定位是息息相关的，也可以说，品牌定位是品牌个性形成的前提和条件。品牌的定位不同，体现的个性就不同。

（三）品牌定位有助于与消费者沟通

品牌经营过程要想与消费者沟通，得到消费者的认可，首先要告诉消费者"我是谁""我能为你做什么"，这便是品牌定位的过程。只有明确定位，消费者才能根据自己的情况，判断是否需要该品牌。例如，佳洁士告诉消费者自己是"防蛀牙专家"，又通过做实验的广告画面传播和证明自己能做什么，从而与消费者进行有效的沟通。

（四）品牌定位有利于品牌的整合传播

企业不仅要进行品牌定位，还必须进行有效的品牌传播。所谓品牌传播，就是通过广告、公关等手段，向消费者宣传企业设计的品牌形象，以获得消费者的认同，并在消费者心目中确立一个企业营造的形象的过程。品牌定位与品牌传播在时间上存在先后的问题，正是这种先后次序决定了二者之间相互依赖、相互制约的关系。一方面，只有通过品牌传播，才能实现品牌定位的目的，即在消费者心中占据一个独特的、有价值的位置。另一方面，只有准确的品牌定位，才能达到预期的品牌传播效果。传播依赖品牌定位，也是为品牌定位服务的。没有品牌定位，传播就会缺少针对性，更难以拥有系统性和一致性。

（五）品牌定位是企业占领和开发市场的前提

品牌拥有成功的定位，对企业占领市场、开发市场具有很大的引导作用。品牌定位已远远超出了产品本身的功能，产品只是品牌定位的物质载体，人们使用某种产品在很大程度上是受到品牌定位所表达的情感诉求影响。由于品牌诉求发生变化会带来截然相反的市场反应，因此品牌定位直接影响市场的开发。

四、品牌定位的步骤①

品牌定位是品牌管理的核心工作。定位与品牌的关系就像船舵与航船，它决定着品牌的传播方向，是品牌创建的基础、核心和保障，更是企业营销因素组合的战略起源。

品牌定位是一个系统、有序的工程，必须按照科学流程来细致地开展这项工作。企业应结合战略目标，从分析企业的优势开始，经过市场细分、目标市场的选择、目标市场中顾客共同价值观的把握、核心理念的提炼、优秀品牌联想的建立、传播方案的制定、品牌的再定位等一系列环节，以及长期的策划与维护，将品牌定位确

---

① 吕瑛．品牌管理［M］．北京：北京邮电大学出版社，2011．

立起来。

（一）企业优势分析

分析企业优势是品牌定位工作的第一步。首先，企业优势分析是制定企业战略的基础。品牌定位的逻辑思路应是：企业战略—营销战略—品牌战略—品牌定位。一个清晰、完整的企业战略是品牌定位的前提条件，只有拥有了企业总体战略，品牌战略才能存在。

其次，企业需要经常将其产品、价格、渠道和促销等与竞争对手相比较，找出其竞争优势和不足之处，从而在消费者心中确立其优势地位。如伊利集团通过与其他同类产品的比较，发现自己的产品具有“奶香浓郁，口感纯正”的独特优势，这一优势来自良好的奶源，来自大草原——它是伊利品牌真正吸引人的精髓。于是，“伊利，都市中的自然感受”就成了伊利品牌的定位，其广告语“心灵的天然牧场”突出了现代都市人对健康绿色生活方式的向往，营造了自己的品牌优势，找到了独特的市场定位。

最后，分析企业自身优势的目的是挖掘企业自身的显在或潜在优势，并将其有效融入品牌定位的过程中，从而塑造出个性化的品牌。如百事可乐公司发现自己生产历史较短，于是将百事可乐定位为“新一代可乐”，成了“年轻、活泼、时代”的象征。

（二）市场细分与选择目标市场

企业不论规模多大，它所拥有的资源相对于消费需求的多样性和可变性总是有限的，因此它不可能满足市场上的所有需求，必须针对某些自己拥有竞争优势的目标市场进行营销，目标市场顾客群是企业资源的重点投入对象。市场细分的目的是根据企业自身的实力，确定企业进入的目标市场。

（三）分析目标市场内顾客价值观

目标市场确定后，必须透过消费者表层、多变的行为和需要，寻找到其内心的价值需要。定位不在产品本身，而在消费者心底。无论企业定位技巧多高明，其成功的关键还是迎合消费者的心理。因此，把握目标市场的顾客心理需求活动是品牌定位最重要的环节。

价值观是人们对事物一致且稳定的看法，是人和社会精神文化系统中深层的、相对稳定并起主导作用的成分，是人心理活动的中枢系统。分析消费者价值观是为了发现目标顾客群对事物的判断标准，解读他们的主要需求，为定位提供足够的心理依据。

（四）提炼品牌核心价值

目标市场内顾客价值观存在差异。不同个体的消费者即使面对同一需求，也会存在需求心理上的差异。品牌定位工作就是要通过提炼，形成集中、单一和稳定的顾客核心价值。在此基础上，再根据企业的财力、技术能力和销售能力等因素确立品牌的核心价值。

品牌的核心价值一旦提炼成功，在以后的十年、二十年，乃至上百年的品牌建设过程中，就要始终不渝地坚持这个核心价值。只有这样，核心价值才会在消费者大脑中烙下深深的印记，并成为品牌最有感染力的内涵。

（五）建立优秀的品牌联想

提炼了品牌核心理念之后，企业要做的工作是把自己的品牌核心理念传达给顾客。由于核心理念过于抽象，想要直接进入消费者的心里并占领消费者的心智较为困难，因此，必须依据品牌的核心理念对品牌进行设计与包装，创造其识别特征，以塑造品牌形象。品牌定位的一个重要任务就是把品牌理念和品牌识别特征有机地结合起来，然后主动地与目标消费者进行交流。例如，海底捞的品牌理念为通过精心挑选的产品和创新的服务，创造欢乐火锅时光。在消费者有享受高质量服务的火锅饮食需求时，就会想到海底捞。

（六）有效传播品牌定位

企业需要通过一定的方式，及时、准确地将核心价值和核心理念“告诉”目标顾客并求得认同。这就是说，企业不仅要制定一个明确的核心价值和核心理念，还必须有效地传播这一核心价值和核心理念。这实际上是一个将品牌核心价值与消费者心理进行联结的过程，是品牌定位必不可少的重要阶段。另外，品牌核心价值和核心理念确定以后，一旦得到市场认同，就应保持其相对稳定性。也许在此期间市场竞争和消费者需求会发生某些变化，企业可以据此做出调整，但不要轻易否定自己的核心价值和核心理念，否则会前功尽弃。

（七）强化定位

定位一旦确定，就需要坚持不懈地向目标顾容反复传播，目的是让顾客形成特定的心理烙印。比如，提到奔驰汽车就想到成就、稳重。我们可以把这种反复强化定位理念，形成深刻印象的过程比喻为“心理注册”。以沃尔沃为例，在汽车行业中，沃尔沃是“安全”的代名词，“安全”是沃尔沃的核心价值，沃尔沃强调安全，并不意味着乘坐沃尔沃就不舒服，也不是说沃尔沃就没有驾驶的乐趣，只是为了在汽车品牌间突出沃尔沃的个性。

（八）品牌的再定位

随着市场需求的变化，原来的定位可能无法再适应新的环境，需要企业根据市场环境的变化不断调整其原来的定位，使品牌永远具有市场活力。品牌的再定位并非品牌更新，它并不意味着品牌经营者马上就放弃现在的品牌定位。任何企业的任何品牌都不可能通过一次过程就完成正确定位，成功的品牌定位不是一成不变、一劳永逸的，只有经历反复过程才能实现。

品牌定位是创建品牌的基础，一个清晰、有效的品牌定位可以准确地向消费者传递商品的信息，告诉消费者购买的理由，使消费者产生购买欲望。要进行准确的品牌定位，企业不仅要对自己品牌和竞争对手品牌的当前形象和目标形象有透彻的了解，而且要透彻地了解消费者的需求，并持之以恒、前后一致地进行营销宣传。品牌定位不能一劳永逸，要随消费者的需求变化做出调整。

知识拓展

品牌定位的方法

品牌定位的目的在于塑造独特的品牌形象，创造个性鲜明的品牌。由于品牌定位是一个动态的过程，因此，品牌定位的方式有很多种，没有一个固定、统一的模式。以下介绍一些常见的品牌定位方法。

一、领导者定位

领导者定位就是追求成为行业或者某一方面"第一"的市场定位，即通过强调品牌在同行业或同类产品中的领导、专业地位，如宣称"最先进""销量第一"，达到强化品牌认知和定位的目的。领导者定位的依据是人们对"第一印象"最深刻的心理规律。例如，雅迪电动车的广告"连续十年高端销量遥遥领先"。

二、比附定位

比附定位是通过与竞争品牌的比较来确定自身市场地位的一种定位策略，其实质是借势定位或反应式定位。借竞争者之势，衬托自身的品牌形象。企业通过各种方法，和同一市场中的知名品牌建立一种内在联系，使自己的品牌迅速进入消费者的心智，占据一个稳定的位置，借名牌之光使自己的品牌生辉。这种策略会使人们对企业产生一种谦虚诚恳的印象，相信企业所说的是真实可靠的，同时迎合了人们同情弱者的心理，使消费者对这个品牌的印象更深刻。

三、空当定位

空当定位，即寻找为许多消费者所重视但尚未被开发的市场空间。任何企业的产品都不可能占领同类产品的全部市场，也不可能拥有同类产品的所有竞争优势。市场中的机会无数，关键在于企业是否善于发现机会。善于寻找和发现市场空当是品牌定位成功的关键。企业要采用这种策略，就必须对以下三个问题有足够的把握：

(1) 新产品在技术上是可行的。

(2) 新产品的价格水平在经济上是可行的。

(3) 有足够的消费者。

四、USP 定位

USP 理论，即"独特的销售主张"，包括独特性、销售点、劝说力三个基本要点。品牌的 USP 定位就是寻找品牌迎合消费者需要的、竞争对手不具备或没有诉求过的、独一无二的部分，以利于从众多品牌中脱颖而出。品牌应用 USP 定位的案例俯拾皆是，遍布所有行业。例如：高露洁牙刷的"360°软刷，可触及牙齿、舌头、口腔内壁、牙龈"；纳爱斯齿清海洋牙膏的"添加螺旋藻精华，有营养，清新更持久"；全新力士的"修复染发五大伤害，持久防护"；巴黎欧莱雅的"含法国孚日山 SPA 矿泉水，锁住水分"；全新伊卡璐的"含活力西柚，让秀发起舞"；泰诺的"泰诺感冒药，30 分钟起效，治感冒'快'用泰诺"；神舟优雅笔记本电脑的"双核动力，超薄优雅"；康佳铂晶彩电的"120Hz，更清晰"；美的电磁炉的"百芯线圈，猛火炒佳肴"；云南白药创可贴的"有药好得更快些"。

USP定位包含三个方面的内容：一是要向消费者传递一种主张、一种忠告、一种承诺，告诉消费者购买产品会得到什么样的利益；二是这种主张应是竞争对手无法提出或未曾提出的，应独具特色；三是这种主张应该以消费者为核心，易于理解和传播，具有极大的吸引力。

五、消费者定位

消费者定位是指直接以某类消费群体为诉求对象，强调某产品专为该类消费群体服务，以此获得目标消费群体的认同。把品牌与消费者结合起来，有利于增强消费者的归属感，使其产生“我自己的品牌”的感觉。如：海澜之家的定位为“男人的衣柜”。

消费者定位是指对产品潜在的消费群体进行定位。对消费对象的定位也是多方面的，比如在年龄上，有儿童、青年、老年之分；在性别上，有男人、女人之分；在消费上，有高、低之分；在职业上，有医生、工人、教师之分等。成功地运用消费者定位，可以将品牌个性化，从而树立独特的品牌形象和品牌个性。

资料来源：李逾男，杨学艳．品牌管理［M］．北京：北京理工大学出版社，2017.

管理实践

蒙牛的品牌定位

蒙牛1999年成立于内蒙古自治区，总部位于呼和浩特，是全球八强乳品企业。公司2004年在香港上市，是恒生指数、恒生中国企业指数和恒生可持续发展企业指数成分股。中粮集团有限公司是蒙牛第一大战略股东。

蒙牛刚启动市场时只有1 300多万元人民币，在伊利、草原兴发这两个资本大鳄面前显得非常弱小。但是，蒙牛充分并巧妙地利用比附定位策略，从产品的推广宣传开始，就将自己与伊利联系在一起，如蒙牛的第一块广告牌子上写的是“做内蒙古第二品牌”；宣传册上闪耀着“千里草原腾起伊利集团、蒙牛乳业……我们为内蒙古喝彩”；在冰激凌的包装上，蒙牛打出了“为民族工业争气，向伊利学习”的字样。这与阿维斯出租汽车公司强调“我们是老二，我们要进一步努力”的策略是一致的。蒙牛利用伊利的知名度，无形中将蒙牛的品牌打了出去，提高了品牌的知名度。不仅如此，因为蒙牛这种谦逊的态度、宽广的胸怀，让人尊敬、信赖，所以获得了良好的口碑。

资料来源：席佳蓓．品牌管理［M］．南京：东南大学出版社，2017；MBA智库百科网页：https：//wiki. mbalib. com/wiki/%E8%92%99%E7%89%9B%E9%9B%86%E5%9B%A2.

能力训练

同步测试

一、简述题

1. 品牌定位的作用有哪些？

2. 简述品牌定位的步骤。

二、案例分析题

如家的品牌定位

2002 年 6 月，携程旅行网与首都旅游集团合作，正式成立名为“如家酒店连锁”的合资公司，“如家快捷酒店”是核心品牌。如家的成功，来源于准确的细分市场定位和与众不同的差异化服务，具体表现在以下方面：

(1) 准确的“经济型”定位，有效切分了中国酒店业市场的巨大“蛋糕”。如家高度迎合了商务差旅人士的直接需求，在中国传统酒店业市场内分出“经济型”这块巨大的“蛋糕”，并通过提供经济实惠的服务，满足了 70%以上商务差旅人士的消费需求。

(2) 以“住宿”为关注焦点，把所有资源集中于住宿服务的价值提升上。如家酒店与其他星级酒店最大的不同点在于，传统的星级酒店提供从住宿、餐饮到娱乐、商务、会议等一系列的服务和产品体系，而如家只关注客户的住宿问题，不追求硬件的豪华和场面的气派，把所有的精力和重心放都在住宿服务上，追求安全、卫生、快捷、舒适和低价位，以此满足和提升客户的住宿体验。

(3) 以“低价格”降低客户消费成本，以“高性价比”赢得客户口碑和好感。如家的低价策略主要来自三个方面：第一，硬件设施的标准化和简单化。如家根据不同的房型，高效利用空间，陈设简单，布局合理。最具代表的是如家的抽水马桶储水器内都统一放置矿泉水瓶，以减少用水量。第二，管理运营成本的节省。如家每 100 间客房的服务人员配置比例仅占传统星级酒店的 1/6～1/3，管理层次也比传统星级酒店的管理层次要少两到三层，如家没有部门经理、没有领班。店长兼管营销、人员管理、客户管理和前后台综合支持等许多工作。第三，客户的自助入住流程。如家门前不设门童，没有迎宾，从客人入住到离店，所有侍应类服务全部由客人自助完成。然而，所有入住过如家的客户从不对此产生抱怨，这是因为客人知道，如家提供的正是客户想要的“性价比”。

从如家的成功可以看出，品牌战略说到底是差异化战略。差异化战略在细分类别上包括产品差异化、服务差异化、人员差异化和形象差异化等战略形式。任何形式的差异化最终都有可能形成企业、产品或品牌在市场上的竞争优势。一切差异化的源头，都建立在企业和品牌的自我定位上。

资料来源：李逾男，杨学艳 . 品牌管理 [M]. 北京：北京理工大学出版社，2017.

请尝试分析以下问题：

1. 如家是如何定位的？
2. 如家的差异化定位是如何实现的？

技能训练

实训项目：掌握品牌定位的基本内容

一、实训目的

1. 通过自创品牌，提升学生的学习兴趣。
2. 掌握品牌定位的操作要点。

3. 培养学生的策划与表达能力。

二、实训内容

1. 学生自愿组成小组，每组 4～5 人，自由设计创立某品牌。
2. 组建公司，具体确定如下内容：
(1) 公司名称。
(2) 公司性质、主营业务。
(3) 公司组织架构、人员分工。
3. 依据品牌定位过程与方法，进行自创品牌定位设计。
4. 撰写品牌运营计划书。
5. 各小组制作 PPT，并在班级内讲解展示。

三、实训成果

1. 品牌运营计划书。
2. PPT 汇报展示。
3. 学生提出问题，汇报人解答。
4. 教师现场点评与总结。

第三节　强势品牌塑造

案例导入

打造强势品牌的法则

强势品牌在品牌的知名度、美誉度与忠诚度三个维度上都有极高的标准，是在行业和产品品类里排名靠前的品牌。名牌是社会公众通过组织及其产品的品质和价值认知而确定的著名品牌，是一种有着很高的社会知名度与强大的社会影响力的品牌。有一些品牌是名牌，但不能称为强势品牌。名牌是品牌发展到强势品牌的一个必经阶段。打造品牌的最终目的，就是让品牌变为品类或品类细分中的强势品牌。这样才能保证企业有持久的顾客美誉度和忠诚度，保证企业的产品或服务有着较高的溢价，保证企业有持久的较大的市场份额和市场竞争力。创建强势品牌有六大基本法则：分化法则、信誉法则、收缩法则、词汇法则、连贯法则和公关法则。

资料来源：钟旭东．市场营销学：现代的观点［M］. 2 版．上海：格致出版社，上海人民出版社，2019.

思考：

1. 什么是强势品牌？
2. 强势品牌与名牌有什么区别？

随着经济和技术的发展，能够满足消费者需求的产品越来越多，技术含量越来越高，这就加剧了厂商和消费者之间的信息不对称状况。于是，品牌便成了消费者对一家企业及产品整体状况认知的依据。随着消费者消费观念、消费习惯以及消费水平的改变，他们对产品的需求已不仅仅局限于产品的功能性利益，而是更看重其所带来的心理感受和情感依托。所以，培育一个让消费者有着明确的认知、良好的美誉度和忠诚度的品牌是企业迫在眉睫的任务，即建立企业的强势品牌。

一、强势品牌的概念①

关于强势品牌，国内外有三种主要观点。第一种观点认为，强势品牌即“专注品牌”，要成为强势品牌，企业必须专注于某一核心领域，并在这一领域将企业做大做强，例如全聚德、同仁堂等；第二种观点以业绩为核心，指出一个企业或一个品牌，不管它经营多少产品、涉足多少领域，只要该品牌能够持续增值并取得稳定的财务业绩，便可称为强势品牌，例如索尼、松下等；第三种观点认为，企业的品牌作为一种无形资产，其所拥有的品牌价值随着企业经营时间的延展达到一定程度以后而不断增加，这便是强势品牌的主要标志。

总之，品牌的塑造最终是为消费者服务的，目的是希望通过消费者的认同获得持续增长的核心竞争力。因此，强势品牌可以被定义为：企业在长期经营过程中积累起来的，在品牌知名度、美誉度、忠诚度、人格化等方面建立了较大优势的品牌。具体可做如下理解：

第一，强势品牌是一个高品质产品的承诺，它能使购买者或使用者获得相关的或独特的、最能满足他们需要的价值，与竞争对手相比形成具有差异化的优势。从某种程度上说，强势品牌的关键是其特殊性。

第二，强势品牌一般都是市场的领导者。强势品牌具有强大的竞争力，它拥有大量的固定消费群体，对整个行业市场具有较大的影响力。比如，软饮料行业的可口可乐是目前强势品牌的典范。“可口可乐”曾作为一个行业的代名词，一直到现在它仍然是饮料行业的领导者。

第三，一般情况下，强势品牌通常都具有很长的历史。强势品牌之所以强势，是因为它在消费者头脑中形成了清晰印记，而这种印记是在岁月的流转中慢慢形成的，并且随着时间的积累，在消费者心目中占据着越来越重要的位置，从而奠定了其强势地位。

第四，强势品牌通常具有跨越文化和地理疆界的能力，并具有极高的溢价能力。通常情况下，强势品牌能够凭借品牌本身的魅力让世界各地的消费者信赖。

二、强势品牌的特征

品牌建设的目标是将品牌建设成强势品牌。强势品牌最直观的衡量标准就是该品牌在特定市场上的占有率排名靠前。除此以外，强势品牌还有以下特征。

---

① 丁桂兰，陈敏．品牌管理［M］．2版．武汉：华中科技大学出版社，2014.

（一）广泛的品牌知名度

广泛的品牌知名度是指品牌在消费者头脑中的存在程度非常牢固，公众知名度很高。品牌知名度是品牌资产最基本的组成部分，是衡量品牌价值的重要指标之一。

（二）较高的品牌美誉度

强势品牌在社会公众中具有较好的社会形象，受到消费者的好评，具有较高的美誉度。

（三）一定的品牌忠诚度

忠诚度是指消费者坚持购买某个品牌的产品。强势品牌具有高的用户品牌忠诚度。例如，在即时通信软件领域，微信拥有稳定的客户群体，为超过 12 亿的用户提供数字服务，每天超过 1.2 亿用户发表朋友圈，3.6 亿用户阅读微信公众号文章，4 亿用户使用小程序①。

（四）鲜明的人格化形象

强势品牌具有普通品牌难以比拟的鲜明的人格化形象。例如，当人们提到奔驰汽车时，就会浮现成功中年男士的人物形象；当人们提到劳斯莱斯，就会想到“皇家贵族的坐骑”。那些具有较长历史的强势品牌，通常会形成独树一帜的品牌形象，这种形象一旦形成，可以帮助品牌在激烈的市场竞争中形成清晰化的产品定位和牢固的消费者心理印记，同时为该品牌针对特定细分市场进行广告传播奠定了良好的基础。

（五）较强的品牌链动能力

强势品牌具有较强的品牌链动能力。品牌链动能力是指消费者一直在用某个品牌的产品，假如该品牌公司推出了新的产品，消费者依然会愿意尝试这个新产品，或者说会选择跟该品牌特性相近的产品或选择该联盟品牌，在广义的范围内表现为选择与该品牌具有同一特征的品牌，那么这种品牌就是具有链动能力的品牌。强势品牌能依靠这种品牌的链动能力推销产品，降低市场营销成本。

（六）富有个性的品牌主张

强势品牌具有鲜明的品牌个性，在消费者脑海中留下自己的位置。品牌个性是品牌的灵魂，它可以动起来，和消费者主动地沟通。例如，海尔多年来一直宣传“真诚到永远”，形成了海尔品牌真诚的个性，它帮助海尔顺利地从电冰箱延伸到彩电、洗衣机、计算机等产品，其产品定位虽有改变，但个性使这些定位都得以保存。品牌定位和品牌个性结合在一起，就构成了强势品牌的特征。

（七）情感性利益传达

强势品牌给人们带来的不仅仅是它所代表的产品的功能性利益，更能让消费者因为购买和使用了该品牌而产生一种积极的感觉，即该品牌提供的情感性利益。强势品牌通常包含了情感性利益，例如沃尔沃的安全、饮用可口可乐时的活力与激情。

（八）准确而有力的品牌定位

定位准确而有力，是强势品牌的最核心元素。品牌定位是品牌传达给消费者某产品为什么好、与竞争对手产品的不同点及主要购买理由。那些经过市场考验并在

---

① 资料来源：https：//static.www.tencent.com/uploads/2021/04/08/27ed85125 1241c67fc697a18d7d8dc88.pdf.

市场上留下来的强势品牌都具有准确而有力、消费者认可并接受的品牌定位。

三、培育强势品牌的策略

在强势品牌建设的过程中，人们把强势品牌分为区域强势品牌、全国性强势品牌和国际著名品牌。这些不同区域的强势品牌建设有着不同的策略，甚至不同企业成功的策略和手段也不尽相同。下面列举几种通用的建设强势品牌的规则。

（一）开发有竞争优势的产品和产品概念

在市场产品同质化越来越严重的时代，差异化的产品设计能为企业建立优势品牌地位提供有力帮助。这些产品的差异化可以体现在该产品的功能、包装、式样和服务等方面。有时候即使是同一种产品，在不同的市场环境下消费者对其核心需求也不同。企业应该引导前卫的产品概念，塑造优势品牌地位。

（二）确立准确而有力的品牌定位

精准的品牌定位，是指要为品牌提炼一个与竞争者相比具有差异化和竞争力的识别点，以使该品牌在消费者的心目中占有一个与众不同的位置。品牌定位是技术性较强的策略，离不开科学严密的思维，必须讲究策略和方法。

（三）持之以恒的品牌识别建设

品牌在任何时候、任何宣传情况下，必须在品牌识别建设上与品牌定位保持统一。因为不一致的识别容易混淆消费者的认识，对品牌持有前后矛盾的认识，消费者会认为，品牌是为了赢利而在愚弄消费者，这不利于品牌强势地位的建立。例如沃尔沃汽车的品牌核心价值是安全。为了打造安全的品牌特征。沃尔沃在汽车安全方面做了很多的努力，1959 年率先给汽车安装安全带，1972 年首创为汽车安装安全气囊，2001 年又推出新一代的安全概念车。沃尔沃在核心产品上兑现了它的核心价值，而在传播方面也不失时机地强调“安全”这一核心价值，最终形成了“可信赖的、可靠的、安全有保障的”品牌个性。①

（四）建立有效的品牌营销网络

强势品牌除了要有广告或其他促销形式的支持外，还要有渠道建设的支持，让消费者熟悉品牌及其质量，增加购买者的方便。这就需要处理好品牌与分销商、内部销售人员、广告代理机构的关系，取得其支持。获取流通渠道的优势要尽力做到以下方面：消费者容易买到，这需要将区域零售网络全面铺开，产品的铺货面要比竞争品牌广；消费者在购买场所容易发现，这要求将产品陈列在商店最显眼的位置；加强人员推销，在销售终端获得品牌展示优势。

（五）丰富品牌的文化内涵

随着经济的发展和消费者消费水平的提高，人们的需求已不仅仅局限于对产品功能性的需求，更看重心理和情感方面的需求。在这样的背景下，赋予品牌明确而深刻的文化内涵，满足消费者的文化诉求是品牌建设的重要方向。品牌的文化内涵不仅在于它所体现的人的物化、生产者的本质力量，而且还在于它所体现的时代性、社会性和个性的完美组合。强势品牌在成长过程中所凝聚的品牌文化内涵是品牌资

---

① 王新刚．品牌管理［M］．北京：机械工业出版社，2020．

产的重要组成部分，对于消费者来说，也是一种重要的精神财富。

（六）精心管理品牌资产

品牌越来越受到企业的重视，品牌也应该被看作一种重要的无形资产，需要精心管理。在企业内部，企业要为品牌设立专门的管理机构和管理人员，如设立品牌经理、品牌资产经理、系列品牌经理、全球品牌经理、品牌委员会、产品大类经理等。

四、强势品牌的创新

强势品牌要保持现有的地位需要创新。强势品牌的创新要认识到品牌已有的优势，确认品牌已有的优势；确定消费者真正想要什么，决定企业需要具备的特殊能力；再根据这一切进行技术革新、产品改进或重新设计、品牌形象提升或重塑、品牌管理人员调整和营销手段等方面的创新，以此达到品牌创新的目的。

（一）强势品牌创新的动力

强势品牌的创新和变革需要推动力。这些推动力有些是外在的环境因素，有些是内在要素，总结起来大致有以下几种。

1. 竞争者的挑战

强势品牌在成功之后总是会引来无数的竞争者，这些竞争者通过各种方式与手段对强势品牌进行挑战，以图瓜分市场。如果强势品牌没有持续地创新，没有不断地为品牌进行技术服务的升级和创新，那么就可能失去现有的市场，从强势地位沦落到弱势地位。

2. 消费者的需求

在以消费者为导向的市场经济中，消费者的需求具有关键性的作用。品牌不是企业经营者的品牌，而是消费者的品牌，因此，品牌的维系与消费者的意愿和偏好紧密相关。消费者对品牌的信赖度、认知能力决定了品牌的前途。消费者的意愿与偏好随着生活水平、社会进步等而不断变化，品牌只有不断地创新才能满足消费者需求的变化，才能吸引消费者的注意和购买，强势品牌也不例外。事实上，有些时候强势品牌应该主动走在消费者品位变化的前端，引领变化，才能保持其强势地位。

3. 技术的发展

品牌的技术创新是维系企业现有利益的有力武器，是市场变化的结果。强势品牌更应该不断地进行创新。美国里海大学艾科卡研究所所长罗杰·拉杰尔曾说，在未来全球化的世界经济中，技术将是企业获得竞争优势并形成显著区别的唯一因素。

4. 企业的发展

企业要发展，必须提高品牌的综合竞争力，需要创新。创新不但可以提供超值的产品质量和服务，更能扩大企业的市场份额，影响企业在市场上的声誉和地位。强势品牌的企业要努力促使企业不断强大，才能跟上企业扩张的步伐，才能维持或加强企业的地位。

（二）强势品牌的创新策略

1. 品牌科技创新

科技创新是强势品牌创新中最常见、运用最多的创新方式。世界是在不断开发新技术的过程中前进的，人类社会是在不断开发新技术的过程中发展的。谁拥有新技术，形成品牌的“先动优势”，谁就拥有了市场，从而也就拥有世界的未来。不断的科技创新使强势品牌保持着强烈的吸引力。

技术的创新必须以关注消费者的体验、实现差异化的品牌价值为中心，即这种创新必须为消费者所关注和重视，它才有存在和推进的价值。比如格力空调坚持创新，截至 2020 年，已拥有 33 项国际领先的技术，公司 9 万名员工中有近 1.6 万名研发人员和 3 万多名技术工人，拥有 16 个研究院、126 个研究所、1 045 个实验室和 1 个院士工作站。根据日经社 2020 年统计资料，格力家用空调全球市场占有率达 20.1%，位居行业第一。

2. 品牌产品创新

现代市场对品牌产品的要求越来越朝着多样化、个性化、审美化、多能化、微型化、简便化、舒适化、环境化、新奇化的方向发展。市场上每天都有新品上市，这对强势品牌产品构成了很大的挑战，强势品牌必须根据消费者的需求进行产品创新，才能保持竞争优势，才能稳定已有的市场和吸引更多的潜在消费者。强势品牌的产品创新主要包括产品品质创新、产品服务创新、品牌内涵创新（定位创新、理念创新等）、品牌形象创新（名称、包装等）、品牌经营方式创新、品牌人才创新、品牌传播方式创新。

知识拓展

网络品牌

网络经济和传统工业经济具有不同的特点，在这样的背景下，网络品牌经营同传统品牌经营也会有许多差别。网络品牌是品牌的一种特殊的形式，所以它也具有品牌的一般特征。网络品牌是通过网络渠道进行传播的一个虚拟的名称、术语、标记、符号或设计，或是它们的组合运用，它含有产品或服务的个性或特点并反映网络企业精神和价值观，代表了某个网络服务商所提供的服务或产品，并使之同竞争对手的产品和服务相区别。网络服务区分开网络品牌绝不仅仅是区别于其他对手的标记，它还代表着企业和消费者之间的某种关系，是精神、物质和行为三者的统一。过去人们总是围坐在炉火边或者餐桌旁聊天取乐，现在则利用网络自娱自乐或者寻找志同道合的朋友建立共同的网络社区，网络品牌就是网络社区的号召和维系，在某一个网络品牌之下，聚集起一定数目的品牌使用者，并且产生一定的情感联系。好的网络品牌意味着消费者在从这个品牌那里获得了满意的网络服务，或者同网站之间建立起了良好的关系。它代表着用户对网络产品的满意、同企业的合作、建立长期的固定联系，它甚至还代表着某种文化和精神。

资料来源：丁桂兰，陈敏．品牌管理［M］．2 版．武汉：华中科技大学出版社，2014.

管理实践

强势品牌创新的障碍

凡是新生事物，必定会遭遇这样或那样的阻碍，品牌创新也是一样。在品牌创新的道路上，主要有下列三个因素阻碍其发展。

1. 品牌管理者满足现状

企业领导认为，强势品牌运行良好，没有必要进行品牌创新，或故意放慢创新的步伐。一些知名品牌的经验表明，如果没有及时进行创新活动以提升品牌形象，结果常常是消费者厌倦、市场占有率下降、品牌强势地位削弱。因为新的品牌产品会替代或挤压现有品牌及其市场。像IBM减缓小型计算机与工作站的发展，就是为了维护当时的大型主机市场。可结果是，IBM因为过于保护大型主机计算机市场而失去了抢夺小型计算机市场的机会，使市场份额有所下降，丧失了其在计算机行业的老大地位。

2. 组织结构失调

组织是品牌创新的保证，一个运行良好的管理构架、组织结构，对品牌创新是有很大促进作用的。像微软这样的知名企业极力为员工打造一个适合创新的环境，结果微软常常推出新的产品，维持了在软件行业的“领头羊”地位。但组织过于庞大、管理不善、机构臃肿、信息沟通不顺畅，这些都会影响品牌的创新工作。IBM和通用电气都是因为组织内部层层关卡的限制，延缓了品牌新产品的创新和上市速度，给了竞争对手以可乘之机，以致失去市场份额，丧失了在消费者心目中龙头地位的形象，其品牌的强势地位也受到一定程度的削弱。

3. 消费者抵制

对于强势品牌而言，一些经典的口味或款式能够吸引数代消费者，而且其中很大一部分消费者会拒绝接受新的产品，这往往对强势品牌的创新构成很大的障碍。因为他们是品牌的忠诚客户，有他们的支持，品牌才能保持青春常在。与这些消费者中的抵制者发生冲突是强势品牌的大忌，但强势品牌又不能因为这些消费者的抵制而放弃创新，因为市场总是在变化的，有一部分消费者的需求也在变化。此时，强势品牌可以通过产品延伸或推出新的品牌来创新。

能力训练

同步测试

一、选择题

1. 下列各项中，属于强势品牌特征的是（　　）。

A. 广泛的品牌知名度　　B. 一定的品牌忠诚度

C. 鲜明的人格化形象　　D. 拥有独特的商标

2. 下列各项中，可能是强势品牌创新动因的是（　　）。

A. 竞争者的挑战　　B. 消费者的需求

C. 相关技术的发展　　D. 国际商贸交流

二、简述题

1. 强势品牌的概念是什么？

2. 结合具体实例，描述强势品牌的特征。

3. 简述培育强势品牌的策略。

三、案例分析题

华为：依靠强势品牌制胜市场

打造强势的品牌，对于企业来说是一件意义深远的大事。华为创立之初，任正非心中就已经产生了品牌战略的雏形，要将华为打造成一个驰名国内外的著名品牌。从2005年起，华为正式进军手机市场，凭借着强大的研发能力和华为的品牌影响力，在短短几年内，就发展成为国产手机的中流砥柱。近年来，华为通过实施精品化策略，毅然砍掉超低端机型，发力高端机型，在国际市场上同样取得了品牌知名度和销量的双重提升。在新的历史阶段，任正非对于华为的品牌与战略宣传工作更为重视，提出了“以客户为中心，形成宣传主线”“在战略层面构建和宣传华为公司，让他引领这个时代、深入人心”“品牌战略的人，不能完全着力于埋头苦干，要有一定的眼光”等重要的观点。其中最为重要的有以下几点。

1. 品牌战略必须始终围绕客户需求

在任正非看来，品牌战略必须时刻关注客户需求，以解决客户的实际问题为主。任正非曾经指出过当前华为品牌战略存在的问题，即没有坚决的以客户为中心。要解决这种脱离客户需求的品牌宣传问题，就要做到：真正以客户为中心，搞清楚客户关注的痛点，帮助客户解决实际问题；品牌宣传要接地气，要用客户能够接受的方式；务必让客户对华为提供的解决方案能够弄懂、吃透，否则品牌宣传就是没有意义的。

2. 从消费者体验方面着手宣传品牌

如果客户和消费者以前没有使用过企业的产品和服务，那么他们对品牌的认识，都是建立在道听途说的基础上的，显然是不够具体。在现今市场经济讲求用户体验的趋势下，品牌宣传也应当从提升体验入手，使客户和消费者能够全方位地感知华为所有的产品和服务。在这方面，任正非提出“要找到一个系统性的结构，来向客户和社会传递，让客户看到华为是什么东西，让社会看到华为是什么东西，华为能引领这个社会如何变化”，并且“要把体验中心通过网络扩展出去，把我们公司的展示和体验全球化”。

3. 在品牌推广时，搭载价值观的传播

品牌战略可以与企业的文化建设相得益彰，特别是全球化发展过程中，没有文化内涵和企业个性的品牌，其发展势头很难长久。企业要能够在品牌中呈现企业的文化精髓，用文化精髓凸显品牌核心价值和品牌影响力。2016年，任正非就此问题签发了主题为《华为价值观搭载与传播策划》的电子邮件，其中强调企业精神与业务品牌要形成优势互补，企业精神要主导“品牌高度”，以获得精英客户的战略信任与价值认同。当前华为已经从各种渠道传播，搭载华为价值观，将其作为品牌战略的一部分，像产品新闻发布会、高管发言、外部交流、展厅、数字媒体、各种事件活动的内容都会渗透华为的企业精神，使得“艰苦奋斗”“以奋斗者为本”“工匠精神”“至诚守信”“开放、妥协、灰度”等企业文化元素为越来越多的人所熟知，也造就了华为独特的品牌文化。

资料来源：周婷，于福荣．像任正非一样去经营［M］．南昌：江西教育出版社，2018.

请尝试分析以下问题：

1. 华为是如何形成强势品牌的？
2. 华为的强势品牌推广有哪些经验值得借鉴？

技能训练

实训项目：掌握强势品牌塑造理论

一、实训目的

1. 了解工业产品、服务产品、奢侈品和网络产品等不同类型强势品牌的前沿管理及实践。

2. 比较不同类型强势品牌管理策略，并能针对不同类型的品牌提出能提升品牌价值的建设性建议。

二、实训内容

通过翻阅资料或上网搜索微信、华为、格力品牌的相关资料，完成以下任务：比较不同类型强势品牌的特点；比较不同类型品牌的建设策略。

三、实训组织

1. 把教学班同学分成五个小组，每组 4～6 人，并选出一名同学担任组长。
2. 每组独立搜集、整理不同品牌相关资料。
3. 由组长负责组织小组研讨，集中本组成员的研究结果，制作文本文件，并设计演示文稿。
4. 每组推荐一人上讲台演讲，演讲时师生可以向该组同学提问，教师引导学生参与研讨。

四、实训步骤

1. 每组独立搜集、整理所选取案例的资料。
2. 小组讨论，汇总本组意见。
3. 撰写报告，并设计制作演示课件。
4. 各组代表发言，全班参与讨论。
5. 各组展示完后，小组之间互评成绩。（理论分析贴切、实践运用深入、文字表达规范占 50 分，团队协作占 30 分，小组发言占 20 分）
6. 教师对各小组的表现进行点评。

第四章

品牌设计方法

知识目标

1. 掌握品牌的构成要素。
2. 熟悉品牌要素设计的标准。
3. 掌握品牌命名的规则和步骤。
4. 了解品牌的个性设计。

技能目标

1. 能够尝试设计自主品牌。
2. 逐步培养自己品牌设计的意识和判断能力。

素养目标

1. 通过对品牌设计原则的学习，加深对民族品牌所蕴含的特色文化的理解，增强文化自信。

2. 通过本章的学习，提高保护民族品牌的意识与责任感。

第一节　品牌设计原则

案例导入

金利来品牌名称

金利来（Goldlion）品牌商标是公司创始人曾宪梓先生1970年亲自设计，由商标图案、牌名英文“Goldlion”和中文金利来三者构成了一个整体。Goldlion的中文意思为“金狮”，有喜庆吉祥的象征和给人带来幸福的意味，喻示在服饰行业里独占鳌头，具有王者的风采，创出中国名牌、世界名牌。但是Goldlion粤语“金狮”是“今输”谐音，为避免有的顾客认为犯忌，便把英文Goldlion的“Gold”意译为金，“Lion”音译为“利来”，再合而为一，便成了“金利来”。

资料来源：梁东，连漪．品牌管理［M］．北京：高等教育出版社，2012.

思考：

1. “金利来”品牌名称的设计遵循了哪些设计原则？
2. “金利来”品牌名称反映了消费者的哪些消费倾向？

一个完整的品牌不只是一个名称，它还包含了许多品牌信息。只有将这些信息最大限度地整合起来，品牌才是完整的。品牌的构成要素主要包括显性要素和隐性要素两个方面。显性要素指的是品牌外在的东西，可直接给予消费者视觉和听觉冲击，主要包括品牌名称、标志与图标、标记、标志字、标志色、标志包装、广告曲等。隐性要素是品牌内含的因素，不能够被消费者直接感受，是品牌的精神与核心，例如品牌承诺、品牌个性和品牌体验。

为了保证品牌要素的作用最大化，在设计品牌要素时要遵循一定的标准。例如容易记忆、含义丰富、令人喜爱、可以转换、可以调整、可以保护。

一、容易记忆[①]

容易记忆是指企业设计出来的品牌符号要能够很容易就被消费者识别并且记住。根据认知心理学的观点，注意产生于记忆之前。要想让消费者记住品牌，就需要设计出能够使消费者注意到的品牌符号，并且能够从众多的品牌符号中轻易被识别出来。越是独特、越是与众不同的造型，越能够吸引人的注意力。另外，品牌符号必须通俗易懂，消费者不需要费力就能认知、辨别。如果品牌名称过于生僻或者品牌标识图形复杂、晦涩难懂，消费者自动就会把这些符号屏蔽在他的脑海之外了。例如重庆城市形象标志，名为“人人重庆”，主题是双重喜庆，寓意重庆人携手并进、

① 席佳蓓．品牌管理［M］．南京：东南大学出版社，2017.

迎向未来的愿望①。

二、含义丰富

品牌符号是不是应该含义丰富，甚至品牌符号是不是有含义，这是一个有争议的问题。有学者认为品牌符号的含义越清晰，就越会影响和阻碍未来企业在品牌上的延伸与发展，比如“娃哈哈”的符号设计就局限了该品牌向成人化产品类别发展的可能性；也有学者认为品牌应该有含义，而且含义越丰富越能传递品牌的核心价值和品牌个性，有助于消费者形成良好的品牌联想。

无论品牌符号是否应该有含义，都需要明确一点，即品牌符号的含义不能让消费者产生不良的联想，否则会适得其反，招致品牌的失败。

三、令人喜爱

令人喜爱是指品牌符号必须能够给消费者带来感官上的享受。要让消费者能够喜欢，并且受到消费者的欢迎，品牌符号就要设计得或者漂亮、典雅、大气，或者活泼、可爱、生动、有趣，让消费者在还没有接触到产品之前就对产品有了美好的印象。另外，品牌符号的设计应该符合消费市场当地的文化特色。如“雅诗兰黛”“欧莱雅”，容易让消费者产生“雅”的第一印象；百事可乐从侧面体现出其作为饮料的可口口感，在中国文化中也有美好祝愿的意味。

四、可以转换

一个好的品牌符号应该具有比较强的包容性，即可以转移使用到别的产品或者别的市场上。因为在进行品牌延伸和地理扩张时，不至于产生因为原有品牌符号局限而必须换用其他符号的尴尬。一般来说，品牌符号越是明确表现产品的种类和属性，其在不同产品类别之间进行转换的可能性就越小，比如“娃哈哈”听上去就是面向儿童的产品，后来品牌曾经试图延伸发展到房地产业就未能被市场接受。

另外，当企业向国外市场发展时，品牌符号的跨文化转换至关重要。我国很多国内品牌在走向国际时，由于品牌符号不能适应国外文化环境，被迫重新设计，采用全新的品牌符号。例如，海尔集团的品牌标识“海尔兄弟”曾在某些地区受到抵制，黑人牙膏也曾因为被视为种族歧视而遭遇抵制，不得不更换名称。

五、可以调整

品牌符号的设计不是一劳永逸的。尽管营销学者强调品牌符号要尽可能保持稳定不要变动，但随着社会的发展，人们的审美在改变，消费者会产生审美疲劳，企业的竞争战略和经营业务也会发生变化，要让品牌适应新的形势、新的市场，品牌符号的调整就不可避免。

强调品牌符号的可调整性是指品牌符号一旦需要调整，它的改动可以限制在最小范围内，对消费者认知上的影响能降低到最小的程度。一般来说，品牌的名称最

---

① 江平．城市品牌形象塑造与传播研究［M］．武汉：武汉大学出版社，2018.

不容易改动，改名实际上意味着老品牌彻底消失、老用户与品牌的联系彻底断裂、老的品牌资产价值贬值。因此在品牌必须调整时名称尽可能不要改动，可以让品牌标识或品牌形象代表等其他符号元素发生变动，以适应新的市场变化，即使如此，品牌标识的最基本特征仍应该保留在新标识里，以便新老标识一脉相承。比如 2015 年、2020 年支付宝标识（Logo）的几次变化，消费者并没有感到陌生。

六、可以保护

可以保护是指品牌管理者在设计品牌符号时就要做好规划，从法律和竞争两个角度进行保护。品牌符号要想得到保护，必须从以下两个方面入手。

（一）从法律上进行保护

品牌符号要想得到保护，首先必须申请注册，只有注册了才能从法律上得到真正的保护。因此，品牌管理者在设计品牌符号时先要检查自己的品牌名称是否涉及侵权行为，同时在法律上进行注册、申请保护：选择可以在国际范围内被保护的品牌要素；在适当的法律机构正式注册，防止商标遭受其他未授权的竞争侵害。

另外，要注意进行防御性保护。经常可以看到这样的情况，企业即使已经对自己的商标进行了注册，但仍然挡不住有些竞争者“搭便车”的行为，从包装到字形均模仿知名品牌，消费者不仔细看一般看不出来。

（二）品牌符号独特，难以模仿

即使一个品牌要素可以受到法律保护，竞争行为仍可能夺走很多品牌要素本身所提供的品牌资产和品牌价值。如果名称或包装容易被模仿，那么这个品牌就失去了很多独特性。在进行品牌设计时，要尽可能地降低竞争者仿制自己品牌的可能性。因为对手一般会利用现有品牌中显著的前缀、后缀或模仿包装。品牌符号设计得越独特，就越难以被人模仿，从而可以省去公司在打击赝品、仿冒品上投入的时间和精力。

管理实践

宏碁品牌命名面临的挑战

品牌名称在一定程度上影响品牌资产的形成速度和规模，所以许多知名企业对品牌命名十分重视。世界著名的宏碁（Acer）1976 年创立时的英文名称为 Multitech，经过十年的努力，Multitech 刚刚在国际市场上小有名气，一家美国数据机厂商就通过律师通知宏碁，指控宏碁侵犯该公司的商标权，必须立即停止使用 Multitech 作为公司及品牌名称。经过查询，这家名为 Multitech 的美国数据机厂商在美国确实拥有商标权，而且在欧洲许多国家都早宏碁一步完成登记。商标权的问题如果不能解决，宏碁的自有品牌 Multitech 在欧美许多国家恐将寸步难行。在全世界，以“tech”为名的信息技术公司不胜枚举，因为大家都强调技术，这样的名称没有差异化；又因易雷同，该名称在很多国家都不能注册，导致无法推广品牌。因此，当宏碁加速国际化脚步时，就不得不考虑更换品牌。宏碁不惜成本，将更改公司英文名称及商标的工作交给世界著名的广告公司——奥美（O&M）广告。为了创造一个具有国际品位的品牌名称，奥美动员美国纽约、英国、日本、澳大利亚等国家和地区的分公司的创意工作者，运用计算机系统从 4 万多个名称中筛选，挑出 1 000 多个符合命名条件的名字，再交由宏碁的相关人士讨论，前后历时七八个月，最终决定选用 Acer 这个名字。

资料来源：梁东，连漪．品牌管理［M］．北京：高等教育出版社，2012.

能力训练

同步测试

一、单选题

1. 对于品牌符号的设计，应该容易被消费者识别并且记住。这体现了品牌设计（　　）的原则。

A. 容易记忆　　B. 含义丰富　　C. 可以调整　　D. 可以保护

2. 品牌设计应注意及时注册，这体现了品牌设计（　　）的原则。

A. 可以转换　　B. 含义丰富　　C. 令人喜爱　　D. 可以保护

3. 在跨地区进行品牌地理扩张时，需要对品牌符号进行调整，这体现了品牌设计（　　）的原则。

A. 含义丰富　　B. 可以转换　　C. 可以调整　　D. 可以保护

二、案例分析题

老凤祥品牌设计

创建于 1848 年的中国民族品牌“老凤祥”，有着悠久的历史、深厚的文化底蕴，在 170 多年的发展历程中，坚持传承与创新，在品牌建设、发展规模、产业结构等方面不断突破；“老凤祥”集科工贸于一体、产供销于一身，已发展成为中国珠宝首饰业的“最有价值品牌”和龙头企业。伴随着历史沧桑巨变，经历了百年风雨的洗礼，老凤祥以丰富的经验和青春的活力打造了一条“传承经典，创新时尚”的品牌之路。老凤祥作为我国珠宝首饰业的民族品牌，经过一代又一代老凤祥人悉心浇灌、勤奋耕耘，从而形成了丰厚的文化底蕴和人才资源。公司拥有职工 1 300 多名，其中有 100 多位获中国工艺美术大师、高级工艺美术师等称号的老、中、青三代设计师以及 300 多位制作巧匠、技师。他们创造了我国第一台自动项链连接机，第一台光亮性电镀设备，第一台失蜡浇铸机，并在历年来的国际、国内首饰设计制作大赛中荣获 130 多个奖项，享有“首饰奥斯卡”的美誉。

道光年间，上海南市大东门，银楼初创，其时名称为“凤祥银楼”，光绪十二年（公元 1886 年）迁至大马路抛球场（时称望平街），号称“怡记”，光绪三十一年（公元 1905 年）改号为“植记”，楼名也改为“老凤祥银楼”，产品戳记（类似现今的商标）为“松鹤”。光绪三十四年（1908 年）又迁至南京路盆汤弄，并改号为“庆记”，戳记改用“吉庆”；1911 年，银楼再次改号，由“庆记”易为“裕记”，戳记也变为“丹凤”。尽管历史变迁，老凤祥依然在 20 世纪 30 年代以其产品精美而闻名遐迩，并在那个动荡的年代就被列入九大银楼之一。新中国成立前后，老凤祥虽然因黑市沸腾而被迫关门歇业，但这一切并没有阻碍老凤祥品牌持续发展的决心，终于在 1952 年 6 月，由人民政府出资购买老凤祥银楼全部固定资产并筹建的“国营上海金银饰品店”在市民的热捧之下正式营业。随后，老凤祥企业一直以市场需求为导向，承接了多项国家鎏金任务，但其品牌的发展依然在历史沧桑中再次被迫停滞，直至 1982 年国务院批准恢复内销黄金饰品，时值上海远东金银饰品厂在原老凤祥银楼旧址，开设的门市部得以重新营业，虽然一直在经历风雨，但这似乎更加坚定这个民族品牌持续发展的信念，并随后以其前瞻性的策略开展其品牌拓展之路。最终在 1985 年 1 月该门市部恢复成“老凤祥银楼”，同年注册“凤祥牌”商标。1993 年 12 月商标更新为“老凤祥”牌。1994 年 4 月老凤祥有限公司成立。

关于“老凤祥”三字的来历，据曾在老凤祥银楼从业的业主后裔费诚昌先生说，银楼招牌犹如人的脸面，它要给人一种良好的印象，因此给它“画脸”是颇费心思的。“老凤祥”三个字包含两层意义，“老”是表示资历深厚，足以让人信赖，“凤祥”则是表示女性至美的象征，并喻示它给人们带来吉祥如意。老凤祥银楼的金灿灿的中国风以及配字的标志，正是属于形态划分中象形标志以及内容划分中的寓意性标志相互结合，很好地诠释代表了百年珠宝老店的品牌形象。老凤祥依托原有银楼的黄金饰品品牌发展，在此基础上发展老凤祥各类珠宝首饰的品牌，这一营销举措即为典型的品牌延伸，它不仅给老凤祥在首饰以及旅游纪念品行业开辟了新的市场，同时也增加了原有珠宝品牌的知名度。

资料来源：https://baike.baidu.com/item/%E4%B8%8A%E6%B5%B7%E8%80%81%E5%87%A4%E7%A5%A5%E9%93%B6%E6%A5%BC/1715255；何民浩.百年“老凤祥”——“老凤祥”品牌的发展研究 [J]. 上海经济，2010 (8)：64-65.

请尝试分析以下问题：

1. “老凤祥”带有怎样的文化内涵？
2. 在进行品牌设计时，“老凤祥”秉持着怎样的设计理念？

技能训练

实训项目：掌握品牌设计的策略

一、实训目的

1. 让学生了解品牌设计的理论。
2. 促使学生对现实的品牌发展和延伸等进行研究，并提出建设性、可操作性建议。

二、实训内容

1. 实训资料。搜集一个具有民族文化特色品牌设计的相关资料。
2. 具体任务。根据所掌握的品牌资料，分析品牌设计在品牌延伸过程中的作用。
3. 任务要求：

(1) 了解品牌设计的流程和策略。

(2) 了解该品牌发展策略；了解该品牌延伸的现状，分析在品牌延伸过程中原有品牌设计的合理性。

三、实训组织

（1）按实训项目将班级成员分为若干小组，每组 6～8 人，采用组长负责制，组员合理分工、团结协作。

（2）相关资料和数据的收集可以进行实地调查，也可以采用二手资料，由专人负责记录和整理。

（3）小组充分讨论，认真分析，形成小组的实训报告。

（4）各小组在班级进行实训作业展示。

四、实训步骤

（1）指导教师布置实训项目，指出实训的要点和注意事项。

（2）各小组明确实训任务，在教师的指导下制订方案并执行。

（3）小组成员分工明确，广泛收集资料和数据。

（4）由专人进行资料的汇总，记录明确。

（5）各小组讨论形成核心思想，归纳要点，形成讨论稿，完成实训报告。

（6）各小组展示实训作业并互评成绩。（理论运用情况、资料翔实程度、文字表达程度占 60 分，小组代表的语言表述情况占 30 分，团队协作和报告形式占 10 分）

（7）指导教师进行综合评定和总结。

第二节　品牌命名

案例导入

娃哈哈的品牌命名

杭州娃哈哈集团有限公司创建于 1987 年，至 2019 年累计销售额 7 200 多亿元，利税 1 439 亿元，上缴税金 611 亿元。娃哈哈在全国 29 个省（自治区、直辖市）建有 80 个生产基地、180 多家子公司，拥有员工近 3 万人，企业规模和效益连续 20 年处于行业领先地位，位居中国企业 500 强、中国制造业 500 强、中国民营企业 500 强前列。

1988 年，根据很多孩子不愿吃饭、偏食、营养不良的状况，娃哈哈在浙江医科大学营养学系朱寿民教授的指导下，成功开发出第一支产品——娃哈哈儿童营养液。随着响彻大江南北的广告语——“喝了娃哈哈，吃饭就是香”，娃哈哈儿童营养液一炮打响，迅速走向全国，成为企业的拳头产品，公司名称也于 1989 年从“杭州保灵儿童营养食品厂”变更为“杭州娃哈哈营养食品厂”。

娃哈哈公司为自己取名的时候，颇费了一番功夫。他们通过新闻媒体向社会广泛征集产品名称，然后组织专家对数百个应征名称进行了市场学、心理学、传播学、社会学、语言学等多学科的研究论证，最终选定了“娃哈哈”这三个字。

理由有以下几点：第一，“娃哈哈”三字中的元音 a，是孩子最早能够发出的音，极容易模仿，而且发音响亮，容易记忆，容易被孩子接受。第二，从字面上看，“哈哈”被各种文化的人用于表达欢笑、喜悦之情，这个名字也传达了开心的含义。第三，同名儿歌以特有的欢乐、明快的音调和浓烈的民族色彩唱遍了大江南北，把这样一首广为流传的民族歌曲与品牌联系起来，可以很好地提升品牌的知名度。娃哈哈命名的成功，除了它准确地反映产品的消费对象外，更关键的是，它将祝愿、希望和消费情感结合起来，以儿童的天性作为品牌命名的核心。这种品牌名称的开发和祝愿，正好符合品牌形象定位，也是这个品牌市场竞争的出发点。

资料来源：王新刚．品牌管理［M］．北京：机械工业出版社，2020.

思考：

1. 为什么说品牌命名对于品牌推广而言十分重要？
2. 结合娃哈哈的产品特点，可以设计怎样的新的广告词？

品牌名称简称“品名”，是指品牌中可以用语言来称呼的部分，如“老凤祥”“茅台”等。它的基本功能是把不同的品牌区分开来，防止发生混淆，便于消费者选购。[①]

如果说打造品牌是个系统工程，那么给品牌取个好名字就是关键的第一步。品牌与消费者大脑接触的第一个接触点就是品牌的名字。《论语·子路》曰：“名不正则言不顺，言不顺则事不成。”给好的产品取个好的名字，犹如画龙点睛，可以为品牌增添光彩，提高品牌的知名度。品牌的名称本身具有价值。品牌有了自己的名称之后，更高级的公关、营销活动就有了基础。

一、品牌命名的意义

一提到“小米”，人们就联想到国产的手机；一提到“奔驰”，人们就联想到德国产的小汽车；一提到“富士”，人们就联想起日本胶卷；由此可见，品牌名称是品牌的代表，是品牌的灵魂，体现了品牌的个性和特色。

好的品牌名称不仅可以引起消费者的独特联想，还可以准确反映产品的特点，有强烈冲击力，刺激消费者的消费心理，增强消费者的购买欲望。对于企业而言，好的品牌命名还可以提高自己和产品的形象。美国可口可乐公司经理曾说，即使可口可乐的工厂在一夜之间化为灰烬，仅凭“可口可乐”这块商标，它就可以东山再起。可见，对企业来讲，拥有名牌商标，就有了企业发展和依托的保证。现代社会，品牌的用途已远远超过早期的“识别范畴”，经济的发展赋予了它新的含义，它已逐渐成为消费者与商家沟通情感的纽带，成为增强产品竞争能力的重要手段。

二、品牌命名原则[②]

（一）易于传播原则

好的品牌名称应该易于传播。这样的品牌名称，是易于识别、易于口传、易于

① 席佳蓓．品牌管理［M］．南京：东南大学出版社，2017.

② 王新刚．品牌管理［M］．北京：机械工业出版社，2020.

记忆的。

名称首先要能引起人们的注意，进而才能发挥其他的作用。独特、与众不同的名称比较容易从众多企业名、品牌名中凸显出来。

名称应该响亮、简洁。响亮，是指名称的发音要清晰、有起伏、有韵味，不容易被误听和产生歧义。有学者指出，外国品牌名称讲究词语简短和发音响亮，英语品牌名称往往只有两三个音节，且常以“K”“P”“C”“B”“D”“G”等字母开头，如柯达（Kodak）、卡夫（Kraft）、奇宝（Keebler）、派克（Parker）、百事可乐（Pepsi）、飞利浦（Philips）、康柏（Compaq）、康宁（Corning）、佳洁士（Crest）等，这些外国品牌从语音的角度很符合人们的习惯，易读易记。汉字品牌名称一般以两个字或三个字为宜，这符合国人习惯，许多品牌，如联想、长城、春都、海尔、科龙、东方红等音韵协调，有的铿锵有力，有的柔和悦耳，容易记忆和流传。简洁，是指名称字数不能太多，字形简单易写、不生僻。品牌名称的字数对品牌认知有一定的影响，品牌名称越短越有利于传播；越简化的品牌，消费者的信息认知度越高。

（二）易于联想原则

优秀的品名，应该是能够引起消费者联想的品名。要想使消费者朝着设计好的方向去联想，需要在品名设计时遵循易于联想原则。这就要求设计的品名，既要有丰富的内涵。也要符合消费市场当地的文化习俗。

第一，品牌名称作为与消费者沟通的工具，应该要有美感，要能引起消费者美好的联想，这样才能让消费者产生好感，才会喜欢这个品牌。例如“蒙牛”让人联想到内蒙古茫茫大草原“风吹草低见牛羊”；“农夫山泉”的名字会使人联想到清冽冽的山泉水，天然、环保、清凉。

第二，文字若运用适当，会给人丰富的联想，激发消费者的购买欲望。名称作为商品给消费者的直观印象，它的独特性更有助于品牌营销和占领市场，如我国的“春兰”品牌空调，就给人美好、温馨的联想，春天是温暖的，兰花是清香的。每个人都向往温暖的家庭和温馨的环境，再加上广告语“只要你拥有春兰空调，春天就永远陪伴着你”，引起了不少消费者对春兰品牌的亲切感。

第三，品牌名称是商家将利益认知转化为情感认知的窗口，品牌寓意突出体现企业对消费者的告知，这种命名方式使品牌在情感上与消费者拉近了距离，有利于市场销售。富有文化意蕴的品牌一方面体现了企业的精神面貌，鼓舞员工士气，另一方面赢得消费者的好感，继而获得赞同和认可。例如“同仁堂”蕴含“同修仁德”之意。无论是对内还是对外，都会产生强大的感召力和激发力。

第四，品牌命名应该给人一种吉祥如意的感觉，尤其是在传统文化中，人们都有“讨口彩”的习惯，如果品牌名称有吉祥、富贵如意、喜气的感觉，就容易赢得人们的好感和喜爱。因此这种命名方式被广泛使用，如“常乐”“红双喜”“喜临门”“凤凰”“麒麟”“鸳鸯”“永久”“一枝花”等。

（三）协调原则

品牌的名称最好与品牌产品的某些特点、定位相联系、相协调。比如，“精工”“西铁城”能含蓄地表示钟表的本质特征：工艺精良、计时准确。此类产品的命名很多，从药类到日用品和饮料业，如感康、快胃片、海飞丝、飘柔、可口可乐、百事可乐。如果品牌的名字跟产品无关甚至产生负面联想，则会对品牌造成巨大的伤害。

另外，品牌名称和品牌标志要协调，都要能很好地体现企业的文化理念，若两者能相互呼应、相得益彰，就更能提高品牌在市场上的竞争力，吸引消费群。

（四）可延伸性原则

由于企业会不断发展，生产经营的产品种类、范围会经常发生变化，因此品牌命名一定要有前瞻性和适应范围，给以后的品牌延伸预留空间。品牌延伸是介于新产品线增加战略和核心品牌增加战略之间的一种发展战略选择。一般认为，品牌延伸是指将一个知名品牌或某一具有市场影响力的成功品牌使用到与该知名品牌或原产品完全不同的产品上。品牌延伸能力是决定品牌价值实现与否最为重要的因素之一。

一个优秀品牌的品名设计，既要符合产品定位和品牌定位，也应该能够兼顾今后企业经营发展的需要。企业给品牌命名既要预留发展空间，又不能过于宽泛、超前，把握好两者之间的平衡至关重要。

（五）适应性原则

适应性原则是指品牌名称的使用能够适应时间、空间以及消费者的变化。品名设计的要求：在时间上，不能具有过强的时代特征，因为具有过强时代特征的品名会随着时间的推移显得陈旧过时；在空间上，要注意地域差异引起的文化冲突，要尊重各地区消费者不同的消费文化和风俗习惯。除此以外，品名的适应性原则还应该考虑到与企业经营风格相适应，与商品及所属行业相适应，与目标消费者的心理相适应。例如，“奔驰”（Benz）、“雅芳”（Avon）、“高露洁”（Colgate）、佳得乐（Gatorade）、都乐（Dole）等国际品牌的汉化名称升华了品牌的内涵，使品牌更具魅力。

三、品牌命名的步骤

通常情况下，品牌命名的第一步是按照品牌要素选择的标准，考虑行业特色、该品牌在公司品牌架构中的地位与角色，以及该品牌如何与其他品牌和产品相联系，定下品牌命名的方向。

第二步，尽可能多地创造出名字和概念。任何可能的名称来源都不妨尝试一下：公司经理、员工、现有的及潜在的客户（必要的话，还可包括零售商和供应商）、广告代理、专业的品牌顾问、专门的命名公司等。在这个步骤中，可以获得几十、几百甚至几千个名字。

第三步，将这些名称按照第一步所定义的命名方向和营销要素，连同一般的感觉一起进行筛选，得到操作性较强的名录。例如，进行如下筛选：

（1）删除有不必要的双重含义的名称。

（2）删除比较难读、已被使用或与已有名称过于接近的名称。

（3）删除明显会引起法律纠纷的名称。

（4）删除与产品定位有明显冲突的名称。

第四步，对最后剩下的五个或十个左右的名称收集更广泛的信息。在投入大笔资金进行消费者调研之前，建议先做一个全面的国际法律研究，检查一下那些已在一些国家通过法律筛选程序的名称，看看它们在新的国家是否会引起法律争端。

第五步，进行消费者测试。消费者调研的目的，是验证管理层对该名称的可记忆性和有意义性的预期。消费者测试可以采取各种形式。许多公司都试图推行品牌营销计划，尽可能地刺激消费者的购买欲望。因此，厂家会向消费者展示产品及其包装、价格或促销手段，使消费者领悟品牌名称的含义及产品的使用方法。同时还可展示真实的三维包装、生动的广告等。要根据涉及的目标市场，调查多种样本的消费者（如存在地区差异或民族差异的消费者）。

设计品牌名称的书面形式，也就是品牌名称的视觉形象设计，要考虑到和品牌其他要素的协调统一，以保证品牌名称的持续公开效应。

基于以上收集的所有信息，管理层就能确定使公司品牌和营销目标实现最大化的品牌名称，然后正式登记该名称。值得注意的是，品牌经营者应及时将品牌名称在销售地和潜在销售地申请注册，以便获得法律保护。申请注册时应该注意到以下两点：第一，该品牌名称是否有侵权行为。企业要通过有关部门查询是否已有相同或相近的名称被注册。如果有，则必须重新命名。第二，该品牌名称是否在允许注册的范围以内。有的品牌名称虽然不构成侵权行为，但仍无法注册，难以得到法律的有效保护。

知识拓展

品牌名称分类

品牌名称多种多样，诸如麦当劳是人物名字、IBM是品牌名称的缩写、999是数字等，但仍可以按不同的标准对它们进行分类。

1. 明喻式、隐喻式、空瓶式品牌名称

根据名称本身的含义，品牌名称可划分为明喻式、隐喻式和空瓶式。

（1）明喻式品牌名称。

明喻式品牌名称即直接用产品的属性或功能作为名称。明喻式品牌名称一般应用在药品行业，例如风湿骨痛膏、银黄颗粒等。这种命名方式除制药行业外，在其他行业很少运用。

（2）隐喻式品牌名称。

隐喻式品牌名称即通过含蓄和暗示的手法，将产品的功能或特征表达出来。对企业经营者来说，隐喻是一种非常简洁的表达经营者经营理念的方法。

（3）空瓶式品牌名称。

空瓶式品牌名称即品牌名称本身没有任何含义，不会让消费者产生任何联想。

2. 其他类型品牌名称

根据名称的内容不同，品牌名称可分为商标式、数字式、人物式、动物式、植物式、时间式和地名式。

（1）商标式品牌名称。

商标式品牌名称是指借用产品商标的名称作为品牌的名称。它又可分为两

种类型：全称式和缩写式。全称式品牌名称如飞利浦电器公司的飞利浦电器。缩写式品牌名称是用商标名称的缩写来为品牌命名，其基本做法是将品牌名称每个单词的第一个字母组合起来，其特点是简单，但不容易记忆，因为它既未能说明企业的特质，也不能使人联想到该企业的产品。

（2）数字式品牌名称。

数字式品牌名称，即品牌名称完全是由数字或数字与文字联合组成的。它的突出优点是便于企业进行国际营销推广，因为阿拉伯数字是世界通用的。较著名的数字名称有999胃泰、七喜汽水等。

（3）人物式品牌名称。

人物式品牌名称，即直接以人物的名字作为品牌的名称。名称有可能是创业者或设计者的名字，如福特、李维斯、麦当劳、劳斯莱斯、李宁等。

（4）动物式品牌名称。

动物式品牌名称，即以动物的名称为品牌命名。动物式品牌名称常能给消费者留下深刻的印象，著名的有天猫、大白兔等。但要注意，由于不同民族有不同的风俗习惯，同一动物在不同民族文化里的象征意义也不同。

（5）植物式品牌名称。

植物式品牌名称，即以植物的名字作为品牌名称。如两面针牙膏、苹果计算机等。同样也要注意，植物的生长环境有限，人们对植物的熟悉程度有差异，同时不同地区的居民对植物的偏好也不相同。因此，植物不宜作为世界型品牌的名称。事实上，在世界著名品牌中，以植物命名的品牌的确不多见。

（6）时间式品牌名称。

时间式品牌名称，即以时间概念作为品牌的名称。这种品牌名称特色不够鲜明，只能用于地区性或地方性品牌，不宜用于世界性的品牌。

（7）地名式品牌名称。

地名式品牌名称，即以产品的出产地或所在地的山川湖泊的名字作为品牌的名称。例如，世界电商巨头亚马逊就以世界上最大的河流命名了自己的品牌，龙泉青瓷则是地名的演变。以地名为品牌名称时，要注意地名要有特色、知名度，还应有利于品牌的推广。

进一步细分，品牌设计者根据产品的生产地不同，还可以将品牌名称划分为国产式品牌名称和外来语式品牌名称。

国产式品牌名称，是指国内产品的中文名称。这是一种最常见的品牌命名方式，如格力电器等。

外来语式品牌名称，即出口产品在进口国的名称。外来语式品牌名称又可以分为音译、意译和混译三种。音译的名称，是指根据国外品牌名称的发音翻译而得的名字。意译的名称，即外文品牌原意的中文译名。除音译名称和意译名称外，还有一种是音译与意译相结合的名称，如可口可乐（Coca-Cola）、美宝莲（Maybelline）等。

资料来源：梁东，连漪．品牌管理［M］．北京：高等教育出版社，2012.

能力训练

同步测试

一、选择题

1. 品牌命名应该遵循（　　）原则。

A. 易于传播　　B. 易于联想　　C. 图文并茂　　D. 协调原则

2. 药品“胃特舒”体现了（　　）的品牌命名原则。

A. 易于传播　　B. 易于联想

C. 可延伸性原则　　D. 协调原则

二、简述题

1. 试阐述品牌命名的步骤。

2. 请结合某一知名品牌实例，分析其品牌命名是否合理。

三、案例分析题

奔驰品牌名称的设计

奔驰的全称为 Mercedes-Benz，太长的英文在时间的消磨下就逐渐把前边的 Mercedes 给摒弃了，简称为 Benz。当它进入中国市场时，首先面临的是在保留原有的品牌精神的同时，必须进行本土化命名，对接我国文化，才能令中国消费者接受。如果按本身的发音应译成“本茨”或“笨死”，可这样的音译太缺乏中国意境，不能进行本土文化的对接，后来在香港地区又称“平治”，直到最终找到“奔驰”这个贴切的译名。这其实只是一些音的微妙变化，却让这辆陌生的汽车随着名字的鲜活而深入人心，在汽车的道路上奔驰，寓意在人生的道路上奔驰，刻画出它栩栩如生的速度感。

资料来源：丁桂兰，陈敏．品牌管理［M］．2 版．武汉：华中科技大学出版社，2014.

请尝试分析以下问题：

1. 奔驰的品牌形象是怎样的？

2. 奔驰品牌名称的设计是否符合它的品牌形象？

技能训练

实训项目：掌握品牌命名设计的策略

一、实训目的

1. 了解品牌命名的理论。

2. 锻炼学生能够对现实的品牌发展和延伸等进行研究，并提出建设性、可操作性建议。

二、实训内容

1. 实训资料。搜集一个具有民族特色品牌的命名与品牌延伸相关资料。

2. 具体任务。根据所掌握的品牌发展状况的资料，分析品牌设计在品牌延伸过程中的作用。

3. 任务要求：

（1）品牌命名模块。了解品牌命名的流程和策略；了解该品牌个性因素。

(2) 品牌延伸模块。了解该品牌发展策略；了解该品牌延伸的现状，分析在品牌延伸过程中原有品牌设计的合理性。

三、实训组织

(1) 按实训项目将班级成员分为若干小组，每个小组 6～8 人，采用组长负责制，组员合理分工，团结协作。

(2) 相关资料和数据的收集可以进行实地调查，也可以采用二手资料，由专人负责记录和整理。

(3) 各小组充分讨论，认真分析，形成小组的实训报告。

(4) 各小组在班级进行实训作业展示。

四、实训步骤

(1) 指导教师布置实训项目，指出实训的要点和注意事项。

(2) 各小组明确实训任务，在教师的指导下制订方案并执行。

(3) 小组成员分工明确，广泛收集资料和数据。

(4) 由专人进行资料的汇总，记录明确。

(5) 各小组讨论形成核心思想，归纳要点，形成讨论稿，完成实训报告。

(6) 通过实训作业展示由各小组互评成绩。(理论运用、资料翔实、文字表达方面占 60 分，小组代表的语言表述方面占 30 分，团队协作和报告形式方面占 10 分)

(7) 指导教师进行综合评定和总结。

第三节　品牌标识设计

案例导入

农夫山泉换标"变脸"

2010 年初，农夫山泉悄然换标，新 Logo 改"写实"为"抽象"，简洁的构图更有利于消费者的识别和记忆。此外，农夫山泉的变化还包括更加流线型的瓶身、标签位置的下移以及小幅的涨价。

对于饮用水企业而言，物流成本的影响非常大，管理层必须非常慎重地考虑这个问题。众所周知，农夫山泉的最大卖点在于"千岛湖"，原 Logo 的图案清晰可辨。但将千岛湖的水运往全国各地销售，造成了居高不下的物流成本。面对主要竞争对手就地取材、就地建厂的成本压力，农夫山泉增加了多个优质水源。为了顺应水源地的调整，公司悄然换标，将之前的山水构图经过"虚焦"处理之后，已经不特指千岛湖，而是泛指所有山水了。所以换标的背后，其实是一次大的战略转变，从单一的千岛湖水源调整为多处优质水源。

新图标水滴状的图案，水滴的上半部分，尖尖的像山，水滴的下半部分由虚的波浪线组成，像水。标识意味着农夫山泉的核心业务是水，但又跟山分不开，这就是山水不分家，象征着农夫山泉坚持水源地建厂。此次换标写景的小水滴有三个层次的内涵。第一个就是上善若水，农夫山泉的生产制造，包括企业价值观念当中，就是承担社会责任，保护人类生活的家园。农夫选择大山里面建厂，从自然界中获取水源，有点类似于古代的采集社会，就是从自然界获取食物，却尽可能地不伤害和改变自然界。第二个就是水滴石穿，这么多年，农夫山泉一直坚持水源地建厂的理念，一直坚持天然水的理念，产品线并不多，相对聚焦，这是一种水滴石穿精神所在。第三个就是小水滴，大世界，农夫越做越发现人类之渺小，企业之渺小，越来越意识到企业与社会和自然界之间的关系，这就是小水滴折射大世界。另外，从战略上来讲，与以前的标识相比，农夫山泉现在的标识显得更加聚焦、专一和专注。

资料来源：王新刚．品牌管理［M］. 北京：机械工业出版社，2020.

思考：

1. 农夫山泉换标体现了哪些品牌设计的原则？
2. 新的品牌标志有哪些变化和改进？

一、品牌标识的定义①

品牌标识是指品牌中可以被识别，但不能用语言表达的视觉识别系统。几乎所有关于品牌的运作都涉及品牌标牌视觉规范。

品牌标识包括标志物、标志色、标志字、标志性包装等。一个成功的品牌标识设计所构建的稳定的、具有差异化价值的、简明易记的品牌视觉识别系统将会为品牌带来潜在的传播价值。

二、品牌标识的作用

品牌标识对于强势品牌的传播具有重要作用。与品牌名称相比，品牌标识更容易让消费者识别。品牌标识作为品牌形象的集中表现，充当着无声推销员的重要角色，其功能与作用体现在以下几个方面。

（一）形象识别作用

识别是品牌标志的基本作用，因为标志的存在就是为了将其所代表的事物的特征、文化内涵等以形象化的表现传递给社会公众，并进行有效沟通，从而取得社会公众的认同。有鲜明特征的品牌标识，能够区别于其他企业、产品或服务，使受众对企业留下深刻印象，这就彰显了品牌标识设计的重要性。在标志设计的过程中不仅要考虑同类企业或产品的标志符号的特征，而且标志符号的造型、色彩、联想和暗示还应与所属对象的风格相一致。

（二）沟通宣传作用

品牌标识是最直接、最有效的广告工具和手段。品牌宣传可以丰富多彩，各种艺术化、拟人化、形象化的方式均可以采用，但核心内容应该是标识。品牌标识是

---

① 梁东，连漪．品牌管理［M］. 北京：高等教育出版社，2012.

企业视觉传达要素的核心，也是企业开展信息传播的主导力量。在视觉识别系统中，标识的造型、色彩、应用方式，直接决定了其他识别要素的形式。其他要素的建立，都是以标识为中心展开的。品牌标志在信息沟通方面早已超越了语言、文字的限制。

在国际交往日益频繁的今天，品牌标志符号以其独有的特质赢得了个人、组织、企业，乃至国家的信任。正如我们所看到的，在重要的国际会议上，在奥运会的赛场上，在嘈杂的闹市街头，在需要指明方向的十字路口，品牌标志符号总能适时地扮演重要的角色。所有零碎的信息被设计师巧妙地整合为一个简洁明了的品牌标志符号，并与受众在短时间内进行有效的沟通。

（三）传递精神作用

品牌标识代表着企业的经营理念、文化特色、价值取向，反映着企业的产业特点、经营思路，是企业精神的具体象征。消费者对企业标识的认同等同于对企业的认同，故标识应与企业自身情况保持统一，不能脱离企业的实际情况，违背企业宗旨；只做表面工作的标识，失去了标识本身的意义，甚至会对企业形象造成负面影响。标识设计可以承载品牌的对外第一印象的展示任务，同时能够高度概括该品牌的形象特征或文化内涵，通过其形象及色彩让大众产生联想，传递企业精神。

（四）美化作用

品牌标志常常伴随着某项活动出现在建筑物、旗帜、交通工具、服装、商品等上面，这就意味着品牌标志的设计必须美观，必须与企业和产品的一贯风格相一致。换言之，品牌标志的设计要具有艺术感染力，要使受众产生愉悦感，并通过标志符号本身的美感赢得受众的好感。

三、品牌标识的设计原则

品牌标识要简洁明确，细致微妙，含义健康向上，构图具有美感。因此，在品牌标识设计中，我们除了要考虑最基本的平面设计和创意要求外，还必须考虑营销因素和消费者的认知、情感心理。这些方面构成了品牌标识设计的几个原则：营销原则、象征原则、创意原则、信息传递原则和设计原则。

（一）营销原则

品牌标识设计要体现品牌定位。品牌标识以品牌定位为基础，准确传递产品信息，体现品牌价值和理念，传递品牌形象，成为消费者识别品牌的鉴别器。即使在同一品类，由于品牌来源、品牌角色、品牌文化、品牌地位的不同，品牌识别也表现出明显的差异。这就是为什么随着企业的发展，许多知名品牌开始更换品牌标识，因为它们原有的标识已经不能适应新的营销需要。

（二）象征原则

一个品牌的拥有者，在为产品或公司设计一个品牌标志时，一般都希望通过该标志向消费者传达某种含义，以便让消费者尽早地了解该品牌是从事何种行业的公司，是什么类别的产品，或有什么样的属性、特点。因此，在设计品牌标志时，就要运用适当的符号来传达设计者希望传达的信息。

（三）创意原则

从标识创意的视角来看，品牌标识设计须做到新颖独特、一目了然，给消费者以强烈的视觉冲击。在信息爆炸时代，消费者对复杂的、大众化的信息过目即忘，因此标新立异、匠心独运的品牌标识易于让消费者识别出其独特的品质、风格和经营理念。

品牌标志的新颖别致是指不同于其他品牌标志的设计风格、特点等，让消费者一看到该标志时就觉得与众不同。国内外许多成功的企业，皆是借助于新颖别致、不落俗套的商标图案来强化自己的竞争实力，从而引起人们的喜爱。

（四）信息传递原则

品牌标志代表着品牌形象，设计时须与企业紧密相连、共存并具有形象的延展性。也就是说，品牌标志形象信息的表达须有持续性、系统性。通过企业与消费者系统、持续地信息交流的过程，使品牌形象得以逐步建立。当然对其形象的设计还应具有时间的延展性，容易过时、陈旧的形象符号是不能与企业共存和发展的。品牌形象符号的应用扩展性也是很重要的，它涉及商品、用品和各类活动。一个能将形象运用到不同的环境，不同的材质都能完美展现它形象魅力的品牌标志，就是一个优秀的品牌形象标志。

在品牌标识设计中往往存在这样的误区，即过分追求图形的艺术性，高度抽象，而忽略大多数消费者的可识别性。另外，企业也可以通过设计内涵丰富、情意浓厚的标识，唤起消费者和社会公众美好的联想，从而使其备受青睐。为此，企业更应该重视情感品牌的建设，具体可以通过情感包装、情感名字、情感故事等要素来实现。这样可以让品牌标识“音、形、色、香、味”俱全，同时吸引更多的消费者形成情感的共鸣，进而产生品牌忠诚。

（五）设计原则

设计原则一般涉及平面工艺设计的美学原则，品牌标志的设计在线条及色彩搭配上应遵守对比鲜明、平衡对称的原则。对比是利用大小、形状、密度及颜色的对比，以增强可读性，更加吸引人们的注意力；平衡是指各要素的分布要令人赏心悦目，留下和谐的视觉印象。另外，品牌标识的设计还要清晰明确，隐喻象征恰当，采用象征寓意的手法，进行高度艺术化的概括提炼，形成具有象征性的形象。

四、品牌标识设计要素

品牌标识是由基本视觉识别系统和延伸视觉识别系统构成。其中基本视觉识别系统的要素包括标志物、标志色、标志性线条、标志字、标志性包装等，而延伸视觉识别系统包括辅助图形、吉祥物等。在这里主要介绍标志物、标志色、标志性线条和标志字等基本要素的一些设计要点。

（一）标志物

标志物能够有效克服语言和文字的障碍。图形和图案作为标识设计的元素，都是采用象征寓意标志物作为非语言性的符号，以其直观、精炼的形象诠释品牌理念，传达品牌风格，进行高度艺术化的概括提炼，形成具有象征性的形象。图形象征寓意有具象和抽象两种：具象的标识设计是对自然形态进行概括、提炼、取舍、变化，最后构成所需的图案。人物、动植物、风景等自然元素皆是具象标识设计的原型，采用何种原型取决于产品的特征和品牌内涵。常用的图形有太阳、月亮、眼睛、手、王冠等。抽象的标志设计则是运用抽象的几何图形组合传达事物的本质和规律特征。几何图形构成抽象设计的基本元素，“形有限而意无穷”是抽象设计的主要特征。

标志物设计通常包括以下三个步骤：

（1）标识的标准制图。通过严谨的制图，对于标识内部的构成和各个部分的比例做出严格的界定，保障其在后续操作中能够正确使用。

（2）标识的解说。使用文字对标识的设计理念和具体含义做出详细的说明，以保证后续操作者和阅读者能够正确地理解标志物。

（3）标识变形规范。为了扩大标识延伸应用空间，在不损害标识整体形象特质的前提下，对于标识中的关键造型和主题象征进行造型变化。

（二）标志色

色彩在标识设计中起着强化传达感觉和寓意的作用。色彩通过刺激人的视觉而传递不同的寓意。可口可乐标识的红底白字给人以喜庆、快乐的感觉；雪碧的绿色带给人们清爽、清凉及回归自然的遐想。色彩运用于品牌标识的基础是它能给人带来丰富的联想。不同的色彩带来不同的联想意义，常见的色彩与联想的意义如表 3－1 所示。

表 3－1　常见的色彩与联想的意义

色彩	正面联想意义	负面联想意义
白色	纯真、清洁、明快、洁白、贞洁	致哀、示弱、投降
黑色	静寂、权贵、高档、沉思、坚持、勇敢	恐怖、绝望、悲哀、沉默
灰色	中庸、平凡、温和、谦让、知识、成熟	廉价
红色	喜悦、活力、幸福、快乐、爱情、热烈	危险、不安、妒忌
橙色	积极、乐观、明亮、华丽、兴奋、欢乐	欺诈、妒忌
黄色	希望、快活、智慧、权威、爱慕、财富	卑鄙、色情、病态
蓝色	幸福、深邃、宁静、希望、力量、智慧	孤独、伤感、忧愁
绿色	自然、轻松、和平、成长、安静、安全	稚嫩、妒忌、内疚
青色	诚实、沉着、广大、悠久、智慧	沉闷、消极
紫色	优雅、高贵、壮丽、神秘、永远、气魄	焦虑、忧愁、哀悼
金色	名誉、富贵、忠诚	浮华
银色	信仰、富有、纯洁	浮华

资料来源：黄静．品牌管理［M］．2版．武汉：武汉大学出版社，2015.

（三）标志性线条①

人眼有建立完整图形和简化结构的本能。简约的形式能够更好地表现出画面美感，因此品牌标识设计当中运用线条、形状的首要目的，就是将其作为画面的主导线和基本形，组织各形象元素，建立起画面的秩序。当造型元素较多时，如果没有统一的线形结构，画面会显得杂乱无章。有了主导线形，就可以把诸多造型元素

① 丁桂兰，陈敏．品牌管理［M］．2版．武汉：华中科技大学出版社，2014.

组织成一个整体，并由此表现出形式的美感，传达出特定的意义和情绪。线条的抽象能力是和联想能力相辅相成的。具备了线条的抽象能力，就能够透过表象看到本质，透过杂乱发现美，因而也就可以通过联想创造美。以抽象出来的美的线条去象征、比喻具有相似性质的事物，从而为品牌标识的创造开辟一个新途径。一些线条和图形所代表的含义如表 3－2 所示。

表 3－2　线条和图形所代表的含义

线条和图形	代表的含义
直线	果断、坚定、刚毅、力量、有男性感
曲线或弧线	柔和、灵活、丰满、美好、优雅、优美、抒情、纤弱、犹疑、有女性感
水平线	安定、寂静感
垂直线	崇高、肃穆、无限、悲哀、宁静、激情、生命、尊严、永恒、权力、抗拒变化的能力
斜线	危险、崩溃、行动、冲动、无法控制的感情与运动
参差不齐的斜线	闪电、意外事故、毁灭
锯齿状折线	紧张、压抑、痛苦、不安
螺旋线	升腾、超然、脱俗
圆形	圆满、简单、结局、给人以平衡感和控制力
圆球体	完满、持续的运动
椭圆形	妥协、中和、不安定
等边三角形	稳定、中间、永恒

（四）标志字

标志字设计的文字样式在品牌传播中出现的频率极高，它们不仅持续传递着品牌多方面的信息，更以鲜明的文字个性和美感传达着品牌风格。标志字可以根据品牌传播的实际需要，选择手写字体、广告字体、印刷字体或者通用字体等。例如，可口可乐的英文标识采用了十分飘逸的手写字体，体现出流畅爽快的质感，十分契合可口可乐“冰爽”的特性。另外要特别强调的是，中文作为一种象形文字，字间的呼应、笔触的交接无不渗透着极高的艺术性，在图文的统一性上达到了很高的水平，对于这种独特文字魅力的开发和应用，还需要进行认真而严谨的考量。

知识拓展

品牌标识设计的现代主义风格和后现代主义风格

20 世纪以来，标识的设计风格先后经历了现代主义风格和后现代主义风格两个阶段。在商业传播中，现代主义文化强调对进步和未来的信仰，从工作中求得解放。后现代主义文化丢弃了等级，以个人的自我发展和自我统治为中心，强调个人的独立意志。

1. 现代主义风格

现代主义艺术风格盛行于20世纪初的欧洲，代表性人物有毕加索、蒙德里安等。现代主义风格的基本理念是：强调和谐统一，“简单就是美”“美在比例”“少就是多”，表现在设计行为上便是将装饰部分减少到最基本的圆、方和水平或垂直线等几何图形，但这种过于方正或圆滑的风格在视觉上缺乏美感。

2. 后现代主义风格

20世纪50年代产生了后现代主义的萌芽，到60年代逐步发展成熟。后现代主义风格的理念是：强调感官愉悦，随心所欲，漫不经心；注重的是暂时性、片刻性，不严肃，不经意，无关联性。20世纪80年代初，后现代主义风格运用到标识设计中，它摒弃了现代主义和谐统一的原则，不求明朗、利落、清晰单纯，追求包容、繁杂、模糊、暧昧，二单元并存而又不统一。采用后现代主义风格设计的标识呈现出一种有趣且丰富的复杂性，造成视觉上的多样性和活力，与现代人的审美观相匹配。

能力训练

同步测试

一、选择题

1. 品牌标志的设计应该遵循（　　）。

A. 营销原则　　B. 象征原则
C. 创意原则　　D. 设计原则

2. 优秀的品牌标志设计，应该体现（　　）。

A. 形象识别作用　　B. 沟通宣传作用
C. 传递精神作用　　D. 美化作用

3. 想体现品牌欢快、热烈的个性，可以选择（　　）作为主色调。

A. 白色　　B. 红色
C. 黄色　　D. 黑色

二、简述题

1. 请结合品牌标识的定义，对某一品牌进行说明。
2. 请列举品牌标识的作用。
3. 请结合某品牌相关资料，说明该品牌标志遵循了哪些设计原则。

三、案例分析题

小米科技：像白米饭一样不可缺少

谈到小米品牌，小米的相关负责人说了下面一番话：

成功的公司名字都很好听，名字起得很好。就像金山软件，有金山在家里还不好吗？今天再叫金山好像显得有点土。十几年前我们起的名字叫卓越网，我们还注册了整个卓越的商标。可是在今天看来，互联网不喜欢高、大、全，金山、卓越这些名字都高、大、全，不亲民。小米公司取名，是因为我们一个合伙人的太太说，你们能不能取白米饭这样的名字。说这样的名字，每天都见，喜闻乐见，公司才有机会。

公司要像白米饭，要像空气和水一样。我们原来计划叫大米公司，后来改叫小米了。我们从红米、黑米、蓝米、紫米挨个数了一遍，并且每个我们都去查了域名、商标，很复杂的一个过程，最后我们选了小米。为什么在众多米里，最终选了小米呢？因为小米还蕴含着“小米加步枪”，再次出征的意思。小米还蕴含着我们一个很重要的梦想，我们希望靠“小米加步枪”再次征战世界。小米虽小，却蕴含着很多不同凡响的东西。选了小米以后，遗憾在什么地方呢？小米的拼音外国人念不出来。我们还有一个巨大的工作，是教全世界人念什么是小米。

小米的标志图形设计，是移动互联网（Mobile Internet）首字母组合“MI”，也是“米”的拼音。标志图形 180 度倒转后近似汉字“心”，只是少了一点，意即“让用户省一点心”。简单亲切的名字加上简洁的拼音域名 xiaomi. com，对于流量有最大化的帮助。即便是一些很成熟的品牌，由于早期的考虑欠缺，往往没有在名字、标志和域名上做到“三位一体”的最佳优化，这样在搜索引擎和日常传播的流量上都有所损失。经验告诉我们，注册公司尽量别叫“××时代”“××无线”，因为这些通用名称还要加上辅助词才行。从确定成立公司起，我们就决定全力以赴把“小米科技”注册下来，同时保证把域名拿下，如果拿不下就不要干了。2014 年，小米正式开始进军国际市场。为此我们不惜重金买下了新的国际域名“mi. com”。当初拿下“xiaomi. com”我们花了几十万元，而这一次我们则是掏出了 360 万美元的真金白银。好处是“mi. com”更适合国际推广，更易于“Mobile Internet”概念的全球传播。

资料来源：黎万强．参与感：小米口碑营销内部手册［M］．2 版．北京：中信出版社，2018.

请尝试分析以下问题：

1. 小米公司的标志设计考虑了哪些原则？
2. 结合市场发展情况，你觉得小米公司的标志是否可以进一步改良？

技能训练

实训项目：掌握品牌标识设计的方法

一、实训目的

锻炼学生初步进行特定品牌标识设计的能力。

二、实训内容

1. 实训资料。自己提前设计一个有特色的品牌。
2. 具体任务。根据所掌握的标识设计方法，对自创品牌进行标识设计。
3. 任务要求：

（1）提前设定自创品牌的产品特色、延伸方向。

（2）了解品牌设计的思路和方法。

三、实训组织

（1）按实训项目将班级成员分为若干个小组，每个小组 6～8 人，采用组长负责制，组员合理分工，团结协作。

（2）相关资料和数据可以参考现有品牌及企业资料。

(3) 小组充分讨论，认真分析，形成小组的实训报告。

(4) 各小组在班级进行实训作业展示。

四、实训步骤

(1) 指导教师布置实训项目，指出实训的要点和注意事项。

(2) 各小组明确实训任务，制订执行方案，请教师指导通过之后执行。

(3) 小组成员分工明确，广泛收集资料和数据。

(4) 由专人进行资料的汇总，记录明确。

(5) 各小组讨论形成核心思想，归纳要点，形成讨论稿，完成实训报告。

(6) 各小组展示实训作业，互评成绩。(理论运用、资料翔实、文字表达占 60 分，小组代表的语言表述方面占 30 分，团队协作和报告形式方面占 10 分)

(7) 指导教师进行综合评定和总结。

第四节　品牌包装设计①

案例导入

无包装，不品牌

俗话说“人靠衣装”，品牌亦是如此。随着产品的同质化，商品厂家需要考虑如何才能够吸引消费者。著名的杜邦定律指出，63%的消费者是根据商品的包装进行购买决策的。正因为如此，现在的市场经济被称为“眼球”经济，只有引起了消费者的注意，品牌才能被消费者接受，产品才能被消费者购买。包装决定着消费者购买与否的消费动机。因此，企业必须高度重视产品包装在品牌建构中的重要作用。

《韩非子·外储说左上》中记载着一则“买椟还珠”的故事：“楚人有卖其珠于郑者，为木兰之柜，薰以桂椒，缀以珠玉，饰以玫瑰，辑以翡翠。郑人买其椟而还其珠。此可谓善卖椟矣，未可谓善鬻珠也。今世之谈也，皆道辩说文辞之言，人主览其文而忘有用。”从某种意义上来讲，正是精美的包装效果，成功地引起了消费者的关注，并使之产生了消费冲动，假如这颗珍珠被放在一个破纸包中，珍珠再珍贵，大概也不会有人问津。

资料来源：周越．包装品牌塑造与促销设计［M］. 北京：印刷工业出版社，2009.

思考：

1. 什么是品牌包装？
2. 品牌包装有哪些意义？

---

① 周越．包装品牌塑造与促销设计［M］. 北京：印刷工业出版社，2009.

一、品牌包装设计的含义

美国著名营销专家菲利普·科特勒说过：“包装是指设计并生产容器或包裹物的一系列活动，这种容器或包裹物被称为包装。”由于大型超市自助消费、网络购物等消费形式层出不穷，产品的包装显得越来越重要，包装已成为强有力的营销手段。设计良好的包装能为消费者创造方便价值，为生产者创造促销价值。

二、品牌包装设计的作用

在市场营销中，包装已成为商品不可缺少的组成部分，在促进产品销售方面起着重要作用。

（一）包装是一种销售力

在商品极大丰富的今天，消费者对每件产品的关注时间非常短暂，产品销售必须抓住消费者的目光从货架扫过的一瞬间。包装只有综合利用颜色、造型、材料等元素，同时表现出产品、品牌等企业的内涵和信息，突出产品与消费者的利益共同点，对消费者形成较直观的冲击，才能影响到消费者对产品和企业的印象，使产品醒目，从而有效地吸引消费者。产品的包装首先表现为销售力，承担着吸引消费者的主要功能。

（二）包装是一种沟通力

“买椟还珠”之所以被当成一个笑话，表明“椟”的包装功能发生了偏差，虽然成功地吸引了消费者，但包装的核心却没有突出表现产品（珍珠），这样的产品包装同样也是失败的。产品包装需要让消费者看到包装后，能够完全了解产品的功能与特性。产品的包装不能仅仅要求设计漂亮，更要把产品的功能、特点恰如其分地表现出来，其在消费者面前所表现出的沟通力的大小，直接影响着一个产品市场表现情况的好坏。

（三）包装是一种品牌力

现在的品牌消费，更多的是个性化消费。消费者购买商品不单纯为了满足自己的物质需要，而更看重商品能给自己带来的个性满足和精神愉悦，这在感官上要靠包装来表现。包装是企业品牌希望带给消费者的最直观感受，不同产品包装之间的差异以及表达出来的品牌内涵，直接引导消费者的消费欲望。假如内涵没有表现或者是表现不突出，消费者听到、看到包装没有产生联想，品牌就会成为无源之水。

（四）包装是一种文化力

包装的核心不仅要体现在外观形象上，更重要的是要显示出个性与亲和力之间的融合，把所承载的文化有效地展现出来。例如在饮料品牌的推广中，由于不同品牌的饮料特色很难加以区分，因此各个厂家纷纷采用包装来吸引消费者。

（五）包装是一种亲和力

产品包装就是以消费者为中心，满足消费者不同的需求，同时给消费者带来亲和力。例如，在重大喜庆节日的时候，很多品牌会推出以“中国红”为主色调的节日装，以此烘托氛围。

可以发现，包装在品牌营销的过程中发挥着重要的作用，不仅是产品的“容器”，更是品牌内涵的外在表现，是品牌营销战略的关键一环。

三、产品包装设计的原则

在对产品进行包装设计时，必须遵循如下几个原则。

（一）信息传递原则

世界各国一般都对产品包装上应标识的内容有明确的规定，如生产日期、重量、保质期等，企业都应如实注明。包装上的文字、图案、色彩均应与商品的特色和风格相一致。包装应该真实、准确地反映产品信息，包装物上的说明、彩色图片等应与商品情况相一致，切忌夸大商品的性能、质量。例如，某些健身辅食产品在包装上虚标食品热量的信息，夸大减脂增肌功能，这不仅会引致消费者反感，也可能造成不必要的法律纠纷。

（二）实用性原则

产品包装首先要能够保护产品，保持产品数量。要根据产品的不同性质和特点，如固态、液态，笨重，易燃、易碎，贵重、精密等选用包装材料、包装强度、包装方法等，还必须适合产品的物理、化学、生物性能，保证产品不损坏、不变质、不变形、不渗漏等。例如，饼干、糕点的包装要保证产品不变形，饮料、酒水的包装要保证产品不渗漏。

另外，为了方便用户和满足购买者的不同需要，包装的容量和形状应当多种多样。例如，包装的容量要考虑到储存、陈列、携带和使用的方便；啤酒的酒瓶大多为柱体，很少见正方体或球体。

（三）便于保管、陈列与展示的原则

销售包装一般要排列组合成运输包装，即销售包装的造型结构、尺寸大小，应与运输包装的要求相吻合，以便运输和储存。

包装应充分展示商品，通过逼真的彩色照片，或者用全透明、开天窗等方式直接展示商品，方便消费者选用。

（四）美观大方的原则

销售包装具有美化产品、宣传产品的作用。因此，包装造型要美观大方、图案生动形象，不落俗套，不模仿他人，不与其他品牌的包装雷同，尽量采用新材料、新图案、新形状，使人看后得到一种美的享受。

（五）匹配性原则

包装与产品应该表里如一，既要防止“金玉其中，败絮其外”，更应防止“金玉其外，败絮其中”。包装应符合产品用途、价值的定位。

包装物的价值应与商品的价值相匹配。比如，高级珠宝应配以高档包装，以烘托商品的名贵。如果包装物的价值超过商品本身的价值，则会引起消费者的反感，直接影响销售。

包装物应该符合目标市场的定位和需求。进入目标市场的产品包装要考虑各个国家和地区的储运条件、分销时间的长短、气候状况、消费者偏好、销售条件、环境保护、风俗习惯、审美观、收入水平及各国的法律规定等。

（六）巧用色彩原则

在商品包装设计中，色彩的运用十分重要，这是因为不同的色彩能引起人们不同的视觉反应，从而引起不同的心理活动。例如，黑色、红色、橙色给人以重的感觉，绿色、蓝色给人以轻的感觉，所以笨重的物品宜采用浅色包装，会使人觉得轻巧、大方；食品饮料类的物品多采用鲜艳的色彩包装，会给人以天然、纯净的视觉感受。

（七）内涵性原则

在商品包装的造型、体积、重量、色彩、图案等方面，应力求与消费者的个性心理相吻合，取得包装与商品在情调上的协调，使消费者在某种意象上去认识商品的特质和内涵。

（八）创新性原则

随着社会现代化进程的推进，人们的生活方式、行为方式和审美都在发生变化。因此，塑造品牌形象，丰富品牌内涵，都要求产品包装必须创新，尤其是大量开始走向世界市场的品牌，缺乏创新就意味着失去获胜的机会。产品包装创新应该根植于民族文化，应该符合市场的民俗和民族习惯；产品包装的设计应该有一定超前理念；产品包装所选用的材料应该有一定创新，且绿色环保。

四、包装与品牌营销策略

根据消费者行为理论，所有购买决定对消费者而言都是有风险的，为规避或减少风险，消费者倾向于购买比较熟悉且值得信赖的品牌。因为消费者不可能深入公司了解产品，那么包装便是消费者购物过程中了解产品的最直接渠道。在一般性购买过程中，消费者首先是审视包装，通过包装感知被包装物。消费者对品牌的最初感知，就是包装图案中的商品图片、文字和背景的配置。产品包装对消费者的刺激较之品牌名称更具体、更强烈、更有说服力，并往往伴有即时性的购买行为。同样一种产品，不同的外形、包装与商标，能唤起消费者不同的购买欲望。由此可见，包装直接成了产品形象具体化、标识化的外在形式。

包装不仅仅是一个图案设计，而是把产品的概念、产品的销售主张转化为视觉形象，通过视觉又能够感受到概念，创造出既具有商业价值，更兼有艺术价值，用生动具体的感性形象表现出来，促使主题思想深化，从而达到准确传递企业信息的目的。适当的包装对消费者积极购物的促进作用十分明显。好的包装能够给消费者带来新鲜感、高贵感、便利感、艺术感、直观感、信任感。

在包装整合营销中，包装设计师可以采用差别包装策略来满足不同消费者的需求，在商品包装的造型、体积、重量、色彩、图案等方面应力求与消费者的个性心理相吻合，取得包装与商品在文化内涵上的统一，使消费者对品牌有初步的感观了解。例如，女性用品的包装要柔和雅洁、精巧别致，突出艺术性和流行性；男性用品的包装要刚劲粗犷、豪放潇洒，突出实用性和科学性；儿童用品的包装要形象生动、色彩艳丽，突出趣味性和知识性，以诱发儿童的好奇心和求知欲；青年用品的包装要美观大方、新颖别致，突出流行性和新颖性，以满足青年人的求新心理和求异心理；老年用品的包装要朴实庄重、安全方便，突出实用性和传统性，尽量满足老年人的求实心理和习惯心理。

包装要用色彩传播品牌价值。商品色彩富有美感，是构成商品价值和审美价值的一个重要方面，也是评价商品质量的主要因素之一。商品包装上的色彩被赋予特殊的作用，能对人的心理产生巨大影响，被看作是最具魅力的表现手段。它可以左右人的情感、情绪和行为，引起人们的购买欲望，促进消费者的购买行动。商品包装色彩宜人，才能获得顾客的青睐。美国宝洁公司在中国市场上推出三大洗发水品牌——飘柔、潘婷和海飞丝，每一个品牌都被赋予了鲜明的个性。“飘柔”——使头发光滑柔顺；“潘婷”——为头发提供营养保健；“海飞丝”——头屑去无踪，秀发更出众。为了突出鲜明的个性，这三种洗发水的包装都采用了适当的色彩：“飘柔”的草绿色包装给人以青春的感受，并使人产生柔顺的感觉；“潘婷”杏黄色的包装给人以营养丰富的视觉效果，突出其“从发根渗透至发梢，使头发健康亮泽”的营养型个性；“海飞丝”采用海蓝色，让人联想到蔚蓝的大海，产生清新凉爽的视觉感受，突出产品的去头屑功能。

知识拓展

品牌口号设计

品牌口号是指企业为了实现与目标公众之间的有效沟通而推出的一种高浓缩理念和核心思想的信息载体，是品牌的主张或承诺。如福特主张“进无境”，安踏主张“永不止步”（Keep Moving），耐克主张“想做就做”（Just Do It）。这些信念主张与许多消费者的价值取向契合一致，引起消费者对这些品牌产生同理心和认可。

品牌口号通常是一个短句或词组，有了这样一个短句，抽象的品牌内涵更易传递出来，尽管品牌名称和品牌标识都能在一定程度上传递和表达品牌内涵，但品牌口号因其借助于语言，可以将品牌内涵更简单更直白地表达出来。许多人认为品牌口号就是广告语或广告口号，其实这是一种误解。产生这种误解的原因在于，大部分情况下，品牌口号确实是通过广告传播的，有时企业也会直接拿品牌口号做广告语，但两者实际上有很大的区别。品牌口号代表了品牌所倡导的精神，具有深刻的内涵，是长期的宣传口号。而广告口号则可以是短期的行为，在大部分情况下，广告口号致力于产品本身，强调产品的功能以及效果。

例如，脑白金的“今年过节不收礼，收礼只收脑白金”、恒源祥的“恒源祥，羊羊羊”等，这些都属于广告语，它们反映了产品的特色和利益，却不能表达和传递品牌精神，当这些品牌旗下的产品延伸到其他领域时，这些口号就不再适用。而品牌口号，如美国通用（GE）的“梦想启动未来”、飞利浦的“让我们做得更好”、福特的“活得精彩”、海尔的“真诚到永远”等，都是将品牌的精神和价值主张直接表达出来，而不是对旗下某个产品性能和特点的宣传和描述。

资料来源：席佳蓓．品牌管理［M］．南京：东南大学出版社，2017.

管理实践

品牌包装设计的形式与方法

下边列举两种品牌包装设计的方法。

一、定位设计法

“定位（Positioning）”设计概念于1969年首次提出，一时成为商业设计和销售领域的热门话题。如今包装设计、广告设计、时装设计都运用了这一概念，并取得了成功。

所谓包装品牌定位设计法，是指从包装商品的属性、档次、销售地区、购买对象出发确定设计的主要因素和格局。通过产品的定位，激励消费者，确立特性，在竞争中取胜。定位一般分为三种：消费者定位、商品定位、品牌定位。

1. 消费者定位

消费者定位主要考虑此商品卖给谁，分析商品销售的主要地区，销售对象的特点、爱好、心理习惯，应让消费者感觉到此商品正是为其需要而生产的。具体即针对消费者的居住地域、社会层次、心理因素，设计出在造型、图样、色彩、款式诸方面适销对路的商品及其包装。

2. 商品定位

商品定位主要考虑商品的种类、属性、特色、适用范围、时效、档次、用途等，并着重于其中某一项因素进行设计强化。

3. 品牌定位

品牌定位主要考虑销售者或生产者，使此商品与厂家紧密相连，在消费者心中树立企业及商品的良好形象。品牌定位要求商标牌号与属性相适应，易认易记，色彩与图形力图独树一帜，表达某种形象联系。在多数情况下，每一件包装设计应突出一个重点方面，或称焦点（Focus），即在消费者、商品、商标牌号的定位中有所侧重，勿面面俱到，否则会使设计烦琐而凌乱，主题不明，无强烈视觉冲击力。

二、品牌系列化包装设计法

品牌系列化包装设计是当代国际包装设计较流行的手法，系列化包装的出现及发展，充分符合广大消费者的审美心理。现代企业，尤其是跨国公司都把系列化包装设计作为有力的武器，以强化树立厂商的“自我形象”。系列包装的优点是：整体效果佳，可辨识性好，有较持久影响力，可缩短产品的设计周期，便于各地分公司作设计方案传递。

商品的多样化使包装发展呈多样化。系列化包装设计可以把同一商标品牌、不同种类或不同规格的产品用共性特征统一设计。

现代市场商品众多、牌号林立，消费者难以记住牌号名称和外观特征。在此情况下，以商品群为单位的系列化包装设计的确是一种好方法，它给人的印象深刻而强烈，是一种创立名牌、吸引顾客和促进销售的强有力的手段。

能力训练

同步测试

一、选择题

1. 对于品牌营销而言，品牌包装设计是（　　）。

A. 销售力　　B. 识别力　　C. 文化力　　D. 亲和力

2. 很多产品会按照目标市场的文化习俗设计品牌，这体现了品牌包装设计的（　　）原则。

A. 信息传递　　B. 实用性　　C. 匹配性　　D. 巧用色彩

3. 饮料瓶的形状大多为柱体，体现出品牌包装设计的（　　）原则。

A. 信息传递　　B. 实用性　　C. 匹配性　　D. 美观大方

二、简述题

1. 简述品牌包装的含义。

2. 试分析品牌包装与包装物的区别。

3. 简述品牌包装设计的作用。

三、案例分析题

台北“故宫博物院”的“中国红”产品设计

色彩在包装设计中占有举足轻重的地位。“中国红”就是这样一种伴随中华民族历史沿袭、发展、逐渐形成的极富民族特色和政治特色的色彩。国内品牌包装设计中的“中国红”，大多指的是一系列“中式”红色的统称，如大红、朱红、紫红、绯红、酒红、枣红、桃红、海棠红、石榴红、樱桃红、胭脂红等。

台北“故宫博物院”的文化创意产业——“朕知道了”纸胶带大受欢迎，一上市便很快售罄。简单的四个大红色楷体字霸气十足，这正是康熙皇帝真迹的复制品——因康熙在批阅奏折时最爱在文末朱批“朕知道了”“知道了”，所以台北“故宫博物院”将其霸气字迹与纸胶带相结合。这种将传统文化与现代流行时尚和民众的兴趣点相结合的例子给予我们很大的启示：“中国红”的运用既要立足于中国传统文化，又要满足现代中国人的心理需求。

2006年台北“故宫博物院”与意大利著名设计品牌阿莱西合作推出的“old is New 时尚故宫”系列，通过创意将古代人物转化为时尚商品——以乾隆皇帝和皇后为原型的时尚人偶计时器、憨态可掬的人偶椒盐瓶等，这些着黄穿红的玩偶对消费者产生了不可抗拒的吸引力：有谁不想在家中摆上这么一对富有创意的小物件呢？

资料来源：孙岚．浅谈“中国红”在国内品牌包装设计中的应用及再思考［J］．设计，2014（02）：116－117.

请尝试分析以下问题：

1. 台北“故宫博物院”的“中国红”包装在品牌推广过程中起到了什么样的作用？

2. 你认为在中国品牌产品设计中，可以展示哪些传统文化元素？

技能训练

实训项目：掌握品牌包装设计的方法

一、实训目的

锻炼学生能够初步进行特定品牌的包装设计。

二、实训内容

1. 实训资料。自己提前设计一个有特色的品牌。

2. 具体任务。根据所掌握的标识设计方法，对自创品牌进行包装设计。

3. 任务要求：

（1）提前设定自创品牌的产品特色、延伸方向。

（2）了解品牌设计的思路和方法。

三、实训组织

1. 按实训项目将班级成员分为若干小组，每个小组 6～8 人，采用组长负责制，组员合理分工，团结协作。

2. 相关资料和数据可以参考现有品牌及企业资料。

3. 小组充分讨论，认真分析，形成小组的实训报告。

4. 各小组在班级进行实训作业展示。

四、实训步骤

1. 指导教师布置实训项目，指出实训的要点和注意事项。

2. 各组明确实训任务，在教师的指导下制订方案并执行。

3. 小组成员分工明确，广泛收集资料和数据。

4. 由专人进行资料的汇总，记录明确。

5. 各组讨论形成核心思想，归纳要点，形成讨论稿，完成实训报告。

6. 各小组展示实训作业，并互评成绩。（理论运用、资料翔实、文字表达方面占 60 分，小组代表的语言表述方面占 30 分，团队协作和报告形式方面占 10 分）

7. 指导教师进行综合评定和总结。

第五章

品牌营销

知识目标

1. 学习品牌整合营销传播的理论内涵和传播策略。
2. 理解品牌社会化媒体传播的理论内涵和传播策略。
3. 掌握品牌跨文化传播的理论内涵和传播策略。

技能目标

1. 能够结合企业实际，运用整合营销传播理论，开展品牌传播活动。
2. 能够结合企业实际，运用社会化媒体传播理论，开展品牌传播活动。
3. 能够结合企业实际，运用跨文化传播理论，开展品牌传播活动。

素养目标

1. 通过本章的学习，提高对品牌营销的解读和鉴赏能力。
2. 通过本章的学习，树立正确的品牌营销价值理念。

第一节　品牌营销策略

案例导入

拼多多病毒式营销模式分析

当前“互联网+”引领虚拟经济时代的到来，传统以宣传、促销为主的线下营销模式日渐显现出渠道收窄、顾客流失的弊病，以病毒式营销为代表的网络营销逐渐成为主流模式，可对消费者行为产生潜移默化的影响，相应地对企业营销模式、营销方法的创新提出了现实要求。拼多多作为一家2015年成立的电商企业，凭借其独有的病毒营销策略与“社交+电商”C2B模式打破行业内部的寡头垄断格局，仅耗时3年便成功在美国上市，由此可见其营销模式具有较强的借鉴意义。

一、营销模式分析

（一）拼团模式

拼多多主推拼团购买方式，利用低于平台均价的团购价格吸引消费者，由消费者向好友或其他用户发起拼团购买模式，拼团成功后将以极具优惠的团购价格购买商品，而拼单失败后也可由系统自动退款，保障消费者利益。

（二）现金领取

在拼多多软件中设有“分享好友提现红包”活动，当消费者将链接分享给一定数量的好友且赢得好友点击助力后，即可获得平台奖励金。该模式主要利用了消费者的好胜心理，引导消费者持续付出时间和精力、运用社交资源，其本质为消费者与自身心理的博弈。

（三）助力砍价模式

拼多多采取的病毒营销策略的核心在于反向营销，依靠前期在社交媒体平台上投入成本与精力进行营销信息的传播，吸引消费者进入平台、激活潜在消费意愿，而后期则主要运用消费者自身的人际关系网络拓宽营销渠道，借助消费者间互相助力砍价的方式挖掘客户群体、扩展营销受众，促使营销信息实现辐射状传播与发散。

二、消费者购买行为分析

（一）消费者性别分析

拼多多用户群体中女性占比达73%，消费者年龄多分布在小于24岁、25～30岁、31～35岁区间内，具有一定的经济来源、消费需求较大，且在消费观念上追求经济实用。

（二）拼多多用户地域分析

考虑到拼多多进入市场时间较短，电商市场已形成以淘宝、京东为主导的格局，因此拼多多将目标群体视角由一线城市调整为二、三、四线城市，这些城市经济发展水平虽稍逊于一线城市，但消费市场较大，消费需求旺盛，消费者多追求低价高质。

（三）消费者定位

针对消费者选择拼多多的理由进行调查，有40%的消费者认为价格优惠是吸引其在平台购物的主要原因，也有21%的用户对于拼团购物模式的接受度较高，从中可看出低价营销、熟人经济对于消费者具有较强的吸引力。

资料来源：汤红瑶．基于消费者行为理论下的病毒性营销分析——以拼多多为例［J］．营销界，2020（12）：14-15.

思考：

1. 拼多多的品牌营销是怎样的？
2. 品牌营销都有哪些方式？

对品牌营销策略的研究，是为了提高企业品牌营销的效率和成功率。品牌营销战略关系到品牌兴衰成败，是企业品牌营销提纲和方略。尽管品牌营销战略是如此重要，然而在市场实践中，似乎并没有引起企业的广泛重视，许多企业热衷于开发新品、大做广告，拼命造势，却很少对品牌的建设方向和营销策略进行思考。如果缺乏品牌营销的整体、长远和系统思路，无疑是对品牌资源的极大浪费。

品牌营销战略在思想层面有两个重要观点：一是应该把公司各个品牌作为一个投资组合来管理，以形成品牌的战略布局，实现品牌的风险对冲；二是要使品牌在消费者的心目中占据有利竞争地位，从而在市场上获得有利的竞争地位。对此，品牌结构战略和品牌定位战略成为品牌营销战略的重要组成部分。

一、品牌结构战略①

品牌结构战略所言的结构是多方面的，包括品牌和产品的结构关系，不同品牌之间的层次结构，品牌与组织架构之间的对应，品牌与分布区域之间的联系等。

（一）品牌-产品矩阵

如图5-1所示，品牌-产品矩阵代表了一个公司拥有的全部品牌和产品。横向的1，2，…，n代表了产品种类，纵向的A，B，…，M代表了企业拥有的品牌。

矩阵的横排表明了品牌对产品的关系及品牌扩展战略。一条横向的品牌线表明，在A品牌下有从1至n个产品构成了A品牌线。同一企业提供的一系列品牌线被称为品牌混合（Brand Mix）。在实施品牌扩展战略时，企业要权衡A品牌的认知度、品牌力度、亲和性是否能够有力地推动产品n以及产品n是否能够进一步在消费者中加强母品牌A的品牌资产。

矩阵的纵列表明了产品对品牌的关系及品牌组合战略。一条纵列可能成为一个品牌组合，表明企业可以用多种品牌（A，B，…，M）来提供同一类产品满足市场不同细分下的消费者需求。在一个品牌组合中，不同的品牌可能发挥不同的具体作

① 余明阳，杨珊珊．品牌营销管理［M］．武汉：武汉大学出版社，2008.

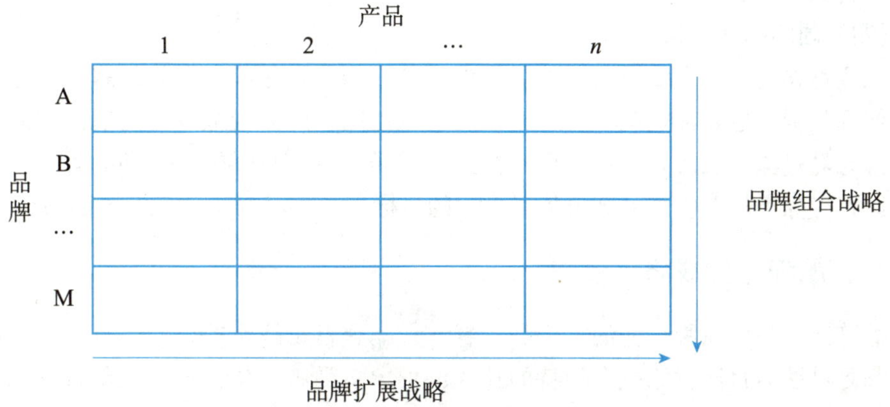

图 5-1　品牌-产品矩阵

用。例如，防御性品牌可以用来保护企业更有价值的其他品牌，低端品牌可以用来拓展企业面对的消费者范围，高端品牌可以用来加强其所在的整个品牌线的价值。

所有品牌组合决策的基本原则是使每个品牌都具有自己最清晰的定位，能够实现为消费者承诺的利益，并在消费者的脑海中留下品牌应该具有的联想信息。

（二）不同品牌层级架构

通过辨别企业出售的不同产品的品牌命名间的层级关系，我们可以辨析出一个企业所实施的品牌战略。凯文·莱恩·凯勒（Kevin Lane Keller）将品牌层级分为：公司品牌、家族品牌、个体品牌和修饰品牌。

公司品牌在企业的品牌战略中发挥最重要作用的时候，公司品牌形象就成为最值得关注的问题。

家族品牌类似于公司品牌，被应用于几种产品系列中，但家族品牌与公司品牌不同的地方在于：家族品牌可能不同时是公司品牌。家族品牌也被有些学者称为伞状品牌或范围品牌。当产品差异日益增加，单一的公司品牌无法关联到如此多的差异产品时，公司品牌就不是最佳的品牌选择了。而不同的家族品牌，可以在特定的环境下激发消费者对于相关产品的联想，很好地把品牌的共性和产品的差异性结合起来。

个体品牌只能够被限制使用在单一的产品系列中，即使一个产品系列中存在多种品牌型号、包装和口味。个体品牌进入市场的独立运作过程不会为企业其他品牌带来不良影响，但公司为个体品牌在市场上建立新的品牌资产也是一项复杂、充满挑战性的工作。

修饰品牌在区分不同型号的产品时是十分必要的。增加修饰品牌通常能够表明产品进行了某种改良和发展。例如，柯达胶卷的品牌命名中有柯达 100、柯达 200 和柯达 400。

（三）品牌与组织架构

根据大卫·阿克（David A. Aaker）的定义，品牌构架是品牌组合的组织结构，它明确了各品牌的作用和品牌间的关系本质。正如建筑师面对房屋、建筑、城市，要进行布局和结构安排一样，负责品牌战略的营销经理也同样要面对品牌布局和构架的问题。

(四) 国际品牌构架

企业首先要确定需要强调何种级别的品牌，如公司品牌、家族品牌、个体品牌还是修饰品牌，还要确定某种品牌运营的地域范围、产品线范围等问题。国际品牌架构没有经过深思熟虑，企业就很难在国际市场上建立较强的公司和品牌身份，从而难以在国际市场上实现品牌价值最大化的目标。

二、品牌定位战略

品牌定位是对品牌价值的定义和解释，是品牌营销战略的核心。每一个品牌的定位都是试图为自己树立一个独特的持久的形象。品牌定位旨在建立新秩序，确立新价值，从更长远的角度实现长久占领市场的目标。品牌定位决定着品牌特性以及品牌未来发展的动力。在品牌定位的前一阶段，要初步确立它的目标市场和竞争优势，而在品牌定位的后一阶段，要进一步确定以何种方式向目标市场传达这种竞争优势，制作出能被目标消费者接收和接受的信息，从各种渠道传送给目标消费者。在这种信息中突出什么内容，主要用哪些方式发布这种信息，意味着品牌定位的不同策略。从下面的分析中我们可以看到，品牌怎样用言简意赅的方式打动消费者。

(一) 产品特点为导向的定位

顾名思义，这种品牌定位策略将聚光灯打在产品的某项鲜明特点上。比如“白加黑”感冒片就定位在同时拥有白、黑两种片剂，在不同时段分别服用的产品特点上。一般感冒药什么时候都是吃一种，而“白加黑”的“白天吃白片，不瞌睡，晚上吃黑片，睡得香”，正好解决了人们一般担心在白天吃感冒药会打瞌睡影响工作效率的问题。不过这种定位方法并不一定能长期奏效，因为某项新创的产品特点很容易被其他品牌模仿。但作为这种产品特点的首创者，或一贯的大力实践者，有可能在消费者心目中成为这种产品特点的代表，把特色长期地保持下去。

(二) 因果关系为导向的定位

这是一种一把钥匙开一把锁的策略，宣称一种产品就是为解决生活中的一个问题而设计的。当同一类产品中挤满了各种各样的品牌时，可以用这种策略“擦肩而过”，显示自己术业有专攻。以洗衣粉为例，宝洁公司相继推出“汰渍(Tide)”“快乐（Cheer)”“波尔德（Bold)”“德莱夫特（Dreft)”“象牙雪（Ivory Snow)”“伊拉（Era)”等 9 种品牌，但它们因为能解决不同问题而互不重复。“汰渍”去污彻底，“快乐”洗涤并保护颜色；“波尔德”用于洗涤柔化布料，“德莱夫特”适合洗涤婴儿衣物；“象牙雪”去污快，“伊拉”能去除油漆等顽固污渍等。

(三) 竞争为导向的定位

这项以竞争者为基点选择界定品牌自身的策略有很多著名案例。这种定位策略和前面的两种采用同一套产品评价指标，都是为了表现本品牌产品的长处。前两种是从正面宣告，这一种则是用竞争者没有来反衬。

（四）目标市场为导向的定位

这种品牌定位策略并非只是简单重复定位思路中选择市场的哪一块为目标消费者，而需要从更深层次把品牌与特定消费者的生活形态、生活方式等方面联系起来。这就要求品牌在各方面都做到与之相称，追求细节完美，不会有前后矛盾的地方。定位在普通民众阶层的产品一般不能包装豪华、价格昂贵。

（五）利益为导向的定位

这是在同类产品品牌太多、竞争激烈的情况下可以采取的另一种策略。通过突出各自能为消费者带来哪些利益来避免雷同，使消费者能按自身偏好和对某一利益点的重视程度，将不同品牌在头脑中排序，置于不同位置，在有相关需求时更迅速地选择商品。这些需求不仅仅是为了解决某一实际问题，而且几乎能满足人们从低到高各种层次的需求。比如，在汽车市场上，沃尔沃（Volvo）强调“耐久安全”，马自达（Mazda）宣传“可靠”，可满足人们对安全的需要，菲亚特（Fiat）定位“精力充沛”，能满足人们自尊和受尊的需要。

（六）情感为导向的定位

美国市场营销专家菲利普·科特勒（Philip Kotler）认为，人们的消费行为变化分为三个阶段。首先是量的消费阶段，然后是质的消费阶段，最后是感情消费阶段。在第三阶段，消费者最看重的是品牌与自身的关联程度，会选择那些能满足自己某种情感渴求，或正好与理想自我概念相吻合的品牌。顺应消费心理的变化，实施恰当的情感定位，可以引起消费者的共鸣。

品牌定位还有一些其他策略，这里不再一一赘述。但不管是哪种策略，在使用时一般都会面对两个问题：如何将不同的定位策略结合起来使用；如何在不同的策略与策略组合中寻找理性价值和感性价值的平衡点。

三、品牌营销策略

明确了企业的品牌结构和品牌定位后，还需要合理地制订和实施营销计划，以期在消费者最易于接受的时间和地点去打动他们。一定要明确的是，品牌营销战略计划是多方面整合的过程。推动营销战略成功的重要因素是值得关注的，并且需要在制订计划的过程中予以考虑。

（一）产品设计

推动品牌营销战略成功的第一个重要因素是成功的产品设计，它能够有效地巩固品牌在消费者心目中的地位。优秀设计遵循以下七个基本准则：

（1）有关联的：设计必须反映出品类与消费者相关的、能够表现品类独有的形象和特点的信息。

（2）独特的：设计必须能够表现出品牌独一无二的特点。

（3）印象深刻的：设计必须用产品最激动人心的特质去激发消费者的记忆。

（4）连贯的：设计需要超越不同的产品形式和媒体介质，甚至超越时空。

（5）柔性的：设计必须适应多样化的产品和不同的媒介，给品牌将来可能的改变留有足够的空间。

(6) 紧跟时代的：设计必须跟上时代的脚步，但并不意味着赶时髦。

(7) 易于传播交流的：设计必须有清楚的传播概念，确定首先需要传达的产品特性。

(二) 价格策略

推动品牌营销战略成功的第二个因素是价格策略，合理的定价是让品牌价值得以实现的基础。通过以下三种基本的方式，我们能够更好地实施价格策略：

(1) 发掘：了解什么是最能够吸引和刺激消费者去花更多的钱在某品牌上的因素。

(2) 转换：从不同的角度对定价进行思考。

(3) 重组：针对一个已经存在于市场的品牌，重组价格是最容易获得成效的方式。

在许许多多的行业中，日益激烈的市场竞争很容易使企业陷入“竞争旋涡”而不能自拔——“仅靠价格生存和竞争，也必然因价格而灭亡”。

(三) 广告促销

能够推动品牌营销战略成功的第三个手段是广告促销，品牌能够通过适当的广告战略提升市场份额。能够促成品牌成功的广告除了能够清楚地传播品牌信息之外，还必须具有以下 4 种独特性：

(1) 品牌利益的独特性：承诺品牌要为消费者提供的体验是其他品牌所不能提供的，同时也是消费者真正需要的。

(2) 情感或者外延利益的独特性：品牌承诺的情感或者其他的外延利益，也是其独一无二的特性所在。

(3) 品牌人格的独特性：通过广告表现出品牌的拟人化的独特性。

(4) 原因的独特性：让每一个消费者都能够认可品牌独特性的原因。

(四) 媒体投放计划

推动品牌营销战略成功的第四个因素是合理的媒介投放计划，它是有关营销手段在什么时间什么地点以什么方式和什么对象进行沟通的计划，主要包括了平面媒体（报纸、杂志、专刊）、电子媒体（电视、广播）、户外媒体（户外广告牌、交通工具广告）、网络媒体（各种形式的互联网广告）、新兴媒体（如手机广告、各种分众媒体等）。合理制订媒介计划有以下要求：

(1) 地域性/季节性考虑：是否在某些国家或地区需要更多的信息传播；是否在某些特定时间需要传播更多的信息。

(2) 覆盖的频率：广告一次性覆盖更多的潜在消费者通常比多次覆盖少量的消费者更恰当。

(3) 连贯性与浮动性：连续地播放广告通常比断断续续地投放广告更有效。

(4) 整体的广告状况：区域性的、全国性的媒介差异和文化差异都需要予以考虑。

(五) 窄众传播与第三方营销

推动品牌营销战略成功的第五个因素是针对最重要的消费者群体或者个人的传

播与第三方营销。窄众传播有以下 6 个机会点：

（1）直邮（包括纸质和电子信件）。

（2）进入点营销（在消费者经历重要的生活改变，需要购买新的产品时）。

（3）通过因特网。

（4）当消费者在商店进行购买活动的时候。

（5）当消费者对一个新的想法产生兴趣与冲动的时候。

（6）通过组织消费者参与活动。

以上机会点及其他机会点若能结合使用，会使传播更有效率。

通过第三方营销来接近目标消费者群体，能使消费者更容易受到品牌的影响。第三方营销的手段有如下几种：

（1）影响者营销：运用可信的第三方去影响消费者的决定（例如专家、专业机构证明等）。

（2）扩散：通过口头传播来增加产品的影响力，从早期使用品牌的人开始传递信息。

（3）公众和外延关系：通过新闻媒介或者其他公共关系来传递信息。

（4）联合营销：与外界组织联合起来开发市场（例如开设论坛等）。

在确定品牌结构战略和品牌定位战略的基础上，把握以上推动品牌营销战略成功的 5 个因素，是正确制订品牌营销战略计划的重中之重，战略的正确性比它是否能够立即盈利更重要。制定正确的战略只是品牌营销的一个转折点，从此，品牌营销工作就要从内部决策转为外部实施，从纸上谈兵转为商场实战。

知识拓展

国际品牌构架的分类

国际品牌构架有 3 个主要的分类维度：品牌在企业组织中的层级、品牌覆盖的地理范畴和品牌得到应用的产品范围。道格拉斯和克雷格根据品牌在组织中的层级这一个分类标准，把目前全球范围内经营的企业的品牌架构分为几种类型，主要有公司品牌主导型（如苹果电脑）、产品品牌主导型（如宝洁公司）和混合品牌型（如可口可乐）。公司主导型品牌架构易应用在产品线较为狭窄的企业中，或产品的目标市场十分清晰的企业中，例如壳牌（Shell）石油这类企业。产品主导型品牌构架主要存在于拥有多国和地区性品牌的企业中，例如像美国宝洁这类公司，通过使用强势品牌拓展了国际市场。最为常见的是混合型品牌构架，包括全球公司品牌、区域国家性产品品牌或者在不同产品分类中使用不同品牌构架。公司主导型和产品主导型品牌构架都在逐渐向混合品牌构架演变。公司主导型企业正在各个层级上增加使用的品牌，以便区分不同产品分类的特征。产品主导型企业，特别是强调多国品牌的企业，均会通过公司品牌背书等方法加强品牌的跨地区整合。

管理实践

OPPO的品牌营销

“科技为人，以善天下”的品牌使命是OPPO创新和技术发展的动力。自2004年成立以来，OPPO业务已遍及全球60多个国家和地区，成为国内手机厂商中的佼佼者。2022年，OPPO品牌位列Brand Z中国全球化品牌50强第6名。在产品设计和知识产权方面，OPPO自2004年开始，不断推出播放器、功能机、智能终端和万物互融的产品。世界知识产权组织（WIPO）发布2021 PCT国际专利申请量排名，OPPO排名第六位，在中国公司中排名第二，连续三年跻身PCT申请量全球前十。目前OPPO手机的销售渠道分为线上和线下。线上主要是网店售卖，邀请明星代言，打响知名度，吸引客流，促进市场销售，线下实体门店主要突出售后服务和购买前的使用体验，可以针对人们的需求合理化购买。OPPO通过科学合理的规划相关的营销手段，提升了手机的营销成效。在当前国产手机市场竞争逐步激烈的背景下，OPPO仍然靠强大的销售渠道获得了稳定的市场份额。

资料来源：邢世莉．新媒体背景下OPPO手机的精准营销策略分析［J］．营销界，2021（08）：7-8.

能力训练

同步测试

一、选择题

1. 品牌营销策略包含（　　）等阶段。

A. 品牌结构战略　　B. 品牌定位战略

C. 品牌营销战略　　D. 品牌传播战略

2. 品牌营销策略包含（　　）等因素。

A. 产品设计　　B. 价格策略

C. 广告促销　　D. 媒体投放

二、简述题

1. 试判断“品牌营销就是低价销售”观点的科学性。

2. 请举例分析某品牌的品牌营销策略。

三、案例分析题

旅游品牌天门山的营销

天门山，古称云梦山、嵩梁山，是张家界永定区海拔最高的山，因自然奇观天门洞而得名。

天门山距张家界城区约8千米，山顶南北宽1.93千米，东西长1.96千米，面积为2.2平方千米，海拔为1 518.6米，它以发育较完整的岩溶地貌区别于张家界武陵源风景区的砂岩峰林地貌。在天门山1 264米高的绝壁之上，有一个贯穿南北的自然石洞，洞底至洞顶高131.5米，宽37米，被称为天门洞。但是，这一奇异的景观早前却鲜为人所知，游客到了张家界，一般都只到武陵源风景区，而较少有人去天门山。

为了改变这一现象，1999 年 11 月，当地旅游部门策划了一次“穿越天门”世界特技飞行大奖赛。由于这是人类首次驾驶飞机穿越自然溶洞，加上参与这一活动的都是来自世界各地的特技飞行高手，具有很强的新闻性，因此这一计划一经公布，立即成为媒体关注的焦点，种种与“穿越天门”活动相关的报道扑面而来。与此同时，当地媒体还组织了网上大辩论，如：“万一特技飞行员失手让飞机撞到‘天门’上，会不会毁坏这一自然奇观?”这样的辩论对景点的宣传起到了很好的推动作用。到了正式穿越这一天，“穿越天门”引起了轰动，不但各地媒体蜂拥而至，电视台还向全国现场直播，“天门”的名字一下子就走进了大家的视野，天门山也成了张家界最有代表性的景区之一。

请尝试分析以下问题：

1. 你认为天门山旅游品牌的营销策略是否科学?
2. 如果让你为天门山景区的品牌营销策略进行设计，你有哪些好的建议?

技能训练

实训项目：掌握品牌营销策略的基本思路

一、实训目的

1. 通过分析品牌营销案例，提升学生的学习兴趣。
2. 掌握品牌营销策略的基本思路。
3. 培养学生的策划与表达能力。

二、实训内容

1. 学生自愿组成小组，每组 4～5 人，自由确定案例品牌。
2. 查找选定品牌的营销资料。
3. 依据品牌营销资料，分析其方案可行性和不足。
4. 各小组制作 PPT，并在班级内讲解展示。

三、实训成果

1. 品牌营销可行方案。
2. PPT 汇报展示。
3. 学生提出问题，汇报人解答。
4. 教师现场点评与总结。

第二节　品牌营销传播

案例导入

小米手机的营销传播

小米公司正式成立于 2010 年 4 月，是一家专注于高端智能手机自主研发的移动互联网公司。小米手机、MIUI、米聊是小米公司旗下的三大核心业务。小米手机坚持“为发烧而生”的设计理念，采用线上销售模式。在2013年4月9日举办的“米粉”节上，搭载高通骁龙600四核1.7G的小米手机2S在官网销售，小米2A同时发布。2014年3月13日，红米手机在新加坡开始第三轮网上限量销售，被抢购一空。

小米手机能够迅速占领市场的主要原因是采用了网上直销的渠道策略。网上直销可以实现生产者和消费者的直接接触，从而了解消费者需求，有利于开展有效的营销活动；也可以减少中间环节，让买卖双方都节约费用。

小米公司成立后不久便建立了小米网站，接着开发了基于安卓平台的米聊软件，从而扩大了小米手机的知名度。随后小米公司大量宣传小米手机的顶尖配置以及公司的顶尖人才，并且在论坛里公布了MIUI系统，让论坛里面的高手刷机和评测ROM的好坏。最后小米公司通过新闻媒体的炒作，扩大知名度。小米手机迎合了广大中青年人的喜好，采用了电子渠道和与物流公司合作的网络分销模式。当时，小米手机的销售主要依靠小米官方网站，节省了大量中间费用和建立实体店的费用。

1. 媒体选择

小米主要的网络传播渠道是微博、微信和论坛这三大板块。不同营销渠道的功能也有所区别：微博拉新、论坛沉淀、微信客服。小米将主要的宣传放在了网络上，继论坛成功之后，小米又向微博、微信等社交媒体发力。通过摸索，微博慢慢成为事件营销的主场，为小米赢得了新用户；论坛用于沉淀资源用户；微信则慢慢地开始发挥客服的作用。最后，“论坛+微博+微信”成为小米营销的组合武器。

2. 网络广告

广告主题：高配置、高性能、高性价比；为发烧而生。

广告创意设计：在官网的宣传广告中，有一个演示MIUI系统的视频，主要介绍手机屏幕解锁、主题选择、桌面特效、信息记录、短信群发、与电脑的连接，以及米聊和星期五更新功能，让消费者惊奇不已。

资料来源：小米手机的整合营销策略［EB/OL］. https：//wenku. baidu. com.

思考：

1. 小米的品牌传播媒体选择有哪些优势？

2. 你认为小米的品牌传播是否符合其定位？

一、品牌传播概述[①]

企业规划设计出品牌价值、品牌个性、品牌定位、品牌符号等一系列品牌元素之后，必须通过一定的方式把这些元素传递出去，让消费者接触到、了解到并且理解这些信息，品牌建设才算真正有效。因此在品牌的各项基本元素设计出来之后，

① 席佳蓓. 品牌管理［M］. 南京：东南大学出版社，2017.

一项必不可少的工作——品牌传播，就必须展开了。

所谓品牌传播，是指企业以品牌的核心价值为原则，在品牌识别的整体框架下，通过广告传播、公共关系、营销推广等手段将企业设计的品牌形象传递给目标消费者，以期获得消费者的认知和认同，并在其心目中确定一个企业刻意营造的形象的过程。

二、品牌传播的原则

（一）全面性原则

全面性原则即采用所有的品牌接触点传递品牌的信息。消费者对品牌的印象是多渠道、多次接触、长期积累的结果。在这个过程中，任何一个看似微不足道的细节都会影响到消费者对品牌的看法。品牌接触点就是品牌采取不同途径与消费者、员工和其他风险承担者相互产生作用和影响。

任何一个消费者有可能接触到的地方都应该是企业传递品牌信息、进行品牌传播的渠道，例如产品的包装、价格，门店的装潢布置，广告媒体的选择，企业高层领导的对外发言和行为举止，企业营销活动的方式，等等。品牌管理者必须围绕品牌的核心价值与定位，全方位地输出品牌信息，塑造良好的品牌形象，提高品牌的知名度和美誉度。

（二）一致性原则

一致性原则即传播内容与品牌内涵保持一致。当前企业用于品牌传播的途径和手段非常多元，除了产品包装、价格、员工行为、企业设备、办公用品之外，各种各样的营销活动、公关活动、媒体广告等，都是用来传播品牌信息的途径，而所有这些不同的传播手段各有特点、各有利弊，处理得不好，就会使这些传播渠道在传播的过程中出现品牌形象的冲突。例如，目标客户定位于高端人群的品牌，就不应该在营销活动中多次搞打折促销、免费赠送。

（三）连续性原则

连续性原则即品牌信息的传播应有序开展、不间断重复。品牌传播不光在内容上要围绕品牌核心价值和品牌精髓保证所有的传播工具发出统一的品牌形象信息，在传播内容的时间安排上也要做到既先后有序又持续不断地始终输出统一的品牌形象信息。如广告作为传播手段，其最大的特点是起到告知的作用，能在较短的时间内提高品牌的知名度，因此在品牌刚开始打造时可以多采用广告的方法传播品牌信息，让顾客了解品牌的名称、熟悉品牌的标识、知晓品牌产品的性能和特色；当品牌已经有了一定的知名度后，企业要更多地开展一些相关的公关活动、创意活动，让顾客了解品牌的内涵、品牌核心价值以及品牌的精神，从而增加顾客对品牌的好感，培养顾客的品牌忠诚。

（四）层次性原则

层次性原则是指品牌传播由内而外、最后内外并举。品牌传播的对象应该由企业内部员工到外部的合作伙伴再到消费者，逐步推广。这是因为每一个员工或多或少都是品牌接触点上的人，他们承担着品牌传播的使命，对接触点有重要影响。

品牌传播由内而外，实际上就是贯彻全员品牌化的战略，只有企业从上到下全部领会了品牌的内涵，坚守品牌的核心理念，才能从各个方面全方位地输出品牌的信息，打造内外一致的品牌形象，对外传播才有坚实的基础。

（五）艺术性原则

艺术性原则是指传递信息需要技巧。良好的传播效果需要科学设计的传播技巧。第一，抓住良好的传播时机。通常节假日是一个比较好的传播时机，公众有闲暇关注企业举办的各项活动和广告信息，有时还会乐于参与这些品牌推广活动。只有在适当的时间采取适当的方式，品牌传播才能真正触动大众，才能让品牌在消费者心中落地生根。第二，形式多样。品牌传播一定要形式多样，有新意，除了要精准选择目标顾客喜欢或习惯的传播媒体之外，传播方式也要多样化。第三，富有创意。许多企业品牌传播缺乏创意，总是跟在知名企业后面模仿，无法吸引消费者的注意和参与，品牌的知名度和美誉度始终不能得到提高。

三、品牌传播的途径

（一）产品包装

销售包装不仅要能够保护商品，更要能够美化和宣传商品，吸引顾客，推动顾客识别和选购。在现代市场营销中，包装已经突破了传统的以保护商品为主要目的的观念，具有识别、便利、美化和增值的功能，是传递品牌信息的一种手段，成为品牌传播的一条重要途径。

包装是品牌的脸面，顾客接触产品的第一眼就是产品的包装。包装在品牌传播中应做到：体现品牌理念、统一视觉形象、与品牌活动相互配合。

（二）产品价格

“一分价钱一分货。”产品的价格也是品牌传播的一条重要途径。消费者往往不是产品专家，他们在很多情况下并不能根据产品本身的属性和指标来准确地判断产品的质量，但最后他们总能够形成一个对产品质量的评价。之所以如此，是因为他们能够通过产品周边的途径（如价格、包装、代言人等）形成对产品质量的评价。长期的生活经验告诉人们，产品价格是消费者获取品牌信息的一个渠道，企业如果要传达品牌高端定位的信息、树立高档产品的品牌形象，就要把价格定得高一些；反之，如果品牌定位是经济适用，就一定要把价格定得低一些，否则就会给顾客一种自相矛盾甚至涉嫌欺骗的不良印象。

（三）销售渠道

品牌形象是消费者对品牌形成的综合性印象，所有与品牌有关的要素都会影响到品牌在消费者心目中的形象。消费者对品牌档次的判断，往往取决于品牌产品的销售地点。如果西装放在超市销售，消费者会认为一个低档产品不恰当地标了一个离谱的高价格；如果是在高档商圈的专卖店进行销售，消费者则会认可它是一套高档西装。可见，作为产品流向消费者的必经之路，销售渠道的类型和表现也会影响到消费者对品牌的看法。

与销售渠道相联系的还有零售店的销售终端，品牌产品在销售终端的摆放、布置和陈列也是品牌传播的一条重要途径。因为零售店终端是品牌实体产品与消费者亲密接触的地方，也是品牌体验的一个重要场所。产品怎样陈列、灯光怎样布置、需要不需要背景音乐、需要什么风格的背景音乐等，都会影响到消费者对品牌的体验和看法。

（四）办公设备与用品

消费者在与品牌互动的过程中随时随地会接触到品牌企业办公设施设备（办公楼、通勤车等）。这些办公设施设备的品质、设计都会影响到消费者对品牌的看法。假如一家超市用来接送顾客的免费班车破损严重、脏乱不堪，就会使顾客对这家超市产生不良的印象，认为该超市缺乏实力，管理水平也比较低劣；相反，如果一家企业员工班车采用清一色高档大客车，车况优良，车内清洁，就会让顾客产生该企业实力雄厚、管理规范、产品技术过硬等一系列品牌联想。

所有的办公设施设备都是承载品牌信息的载体，都必须承担起品牌传播的使命。第一，要做到统一设计、规范使用。企业要把品牌的识别元素融入各项用品的设计和使用上去，如品牌的名称、标识、品牌口号、标准色、品牌代表形象等，通过一体化设计，形成统一规范的视觉识别系统，展现品牌形象、传递品牌理念，在消费者或客户接触和使用这些物品时，能够随时随地接收到所有这些物品传递的品牌信息，方便消费者对品牌的识别和记忆，加深对品牌的印象。第二，符合品牌定位、传递品牌精神。办公场所的设计风格、办公用品的种类和品质也要能够反映品牌的个性，符合品牌的定位。

（五）员工行为与形象

员工不仅要深入了解、认同品牌的核心价值，而且必须以实际行动来诠释品牌的核心价值和精神追求，从而真正打造内外一致的品牌形象，品牌形象才会真正被顾客所接受、所信服。

（六）企业家形象

企业家的仪容仪表、言行举止、个性特征、道德修养等个人特性都会通过各种社会活动表现出来，形成公众对企业家的个人印象。对于品牌来讲，企业家也是品牌传播的一种手段，因为公众会把对企业家的印象与其所领导的企业的品牌联系起来。

（七）广告

一提到品牌传播，人们自然而然就会想到广告。在各种品牌传播手段中，广告是企业最常用的手段。

采用广告传播品牌信息的优点是：第一，辐射面广。广告运用现代科技手段，大规模复制、发送品牌的信息，在极短的时间内把品牌信息传递给众多分散的人群，在提高品牌知名度的功效方面几乎没有其他传播手段比它更显著。第二，广告形式多样、生动活泼，企业可以根据需要选用恰当的广告形式。正是因为广告有诸多的优点，广告被绝大多数企业用作品牌传播的首选工具。

（八）公关活动

公关是公共关系的简称。所谓公关活动，是指一个组织为改善与社会公众之间的关系状况，增进公众对组织的认识、理解和支持，树立良好的组织形象而进行的一系列活动。企业通过公共关系活动传播品牌信息，提高品牌知名度和美誉度，树立品牌形象，具有其他形式所不具备的更多优势，尤其是在广告传播方式成本高、效果差、公众排斥的情况下，公共关系作为面向整个社会公众、成本低、辐射面广、影响力大的一种传播模式，已经越来越受到企业的青睐，成为颇具魅力、具有特殊效果的品牌传播形式。

企业通过公共关系来传播品牌信息，其终极目的当然是提高品牌的知名度和美誉度，树立良好的品牌形象，让公众接受并且喜爱品牌。例如，通过创意活动吸引新闻媒体主动宣传报道；企业积极参与社会活动，增加社会曝光率；企业经常组织大型活动，如周年庆典、游行展示、大型联谊活动等，既可以增强员工的凝聚力和自豪感，在企业内部传播品牌的信息，加深员工对品牌精神与内涵的理解，又能够提高品牌的社会影响力，有助于形成品牌文化。

（九）社会化媒介传播①

社会化媒介传播利用的是社会化网络、在线社区、博客、百科或者其他互联网协作平台和网络媒体来传播和发布品牌的资讯，从而形成的营销—销售—公共关系处理和客户关系服务维护及开拓的一种品牌传播方式。一般社会化媒介营销工具包括论坛、微博、微信、博客、社区和其他自媒体平台。通过社会化媒体开展营销活动时，需要考虑以下几个问题：第一，发布让目标客户触手可及的品牌信息，并参与品牌的讨论；第二，传播和发布对目标客户有价值、有吸引力的信息；第三，让消费者与本品牌或者产品产生联系以及共鸣；第四，与目标客户形成互动，并让客户认为产品的成功有他的参与。

知识拓展

社会化媒体品牌传播的过程

社会化媒体品牌传播从信息源开始，只有经过引发关注、内容转载、参与互动、传统媒体介入四个阶段，品牌信息才能向更深和更广的层面迅速扩散。在这个过程中，品牌影响的人数会快速增加，影响面也会迅速扩大，最终品牌的影响力会逐步得到增强。

1. 引发关注

引发关注是指在这一阶段，信息源会在某些特定的载体中被发现继而引起关注。比如发布在新浪微博上的一则信息，在网民自由选择之后，从众多的信息中脱颖而出，它的回复数量、阅读数量、点击量都大幅增加，甚至有可能被作为精华帖放在网页比较显眼的位置，那么就能说这则信息引起了网民的广泛关注。一般情况下，与之相关的信息的人气也会迅速增加，成为微博当日的焦点。

2. 内容转载

内容转载是指信息以转载的方式在互联网中的各个论坛、微博、社区迅速扩散的过程。由于这一阶段信息从某些特定的群体向更多的群体扩散开来，因此转载是信息横向传播最主要的方式。信息在不同的微博、论坛间转载的次数

① 王新刚．品牌管理［M］．北京：机械工业出版社，2020．

越多，说明它的影响范围越大，关注它的人群也越多，这是因为信息每转载到一个新的社区或论坛之后，又会引起该群体新的关注。

3. 参与互动

社会化媒体与传统媒体差别最大的一点就是它允许用户参与互动，其本质在于用户生成媒体（UGM）和用户生成内容（UGC）。用户参与、用户创造、用户分享是社会化媒体的内容特征，同时又具有用户作为消费者身份的平等的关系特征。例如，惠普的员工博客计划使得外界能够更好地了解惠普的内部状况；沃尔玛等公司甚至邀请客户撰写博客。在社会化媒体上，一方面，消费者可以基于自己的消费体验自由地发表关于产品、服务的方方面面的评价，也可以通过分享迅速地获得使自己信服的、与企业产品服务相关的疑问的回答；另一方面，企业发布的任何夸大其词或虚假的广告也都会迅速被揭穿，造成品牌危机。

4. 传统媒体介入

传统媒体介入是指传统媒体开始关注并报道信息，信息开始扩散出网络的虚拟世界，进入现实世界。虽然社会化媒体当下很流行，但是它的覆盖面相较于传统媒体还是较弱的。传统媒体的介入说明信息或事件的影响人群已经从网民向全民扩散。网络上发生的事情和信息通过传统媒体进入全民视野，这意味着社会媒体的影响力在该阶段达到了顶峰。

深入理解社会化媒体品牌传播的过程，能够帮助企业更好地策划和执行自己的品牌传播活动，明确不同阶段的关注重点和工作重点。比如在引起关注阶段，企业要重点思考的是如何使自己品牌的传播更具创意、更易引起消费者的兴趣，要准确找出消费者的关注点；而在互动阶段，企业的工作重点是做好与消费者的互动，聆听并且重视消费者的声音。

资料来源：李逾男，杨学艳．品牌管理［M］．北京：北京理工大学出版社，2017.

管理实践

北京故宫博物院：从传统文化载体到文创品牌

中国风即中国风格或中华文化的风格或风尚。它是以中国元素为表现手段的一种艺术形式或生活方式，建立在中国或东方传统文化的基础上，并适应全球经济发展趋势，有着自身独特魅力和性格。在近年来尤其是 2008 年之后，中国风开始流行于文化、艺术领域，如广告、电影、音乐、服饰、建筑等。中国风文创品牌既不拘泥于传统文化的束缚，又有了更加多元的发展和创新。

北京故宫博物院是中国传统文化的重要载体。成立于 1925 年的北京故宫博物院，建立在明清两朝皇宫——紫禁城的基础上。故宫博物院是世界上规模最大、保存最完整的紫禁城木结构宫殿建筑群。它是中华民族的骄傲所在，也是全人类的珍贵文化遗产。故宫文创品牌创始于 2008 年成立的故宫文化创意中心，故宫文创品牌真正起步源自 2013 年故宫淘宝店“萌萌”的转变。截至 2015

年底，故宫博物院共计研发文化创意产品 8 683 种，其中在 2013—2015 年期间，故宫博物院研发的文化创意产品累计 1 273 种。与此同时，故宫的文创收入也从 2013 年的 6 亿元增长到 2015 年的 10 亿元。另外，根据故宫博物院文创部公开的最新数据，2017 年故宫文创部线下收入近 1 亿元，线上淘宝网店收入近 5 000 万元，2017 年文创产品总销售收入为 1.4 亿元，较 2016 年增长 26.7%。除了文创事业部，故宫博物院也有其他部门做文创产品。公开数据显示，截至 2017 年底，故宫博物院的文创产品共有万余种，2017 年为故宫带来 15 亿元收入。

中国风文创品牌的成功传播，既离不开中国传统文化的深厚底蕴，也依赖于创意的品牌文化和新媒体的传播方式。通过北京故宫博物院文创品牌的传播可以看出，中国传统文化结合新媒体环境创造出创意的产品是中国风文创品牌成功传播的第一步，而跨媒体和跨界传播更有利于中国风文创品牌的发展。

资料来源：钱辰璐．新媒体环境下的中国风文创品牌传播浅析——以北京故宫博物院为例 [J]. 科技视界，2018，250（28）：18－20.

能力训练

同步测试

一、选择题

1. 品牌传播需要遵循的原则有（　　）。

A. 全面性　　B. 一致性　　C. 连续性　　D. 重要性

2. 品牌传播的途径包括（　　）。

A. 产品包装　　B. 微博　　C. 产品价格　　D. 销售渠道

3. 品牌传播的途径不包括（　　）。

A. 社会活动　　B. 微博　　C. 论坛　　D. 企业并购

二、简述题

1. 试列举品牌传播的几种途径。

2. 社会化媒体在品牌传播中有哪些优势？

三、案例分析题

“海底捞”品牌的营销传播方式创新

在众多的餐饮企业中，海底捞企业通过其新鲜的食材、良好的服务、优质的公关等一直处于火锅行业的领先位置。海底捞成立于 1994 年，作为一家以经营川味火锅为主的餐饮店，融合了各地火锅特色，形成了大型跨省直营餐饮品牌火锅店，深受消费者欢迎。海底捞餐饮股份有限公司作为餐饮行业的龙头，其内部优秀的企业文化一直广受好评。海底捞的特色企业文化主要表现在“以人为本”和“追求创新”两个方面。其中，“以人为本”又包括服务理念、管理制度、安全标准三个方面，而

“追求创新”则包含了产品创新和营销创新两个方面。在移动互联网技术的支持下，海底捞选择网络营销作为一种营销手段。首先建立官方网站，并将单向的信息输出转化为双向的互动功能，同时增加了查询门店、查询菜单、网上订餐等多种功能，并推出企业手机软件，极大地方便了消费者，实现了私域流量的转换。海底捞在各大社交平台都建立了自己的官方账号，充分挖掘商品特点和品牌特性，在此基础上积极开展粉丝互动和品牌营销活动，使消费者与品牌产生连接，提升自身品牌的传播效力，培养顾客忠诚度。2017 年以来，抖音凭借其可听化、可视化的特点迅速成长，成为大众化的社交软件。海底捞利用短视频传播速度快、传播范围广的优势，助推打造了“海底捞网红锅底”“海底捞网红菜品”等热门话题，在抖音上，“海底捞”这一话题视频浏览量已超 67 亿，吸引了众多的潜在消费者前去消费，使海底捞的品牌知名度和经济效益均得到了大幅提升。海底捞利用网络营销的方式适应了后信息时代下的营销与传播规律，为品牌生存和发展提供面向后信息时代进行品牌转型和发展的新路径。21 世纪，人们的生活方式进入了新的阶段，消费者习惯了依托于网络构建的虚拟环境，信息的快速传递为商家提供了更多使商品信息触达消费者的可能。基于电子媒介使用的便捷性，手机使用人数大幅提升，信息的传达在时间上不断缩短，在空间上不断延伸，各种社交媒介会对个体的观念和行为产生重要的影响。海底捞借助社交媒体的力量，针对目标消费者的行为习惯，全流程打通，多渠道多手段推广，使海底捞品牌营销进入新的阶段。

资料来源：李缓缓．“海底捞”品牌营销策略与特征探析［J］．经济研究导刊，2021（34）：70－72．

请尝试分析以下问题：

1. 请谈谈你对新媒体的理解。
2. “海底捞”品牌是如何借助社会化媒体进行传播的？

技能训练

实训项目：掌握品牌传播营销的方法

一、实训目的

1. 通过分析品牌传播案例，提升学生的学习兴趣。
2. 掌握品牌传播营销策略的基本思路。

二、实训内容

1. 学生自愿组成小组，每组 4～5 人，自由确定案例品牌。
2. 查找选定品牌的营销传播资料。
3. 依据品牌营销传播资料，列举其所用到的品牌传播原则、品牌传播媒介。
4. 分析该品牌传播方案的合理性。

三、实训成果

1. 品牌传播方案合理性评价。
2. PPT 汇报展示。
3. 学生提出问题，汇报人解答。
4. 教师现场点评与总结。

第三节 体验营销与服务

案例导入

西西弗书店的品牌体验营销

视觉传达设计通过色彩的搭配、物体的形状设计，使消费者通过“看”这一感官活动来调动他们的情感、思考、联想等活动。基于这一模式下的设计，能够使大量的消费者愿意花时间去思考文化产品并花费同等的价格去购买文化产品。接下来以西西弗书店为例进行分析。西西弗书店诞生于1993年8月8日，总部位于重庆，是一家连锁书店。其旗下有西西弗书店、矢量咖啡、不二生活文创、七十二阅听课儿童阅读体验空间、推石文化等子品牌，拥有标准线（黑标/绿标/红标）、主题线、定制线三大店型产品线。截至2021年，西西弗书店在全国70多个城市拥有300多家实体连锁书店，300多家意式咖啡馆，超过500万活跃会员。

西西弗书店形成了自身的特色品牌文化，秉承“参与构成本地精神生活”的价值理念、坚持“引导推动大众精品阅读”的经营理念，西西弗书店努力成为城市阅读的推动者，帮助并有益于人们的成长。如果你是经常往书店跑的文艺青年、知识青年，那么西西弗可能并不能令你满意——基础图书占比太多、鸡汤励志言情古风应有尽有。如果你是个平日并不看书、不上豆瓣、不关注新书动态的普通人，在商场闲逛时被其富有特色的门面或咖啡馆吸引进来，也许在离店时你会带走毕业后买的第一本书。

它的主打市场就是普通大众，因此它所售卖的书籍也都是通俗易懂的文化书籍。个别书店所针对的目标人群有局限性，这些书店售卖的书籍也呈现出一定文化范围，像一些以女性顾客为主体的书店，所售卖的书籍就是以时尚类、化妆品类或者是服饰类书籍为主。跟一些强调时尚型的书店，如“言又几”等书店相比，西西弗突出的是通过精品图书和舒适的环境来激发消费者的购买欲望。纯木质的地板以及相配套的木质书架，给消费者最直观的感受就是温馨而又静谧。消费者的感官会因此调动他们的思考，购买欲望就会随之增大。“西西弗”的占地面积小，书柜陈列紧凑，以此来凸显书店的文化氛围浓厚，强调书籍主题，而单独开设的儿童体验馆吸引了小孩子，增加了书店的消费人群。

资料来源：李玟，苏怡，刘丽，薛乃谦．基于体验营销模式下的视觉传达设计对实体书店的影响研究［J］．中国商论，2021（12）：47－50.

思考：

1. 西西弗书店的品牌营销秘诀是什么？
2. 参与式营销如何提高消费者的购买欲望？

从经济价值递进的规律来看，在服务经济中，产品被商品化，产品间几乎是没有差异的，消费者不再关心这些产品来源、特性、质量，他们只关心价格。企业为了使自己的产品有别于竞争者，不得不将服务融入进来，以新的价值吸引消费者。同样，服务现在也正向商品化方向发展，所有的电器都承诺上门保修，电信服务比拼的也主要是价格。新的“价值”——体验，正在被期待。

在体验经济时代，品牌之间的竞争表现为向消费者提供一种全新的体验和感受。物以类聚、人以群分，人在社会中要寻找自己的阶层属性、社群属性。消费者通过消费同一类产品使自己有社会归属感，同时消费者通过消费体验获得一种感觉，得到一种社会认同。

一、品牌体验营销概述①

体验在品牌的创立、维持和提升方面具有不可轻视的作用。品牌体验是一个或者一系列的消费者与品牌之间的互动，这些互动会造就一种反应。如果反应是正面的，就会使消费者认可品牌的价值。很多时候消费者离去的原因不是产品或服务本身的问题，而是对体验的不满，如不经意的冷落，或服务上的不便。正是这些体验，对品牌价值造成影响。消费者对品牌的反应是产生在消费者与诸多体验的互动过程中，这种反应又会直接影响其对品牌的判断。

这些都是构成品牌体验的丰富素材，它们既能打动消费者的情感，又能吸引消费者的理性判断，从而树立起品牌形象，甚至对没有购买过该品牌，没有用过该产品的人来说，也能在其心目中形成强烈的品牌形象感觉。但是，如果最终的体验没有达到期望水平，那么企业树立的“与众不同”的形象便会很快消失，负面反应随之产生。

体验营销是在满足顾客体验需求的基础上，以求创造顾客价值最大化的一种营销活动，是让消费者在购买产品的同时，参与到产品的情感创作中来，让消费者在消费产品的同时体验到产品独特的个性化魅力，使得消费者在享受消费的同时与产品建立联系。

二、品牌体验的类型

体验是指人们用一种个人化的方式来度过一段时间，并获得过程中呈现出的一系列可记忆事件。品牌体验便是要让消费者的体验缘于品牌且依赖于品牌，这样才能使品牌体验成为品牌价值。名噪一时的《体验经济》一书中，将体验分成了 4 个部分，分别是：娱乐体验、教育体验、逃避体验和审美体验。

（一）娱乐体验

娱乐体验是吸引消费者，并创造品牌体验的一种方式。席勒在《美育书简》中提出：人有两种本能，感性本能与形式本能——结合起来产生了游戏本能。这里的“游戏”不是狭义的游戏，指的正是娱乐。追求娱乐体验是人类的本能。在提供娱乐体验方面我们最熟悉的例子莫过于迪士尼（Disney）乐园。园内彩车游行、旧日的

---

① 余明阳，杨珊珊．品牌营销管理［M］．武汉：武汉大学出版社，2008.

街道、迪士尼动画中的形象、古老的童话传说、惊险刺激的游戏、未来世界的梦想，这一切构成极尽娱乐之能事的品牌体验。

（二）教育体验

教育体验，是指使消费者能在与品牌互动的过程中获得知识。它与娱乐体验不同，在娱乐体验中，人们被动地受到吸引；而对于教育体验而言，人们为了获得某种知识技能而主动地参与到一项活动中。近年来，许多针对客户的商业会展，无论汽车展、食品展，还是电器展甚至建材展，都吸引了众多普通消费者的关注和参与，他们正是奔着教育体验而去的。例如小米的新品发布会，展示的全都是最新研制和开发的产品。人们可以看到最新的电子产品，了解它们的特点和使用方式等，窥探科技发展的方向。

（三）逃避体验

逃避体验，是指消费者不仅完全沉浸在某种体验里，而且还主动积极地参与这种体验的营造过程，以此获得逃避现实的感受。创造逃避型的品牌体验，在于鼓励消费者积极参与，全身心投入。其为了消费者更完美而纯粹的逃避体验所做的所有努力，都成为自己品牌体验的利益所在。

（四）审美体验

在审美体验里，消费者沉浸于美好的事物或者环境之中，但是他们自身对事物或者环境极少产生影响或者根本没有影响。其实消费同样是在参与和经历着一种体验，比如旅游、看音乐演出等。

以上四类体验是企业根据自身品牌定位和品牌个性创造符合消费者需求的品牌体验营销的基础。企业可以围绕其中一种深刻发掘与品牌相关的体验，也可以结合运用和构建。品牌体验的确是一种心理现象，是属于情感领域的东西，是看不见摸不着的，但是提供品牌体验的方式和道具是现实而物质的。

三、品牌体验营销的特点[①]

（一）参与性

开展体验活动的关键在于消费者必须积极参与其中，如果没有参与作为前提，体验的存在就没有任何意义了。消费者只有亲自体验，才能获得切身感受，加深对产品和服务的认识。

（二）互动性

在传统营销中，消费者在企业营销活动中往往处于被动地位，企业总在无形中影响着消费者的行为，消费者只能被动地接受企业的诱导和拉动；而在体验营销和参与式营销中，企业与消费者形成一种双向互动关系，通过情感的交流，相互配合、相互促进，实现双赢。不过，由于体验结果是消费者的内在感受，企业若想得知消费者对其提供的体验的真实评价和意见，需要加强与消费者之间的情感沟通，不断站在消费者的立场来审视自己的产品和服务就显得尤为重要。

---

① 曲纾瑶．宜家家居（IKEA）体验营销策略研究［J］．中国外资，2013（08）：124－125，128．

（三）情感性

在传统营销中，企业与消费者之间是商品买卖关系。而体验营销十分重视对消费者的情感投入，通过情感交流，增进彼此之间的情谊，赢得顾客的支持与信任。

（四）差异性

体验具有差异性，体验结果带给消费者的心理感受，是顾客的个别化感受，因此会因人而异。比如，个人文化教育经历、思维方式、爱好、兴趣不同，都可能会对同一事物产生不同的体验经历。所以企业在营销活动中，应通过各具特色的产品或服务来满足消费者的个性化需求。

（五）延续性

体验带给消费者的独特感受一旦产生，就不会马上被忘记，具有一定的延续性。有的消费者很可能在事后对这种感受重新进行评价，并在不自觉中，向其他消费者传达这种体验经历及带给自己的美好感受，进而延续并扩大这种体验。

四、品牌体验营销的策略①

美国营销专家伯德·施密特（Bernd H. Schmitt）提出："体验营销是站在消费者的感官（Sense）、情感（Feel）、思考（Think）、行动（Act）、关联（Relate）五个方面，重新定义、设计营销的思考方式。"这种思考方式突破了传统意义上"理性消费者"的假设，认为消费者是理性与感性兼具的，消费前、消费时、消费后的体验，才是研究消费者行为与企业品牌经营的关键。

体验营销策略可以归纳为以下五种。

（一）感官式营销策略

感官式营销策略的诉求目标是创造知觉体验的感觉，它是通过视觉、听觉、触觉、味觉与嗅觉等建立的感官体验。感官式营销可以突出公司和产品的识别，引发消费者购买动机和增加产品的附加值等。

（二）情感体验式营销策略

情感体验式营销就是要触动消费者内心的某种情感，目的在于创造消费者喜好的体验，从而使顾客对某种品牌或者产品产生好感，甚至产生强烈的偏爱。情感体验式营销策略通常是通过策划活动，使消费者融入活动中来，全方位地在与消费者接触的每一个点和面上进行整合传播。

（三）思考式营销策略

思考式营销策略通过启发智力，运用惊奇、计谋和诱惑，创造性地让消费者获得认知和解决问题的体验，引发消费者产生统一或者各异的想法。思考式营销策略往往被广泛使用在高科技产品宣传中。对于高科技产品而言，思考活动的方案是被普遍使用的。在许多其他产业中，思考营销也已经使用于产品的设计、促销和与顾客的沟通。

---

① 刘梅．运用体验营销提升品牌竞争力——从上海世博会看体验营销［J］．现代商业，2011（06）：64-66.

（四）行动式营销策略

人们生活形态的改变有时是自发的，有时是外界激发的。行动式营销策略是指通过名人、权威人士来激发消费者，增加他们的身体体验，指出做事的替代方法、替代的生活形态、参与互动，丰富他们的生活，使其生活形态予以改变，从而实现销售的营销策略。

（五）关联式营销策略

关联式营销策略包含感官、情感、思考与行动营销等层面。关联式营销策略超越私人感情、人格、个性，加上“个人体验”，而且与个人对理想自我、他人或是文化产生关联。关联式营销策略让人和一个较广泛的社会系统产生关联，从而建立个人对某种品牌的偏好，同时让使用该品牌的人们进而形成一个群体。关联营销已经在许多不同的产业中使用，如化妆品、日用品等。

知识拓展

朵云书院的品牌体验营销

WutopiaLab 应上海世纪出版集团的委托，在中国最高建筑上海中心大厦的 52 层设计了水墨设色的朵云书院旗舰店。朵云书院旗舰店是个小型的空中文化综合体，它由七个功能区组成，涵盖书店、演讲、展览、咖啡、甜品和简餐等不同功能，共计 2 200 平方米，共有 60 000 册书籍和 2 000 种文创用品。239 米高处的旗舰店是目前全世界绝对高度最高的商业化运营书店，书店是上海中心大厦这个垂直城市的重要的公共文化场所，也是上海重要的文化地标。该书店的设计以黑白色为主调，依托山水元素，使书店具有一种神秘感。书店外部是观景闲坐看书区，中心书籍放置的书架设计得更为巧妙，用圆形书架围成一个圆，看似一个小黑屋，一环扣一环，书店的神秘色彩因此加重，也引起了消费者的好奇心，产生一种想要一窥究竟的想法。走出来之后又有柳暗花明又一村的感觉。因书店外围全由透明玻璃包围，所产生的视觉冲击会让消费者为之震撼。吧台坐落在观景区，适合消费者休息闲聊或是读书。该书店设计的环境为消费者提供了惬意的文化氛围，藏书60 000册满足了各类人群的消费需求，目标群众的多样性也会使营业额随之增加。

能力训练

同步测试

一、选择题

1. 品牌体验包含（　　）。

A. 娱乐体验　　B. 教育体验　　C. 逃避体验　　D. 审美体验

2. 品牌体验营销的特点是（　　）。

A. 参与性　　B. 互动性　　C. 情感性　　D. 差异性

二、简述题

1. 品牌体验营销有哪些策略？
2. 成功的品牌体验营销有什么特点？

三、案例分析题

宜家独特的“卖场展示”销售策略

宜家家居是来自瑞典的全球知名家具和家居零售商，其产品系列在功能和风格上可谓种类繁多。销售主要包括座椅/沙发系列、办公用品、卧室系列、厨房系列、照明系列、纺织品、炊具系列、房屋储藏系列、儿童产品系列等约10 000种产品。事实上，宜家品牌的真正核心是让顾客成为品牌传播者，而非硬性的广告宣传。它的体验营销策略更是成为同行业营销模式的范本。

1. 自设卖场控制渠道

宜家的渠道策略是独立在世界各地开设卖场，专卖宜家自行设计生产的产品，直接面向消费者，控制产品的终端销售渠道。宜家在全球共有 180 多家连锁商店，分布在 40 多个国家。

2. 成功地使宜家卖场成为一种生活方式的象征

宜家是一个家具卖场的品牌，也是家具的品牌。通过一系列运作，宜家的卖场在人们眼中已不单单是一个购买家居用品的场所，它代表了一种生活方式，所以当你看到追求时尚的年轻人提着印有宜家标志的购物袋神采飞扬地走出宜家卖场，你并不会惊讶。宜家的成功不仅仅在于它整合了商流、物流，而是在于它用于整合商流、物流的核心理念——生活方式。

3. 目录展示的营销策略

目录展示是宜家促销策略的重要组成部分，大大促进了宜家的产品销售。在 1951 年，宜家发行了第一本商品目录。此后，每年 9 月初，在其新的财政年度开始时，宜家都要向广大消费者免费派送制作精美的目录。

请尝试分析以下问题：

1. 体验营销在品牌营销过程中能够起到哪些作用？
2. 企业如何利用自身特点进行体验营销？

技能训练

实训项目：掌握品牌体验营销的方法

一、实训目的

1. 通过分析品牌体验营销案例，提升学生的学习兴趣。
2. 掌握品牌体验营销策略的基本思路。

二、实训内容

1. 学生自愿组成小组，每组 4～5 人，自由确定案例品牌。
2. 查找选定品牌的体验资料。
3. 依据品牌体验资料，列举其所用到的品牌体验营销策略。
4. 分析该品牌营销方案的合理性。

三、实训成果

1. 品牌营销方案合理性评价。
2. PPT 汇报展示。
3. 学生提出问题，汇报人解答。
4. 教师现场点评与总结。

第四节　品牌延伸

案例导入

品牌延伸的价值边界

在为新产品命名的问题上，企业存在三种选择：第一，单独为新产品开发一个新品牌，新品牌与原有品牌相互独立；第二，新产品使用已有的品牌名，如顶新集团推出饮料、饼干等产品，使用的就是原有的方便面品牌康师傅；第三，新产品有自己相对独立的品牌名，但该品牌名和原有的品牌名有较强的关联性，两者结合使用。如果公司选择后两种方法，即采用一个已有的品牌作为刚推出的新产品的品牌，这种做法就是品牌延伸。

品牌延伸无法跨越品牌的价值标签，否则，不仅会面临品牌延伸的失败，更会改变消费者对于品牌原有的印象，使得品牌在消费者心中变得模糊不清。这样看来，有些品牌延伸最终失败也就不奇怪了。例如海尔给消费者的品牌标签是中低价位、中高档次。但是把同样的品牌标签延伸到电脑市场上，就不容易了。因为消费者对于电脑的品质期待和家电并不同，从消费者的视角来看，电脑显然需要更高端的科技水平，需要品牌生产企业有足够的技术实力。相比之下，小米的品牌延伸就一致得多，基本上是基于中低价位、高品质的价值标签进行的。无论是小米手机还是小米智能家居或者生态系统，小米的品牌延伸均符合消费者对于中低价位、高品质的价值期望，因而小米能够顺利地实现品牌延伸。

资料来源：王新刚．品牌管理［M］．北京：机械工业出版社，2020.

思考：

1. 什么是品牌延伸？
2. 企业如何利用自身优势进行品牌延伸？
3. 成功的品牌延伸战略需要考虑哪些问题？

一、品牌延伸概述①

科特勒说："品牌延伸是指借助现有品牌已建立起来的质量或形象声誉，将现有品牌名称用于产品线，扩张或推出新的产品类别，从而期望减少新产品进入市场的风险，以更小的成本获得更大的市场回报的营销策略。"

如果新品牌与现有品牌结合使用，那么新品牌称为子品牌，实施品牌延伸的现有品牌称为母品牌；如果母品牌通过品牌延伸已经与多个产品相联系，还可以称为家族品牌。

上述品牌延伸的概念说明了品牌延伸具有以下特点：用作延伸的母品牌必须已经建立了良好的品牌知名度和品牌形象，没有良好声誉的品牌进行延伸是没有意义的；品牌延伸既可以是产品线延伸，也可以是产品种类延伸，只要新产品的品牌名与原有品牌名一致或有关联，都属于品牌延伸；品牌延伸的目的是以较低的成本进入新的细分市场，或者扩大市场份额。

需要指出的是，品牌延伸与多元化经营并不是一个概念。多元化可能会采用同一个品牌，也可能采用多个品牌。如果企业用一个品牌开展多元化经营，就是品牌延伸，如三星空调、三星电视机、三星冰箱、三星手机等；相反，如果企业采用多个品牌进行多元化经营，就不是品牌延伸，比如宝洁公司的洗衣粉是"汰渍""碧浪"，洗发水是"潘婷""沙宣""海飞丝""飘柔"等。

二、品牌延伸的类型

品牌延伸可以从不同的角度进行分类，但是把品牌延伸分为产品线延伸和产品类别延伸相对而言更容易理解。

（一）产品线延伸

产品线延伸简称线延伸，是指母品牌在原产品大类中针对新细分市场延伸新产品。如不同口味、不同成分、不同型号、不同尺寸的新产品使用同一个品牌，但为了以示区别，可能在包装的颜色、容器大小等方面有所区别，有时也采用子品牌来加以区别。

产品线延伸是品牌延伸的主要形式，80％～90％的品牌延伸都属于产品线延伸。

产品线延伸又可以分为以下三种延伸类型：

（1）升级换代式延伸：由于技术进步等原因带来的原产品不断更新。

（2）水平延伸：又称横向延伸，即同一档次的不同产品之间的延伸。

（3）垂直延伸：又称纵向延伸，即现有市场的品牌向更高档次或更低档次延伸，以获得更大的市场覆盖面。如红旗轿车推出经济车型等。

企业采取向下延伸策略的主要考虑是：利用高档品牌产品的声誉，吸引购买力水平比较低的消费者慕名购买该品牌产品线中的廉价产品；高档产品销售增长缓慢，企业的生产设备不能得到充分利用，为了赢得更多的顾客，把产品线向下延伸；企业最初进入高档产品市场的目的就是用高档产品建立品牌，提高知名度和美誉度，

① 席佳蓓．品牌管理［M］．南京：东南大学出版社，2017.

打入市场，一旦市场巩固，转而进入中、低档市场，以扩大市场占有率和销售增长率；填补企业产品线空白。

企业采取品牌向下延伸策略可能遇到的风险是：品牌原来代表高档产品，延伸使用到低档产品上，很可能会使企业原有的品牌形象遭到损害；企业进军低档市场，很有可能会造成原有低档市场的同行企业向高档市场进军，从而使企业原有的高档市场受到冲击；高档市场和低档市场的供应链系统有所差异。品牌向下延伸可能会造成整个供销关系的重组，增加营销成本。

（二）产品类别延伸

产品类别延伸又称大类延伸、品类延伸，是指母品牌被用来从原产品大类进入另一个不同的产品大类。产品类别延伸又可进一步细分为连续性延伸和非连续性延伸两种。

（1）连续性延伸：又称相关延伸、持续延伸，即企业借助技术上的共通性在近类产品之间进行延伸。如海尔利用自己在家电技术方面的能力从冰箱延伸到空调、洗衣机、电视机等家电产品。由于延伸的产品种类与原来的产品种类在技术上很接近，具有较强的关联性，因此企业延伸的难度比较小，相对来说比较容易成功。

（2）非连续性延伸：又称间断延伸，指品牌延伸超出了新旧产品之间技术和物理上的局限，品牌覆盖到完全不相关的产品类别上。如海尔集团把品牌从家用电器领域延伸到了生物医药、金融、物流、房地产、旅游等行业。非连续性延伸的产品与原产品没有任何技术联系，产品完全进入一个新的行业领域，因此品牌的覆盖范围更加宽广，实施起来难度也更大。

三、品牌延伸的正面效应

对于品牌学研究来说，品牌延伸最重要的意义就是用事实证明了品牌与产品概念的区别。品牌延伸作为一种重要的营销战略，之所以受到众多企业的青睐，主要是因为品牌延伸具有以下正面效应。

（一）提高新产品上市的市场认可度

在激烈的市场竞争中，企业为了自身的进一步发展，需要不断地开发新产品。品牌延伸可以利用母品牌在市场上已经确立起来的良好的知名度和美誉度，使新产品一问世就被品牌化，企业不必从头开始建立品牌的知名度，这就可以大大缩短新产品被消费者认知、认同、接受、信任的过程，有效地防范新产品的市场风险。

（二）降低新产品营销成本，提高传播效率

新品牌营销不仅失败率高，而且营销推广的各项成本也非常高。市场调研、品牌名称和标识的设计、产品包装的设计都是一笔不菲的开支，品牌形象的传播和广告推广更是花费惊人。品牌延伸采用同一个品牌，对一个品牌进行广告宣传投资，该品牌旗下所有的产品都会为之受益，所以品牌传播的单位成本降低、传播效率更高，一举两得。

（三）满足消费者多样化的需求

如今市场竞争越来越激烈，消费者的兴趣爱好变化越来越快，消费者的忠诚度越来越低。要想留住消费者，就必须通过品牌延伸不断推出新的产品来供消费者选

择。这样，一旦消费者希望尝试新的产品，他极有可能会在原来的品牌里进行选择，而不必转向竞争对手。品牌延伸可以满足更多消费者的需求，吸引更多的消费者，从而有效地阻击竞争对手，使企业牢固地保持市场份额。

（四）提高品牌活力和企业竞争力

采用品牌延伸，扩大了原有品牌的产品组合，不仅可以为消费者提供更多的选择，满足消费者需求，而且可以给消费者带来一种新鲜感和活力感，让消费者感受到企业在经营过程中一直在坚持不懈地探索和创新。另外，企业旗下的子品牌越多，消费者往往会认为该企业实力越雄厚，更容易认可该企业所拥有的品牌。

（五）丰富品牌含义，提升品牌形象

成功的品牌延伸可以丰富母品牌的含义，进一步强化母品牌的经营特色和定位；如果延伸的产品具备高品质，还可以提升母品牌原有的品牌形象。因此好的品牌延伸可以反哺母品牌，助益母品牌进一步发展，使消费者对品牌企业的各种感知（包括专业性、可信度、吸引力、品牌信誉）更加深刻。

四、品牌延伸的负面效应

品牌延伸是一把双刃剑，成功的品牌延伸能够使企业的品牌资产得到充分利用，并在利用的过程中实现品牌的增值。但盲目的品牌延伸则有许多负面效应，会给品牌带来巨大的潜在的风险。

（一）模糊原品牌的定位

成功的品牌已经在消费者心目中形成了特殊的形象定位，品牌越是成功，在消费者中心智中的定位就越清晰，甚至会成为该类产品的代名词。如果对强势品牌进行延伸，很有可能冲击原来消费者对品牌形象清晰的认识，模糊母品牌（原品牌）的定位。20 世纪 90 年代春兰本是我国空调第一品牌，人们提到“春兰”的第一反应就是空调，春兰在消费者心目中的定位清晰而准确，后来当春兰从空调延伸到摩托车、冰箱甚至汽车时，春兰的定位模糊了，很快就丧失了空调第一品牌的地位，消费者关于空调的市场需要迅速被格力所占据。

（二）造成消费者品牌联想的冲突

许多品牌在消费者心目中往往已经建立起了固定的品牌联想。如果企业把品牌延伸到和原来市场不相容的或毫不相干的产品时，就会造成消费者心理认知上的冲突，品牌联想就会发生冲突。例如：医药品牌延伸至饮料行业，就会引起消费者的心理冲突和质疑；机器制造业企业延伸食品加工品牌，会令消费者对食品口味和质量产生担忧。

（三）损害原品牌的形象，产生连锁效应

企业品牌延伸如果失败，很有可能伤及母品牌核心价值的声誉，使母品牌的形象遭到重创。尤其是在单一品牌策略下的延伸，某一产品一旦出现问题，就会殃及所有品牌产品。因为众多产品共有一个品牌，那么其中某一个产品出现问题，就会损害原品牌及其他产品的声誉。

品牌延伸没有绝对收益和绝对风险。对于企业而言，关键是如何设计品牌延伸战略。企业应设定好品牌延伸的边界，只有这样才能实现组合收益。

五、品牌延伸成功的策略

品牌延伸成功的策略有以下几个：

（1）提炼品牌核心识别，使现有品牌能够在不同档次的市场上共同发挥作用。例如，英国维珍品牌的核心价值是反传统，这种核心识别使维珍在众多类型的产品市场和高、中、低不同档次的市场上都能发挥作用，从而使维珍品牌成功地延伸到很多行业，涉及众多产品。

（2）采用主副品牌。企业一方面可以利用主品牌的优势和联想进入新的市场，另一方面可以利用副品牌的作用有效地使新产品与原品牌形成一定的区隔，以免一旦延伸失误伤及主品牌的形象。

（3）创建或购买独立的新品牌，从而进入高端或低端市场。如丰田进入高端汽车市场就重新创建了一个新品牌“雷克萨斯”；吉利进入高端汽车市场是收购瑞典的知名品牌“沃尔沃”，但这种做法其实已经不是严格意义上的品牌延伸，而是属于企业的业务延伸范畴了。

（4）通过与有声望的品牌进行合作，建立联合品牌，增加新产品的可信度。比如，索尼是世界知名的电子产品品牌，当它把业务延伸到手机行业时，采用和世界通信业头部企业、瑞典的爱立信联合的方法，双方合作推出索爱品牌。爱立信在通信技术上具有优势，索尼在产品的时尚、创新、领导潮流方面举世闻名，两者的结合，符合当时市场上顾客对于手机不仅是通信工具，还是时尚、好玩的娱乐用品的期望。所以这一策略对于两个公司来说，品牌延伸都很成功，达到了双赢的目的。

知识拓展

品牌延伸的规律

品牌管理者在进行品牌延伸之前掌握并牢记品牌延伸的规律非常重要，它有助于管理者减少品牌延伸的失误，避免品牌延伸失败给母品牌带来损害的风险，提高品牌延伸的成功率。

1. 品牌定位的宽窄同品牌延伸力成正比

如果品牌定位比较宽，即表达情感、展示价值观，则品牌的核心价值包容性比较强，品牌延伸力就比较强，能够延伸覆盖多个种类的产品。如海尔品牌定位“真诚到永远”，“真诚”的包容性很强，所以海尔从冰箱延伸到空调、彩电、热水器等几十种家电都获得了成功。雀巢定位的核心价值是“温馨、有亲和力”，所以雀巢能包容咖啡、奶粉、冰激凌、饮料、矿泉水等多种产品，并广为消费者所接受。

反之，如果品牌定位比较窄，主要表达功能性利益，优点是定位相当清晰，但品牌延伸力就比较弱。如海飞丝“去屑”、舒肤佳“除菌”、立白“不伤手”，延伸的难度就比较大，即使进行品牌延伸，新产品距离原产品也不能太远。

总之，品牌内涵越抽象，品牌延伸力就越大；品牌内涵越具体，品牌延伸力就越弱。

2. 品牌美誉度高低同品牌延伸力成正比

美誉度较高的品牌往往拥有良好的信誉，受到消费者的信赖，消费者往往基于对原品牌的信赖，能在短时期内接受品牌延伸的新产品。相反，美誉度一般的品牌，其延伸产品往往会令消费者怀疑企业的能力和动机，较难获得成功。

3. 品牌纵向延伸很难成功

高品质品牌推出低档产品，往往会损害品牌原有的高贵形象，挫伤原消费群体的积极性，稀释原品牌的价值，给企业造成难以挽回的损失。同样，低档形象的品牌也很难向上延伸，因为品牌的低档形象在消费者心中已经根深蒂固，很难扭转，所以很多企业推出高端新产品时，往往不再使用原来的品牌，而是采用一个新品牌。

4. 品牌如果成为某类产品的代名词，则很难延伸到其他类别产品

如果某一个品牌已经成为某一类产品的代名词，那么延伸推出其他类别的产品就很难被消费者接受，品牌延伸很难成功。比如，施乐是一个复印机品牌，在消费者心中早就成了复印机的代名词，然而 1970 年，施乐公司异想天开，把自己和 IBM 看齐，将品牌延伸到信息技术行业，结果 10 亿美元的投资打了水漂。

管理实践

品牌的过度延伸

很多品牌曾追求多元化经营，但是并未取得想象中“多子多福”的效果，甚至一度引起了消费者对于品牌的质疑和对原有品牌形象的认知混乱。

活力 28 是一个有着 70 年品牌历史的日化企业，创建于 1950 年，总部位于湖北省荆州市，分部位于上海，全线产品主打“除菌除螨”“天然原料”“植物亲肤”“绿色企业”概念，曾是中国日化领域的一面辉煌旗帜。当活力 28 占领洗衣粉城市市场 2/3 份额之后，不甘心仅仅局限在日化洗涤领域，便开始引进国外先进的餐洗、洗发水等设备，开始大规模开发日化相关产品，甚至做起了纯净水开发。“做洗衣粉的来做水”，总让消费者觉得自己喝的纯净水里面有洗衣粉的味道，这种品牌延伸最终无疾而终。

资料来源：张辰，阳光，谷俊，严久盛等．活力 28 失踪 [J]．中国质量万里行，2005 (09)：18 - 21.

能力训练

同步测试

一、选择题

1. 下列不是品牌延伸的是（　　）。

A. 产品线延伸　　B. 消费者延伸
C. 产品类别延伸　　D. 纵向延伸
2. 品牌延伸的作用包括（　　）。
A. 提高市场认可度　　B. 降低营销成本
C. 丰富品牌含义　　D. 满足顾客需求

二、简述题

1. 品牌延伸有哪些作用?
2. 试举例分析品牌延伸的正面效应和负面效应。

三、案例分析题

云南白药的品牌延伸策略

对于企业的决策层而言，审慎地布局品牌延伸是一个事关企业生存和发展的重大问题。云南白药公司（以下简称云南白药）的品牌延伸实践具有一些有价值的经验，可为企业的决策管理层提供参考。

20 世纪 90 年代以前，云南白药的主打产品还是传统的散剂，其核心功效是止血，可就在这个强项上，云南白药也摔了跟头。1992 年，强生公司的邦迪创可贴进入我国市场，让许多中国人都知道了这个神奇的东西能够快速止血。由于它简单易用，满足了消费者的需求，在短短几年的时间里，中国快速止血市场上，到处都是邦迪创可贴，云南白药散剂的身影逐渐消失。痛定思痛，云南白药开始觉醒：在市场竞争的条件下，如果不进行品牌延伸，无异于慢性自杀，不仅现有的局面难以维持，而且老的品牌地位也会被竞争对手蚕食，直至丧失。从 20 世纪 90 年代末期开始，云南白药开始有意识地围绕其传统的白药生产线大做文章，实施品牌延伸策略。2001 年，云南白药投资成立上海透皮技术研究有限责任公司，主要负责云南白药创可贴与云南白药膏的研究、生产和销售，这两种延伸产品充分利用了消费者对云南白药品牌的认知优势，保持了传统白药散剂的核心功效；同时，结合消费者使用便利的要求，云南白药公司对传统白药进行了深度挖掘改造，保证了产品的创新性和实用性。这两种产品一经推出，很快就获得了成功。比如，在创可贴市场上，云南白药的市场份额高居首位。据调查，在国内市场几种创可贴产品的评比中，云南白药创可贴以其特有的止血、消炎等组合功效，获得综合得分第一。另外，云南白药还以传统白药散剂为基础，先后开发出胶囊剂、酊剂、硬膏剂、气雾剂、喷雾剂等新剂型，逐步形成了围绕云南白药内服和外用的立体化产品系列。通过这一连串的品牌延伸，云南白药重新焕发了活力，为其进一步发展打下了坚实的基础。

随着公司的发展，云南白药发现日化行业有较高的利润率，而且通过日化行业，可以非常有效地进行品牌延伸，扩展公司的业务范围。基于此，云南白药强势进入了日化行业。其实早在 2003 年，云南白药就有意识地进行了布局。在这一年的股东大会上，云南白药通过了“在营业范围内增加食品、日化用品内容”的公司章程修改议案，为云南白药公司进军日化行业作出了规划。2004 年，在一片质疑声中，云南白药牙膏被开发出来，投向牙膏的高端市场。令业内人士大跌眼镜的是，在竞争高度激烈的高端牙膏市场，云南白药硬是抢占了相当大的一部分市场份额，和传统的高端牙膏巨头（佳洁士、高露洁和中华）鼎足而立。正如云南白药相关负责人所言："对于云南白药而言，无论进入哪个领域，产品只是一个载体，其中所蕴含的活性成分及其所具备的独特功效才是云南白药的真实卖点。"这就是云南白药品牌延伸的核心实质！在牙膏市场，云南白药还在不断推出各种新型牙膏，以满足不同的细分市场，拓展品牌延伸的广度和深度。此外，云南白药还开发了沐浴露、洗发水、"鞋爽"气雾剂、"车爽"气雾剂等产品。这些不断推出的新产品既丰富了云南白药日化产品线，也能够在整体上实现较强的产品销售协同效应，达到品牌延伸的目的。

资料来源：刘迅．云南白药的品牌延伸 [J]. 企业管理，2011 (02)：46-48.

请尝试分析以下问题：

1. 云南白药的品牌延伸过程体现了哪些知识？
2. 云南白药的品牌延伸过程有哪些经验值得借鉴？

技能训练

实训项目：掌握品牌延伸的策略

一、实训目的

1. 了解品牌延伸的理论。
2. 锻炼学生能够对现实的品牌发展和延伸等进行研究，提出建设性建议。

二、实训内容

1. 实训资料。搜集一个带有民族特色品牌的命名与品牌延伸相关资料。

2. 具体任务。根据所掌握的品牌发展状况的资料，为其制订详细的品牌延伸发展策略方案。

3. 任务要求：

(1) 品牌解析模块。了解品牌的基础资料和特征；了解该品牌个性因素。

(2) 品牌延伸模块。了解该品牌发展策略；了解该品牌延伸的现状，分析其市场合理性。

(3) 品牌延伸战略及发展方案设计模块。根据所掌握的情况，结合该行业外部环境、企业内部战略和资源状况等约束条件，给出合理的品牌延伸战略；制订详细的品牌延伸策略方案。

三、实训组织

(1) 按实训项目将班级成员分为若干小组，每组 6～8 人，采用组长负责制，组员合理分工，团结协作。

(2) 相关资料和数据的收集可以进行实地调查，也可以采用二手资料，由专人负责记录和整理。

(3) 小组充分讨论，认真分析，形成小组的实训报告。

(4) 各小组在班级进行实训作业展示。

四、实训步骤

(1) 指导教师布置实训项目，指出实训的要点和注意事项。

(2) 各组明确实训任务，制订执行方案，请教师指导通过之后执行。

(3) 小组成员分工明确，广泛收集资料和数据。

(4) 由专人进行资料的汇总，记录明确。

（5）各组讨论形成核心思想，归纳要点，形成讨论稿，完成实训报告。

（6）各小组展示实训作业并互评成绩。（理论运用、资料翔实、文字表达方面占60分，小组代表的语言表述方面占30分，团队协作和报告形式方面占10分）

（7）指导教师进行综合评定和总结。

第六章

品牌文化塑造

知识目标

1. 掌握品牌文化的概念，理解品牌文化与品牌的文化属性。
2. 理解品牌文化的内涵，了解品牌文化的物质属性和精神属性。
3. 掌握品牌文化塑造的方法和途径。
4. 了解品牌文化的艺术性。

技能目标

1. 初步培养自己的品牌文化塑造意识，能够识别企业的品牌文化及其属性。
2. 能够应用品牌文化管理理论分析和处理实际管理问题，能够评价企业的声誉资本。
3. 逐步培养自己的品牌文化塑造能力。

素养目标

1. 树立对传统民族品牌的文化认同感，树立塑造正确品牌核心价值的观念。
2. 增强对传统民族品牌文化艺术性的理解。

第一节　品牌文化与企业文化

案例导入

全聚德的“鸭”文化

品牌不仅意味着产品足以信赖的品质，更多地体现为一种价值观的文化认同与体验。文化因素是品牌驱动的重要力量。消费者购买商品也是对品牌所承载的文化价值的心理追逐和个人情感的释放。全聚德创建于清同治三年（1864 年），不仅是中国餐饮类久负盛名的中华老字号，还是国际市场上独具特色的中国美食文化的代表。全聚德是成功开展品牌化经营的中华老字号之一，1999 年“全聚德”被国家工商总局认定为“驰名商标”。全聚德的“鸭文化”既是物质文化也是精神文化。数千年来，人们对鸭的饲养、繁育、食用的认识与实践不断深入，形成“鸭文化”。以鸭宴客之俗，在历代古籍中多有记载，最早可追溯至 2000 年前的《左传》。全聚德聚焦于“鸭文化”，其菜品早年有“鸭四吃”，20 世纪 30 年代发展为有 20 多道菜品的“全鸭菜”，20 世纪 50 年代后又开发出一批新菜品，逐步形成著名的“全鸭席”。创建 100 多年来，经历代名厨传承创新，博采中华烹饪技艺之精粹，形成了以全聚德烤鸭为主，融川、鲁、淮、粤菜肴于一体的全聚德菜系。在全聚德，顾客每吃一只烤鸭就会得到鸭子的“身份证”，这张“身份证”是一张印刷精美的明信片，记载着“您享用的是全聚德第×××只烤鸭”，不仅每桌顾客吃到的烤鸭都是独一无二的，还可以进行质量追溯。顾客进店后可以对鸭胚进行挑选，选好后用毛笔蘸上饴糖水在鸭胚上写上吉祥字，待鸭子烤熟后，吉祥字或图案就会显现出来。这种“鸭文化”营销方式不仅传达了百年老店的历史底蕴，也让顾客亲身参与了全聚德的“美食旅程”。“烤鸭外交”中，“烤鸭”成为最亲和的跨文化传播媒介，在官方外交中充当“润滑剂”角色；在公共外交中，作为中华文化的“使者”，“烤鸭”在国家和城市形象塑造中发挥着重要作用。

资料来源：张景云，张希．中华老字号品牌的文化营销：以全聚德为例 [J]．商业经济研究，2017 (16)：55 - 57.

思考：

1. 什么是品牌文化？
2. 全聚德品牌文化的形成都需要哪些要素？
3. 全聚德品牌文化在品牌传播过程中起到什么作用？

品牌自诞生起，就与文化相伴。品牌的核心是文化，是品牌蕴含的深刻价值内涵和情感内涵，即品牌所沉淀的价值观念、生活态度、审美情感、个性修养、时尚品位和情感诉求等精神象征。在消费者心目中，他们所钟情的品牌作为一种商品的标志，除了代表商品的质量、性能及独特的市场定位以外，更代表他们自己的价值观、个性、格调、生活方式和消费模式，带有品牌的烙印。他们对品牌的选择和认可，不只是建立在产品上，更建立在对品牌文化内涵的理解，以及维系消费者与品牌的独特品牌形象和情感因素上。

品牌是市场竞争的强有力手段，同时也是一种文化现象，有着丰富的文化内涵。在塑造品牌形象的过程中，文化起着催化剂的作用，使品牌更加具有意蕴与韵味，让消费者牢记品牌，从而提高品牌的认知度、知名度与美誉度，提高品牌的市场占有率①。品牌文化是品牌的价值核心，它决定品牌存在的方式、演变的路径，是品牌的精神理念，也是企业与消费者共同构建的价值观。

品牌文化不仅包括产品、广告等因素，还包括消费者、企业、竞争者和社会公众等因素，是多种文化的集合体，也是社会文化经济体系的重要组成部分。只有深入理解了品牌所蕴含的文化价值，才能从根本上领会品牌的经济意义，建立有竞争力的品牌②。

了解了品牌与文化的关系，我们可以看到，品牌不仅是为了营销，更是为了传播产品与服务的内在价值。而这种价值的核心，会逐渐沉淀为文化。下面，我们再来对品牌文化与企业文化进行辨析。

一、品牌文化与企业文化的区别

（一）企业文化与品牌文化的起源不同

品牌的载体是产品，是商品和服务。并非所有的产品都有品牌，但品牌需要有高质量的商品和服务作为支撑。品牌文化源于商品，靠商品的属性和内在品质来体现。因此，品牌文化的起点远远早于企业文化。企业文化的起点是企业的问世。企业诞生之后才能沉淀出企业文化。企业文化是企业经过历练的产物，在时间概念上要晚于企业。

（二）企业文化与品牌文化的作用不同

企业文化是一种柔性的管理手段，通过建立共同的价值观，形成统一的思维方式和行为方式，凝聚员工人心，提升员工的执行力，增强团队的战斗力。品牌文化本身是打造品牌的一种方式，企业通过营销策划、广告宣传、客户关系等各方面进行品牌文化整合，通过典故、故事、仪式和人物等文化载体进行传播，让消费者能够理解品牌的精神、个性和文化内涵，影响和引导消费者的消费取向，获取消费者对品牌的信赖和忠诚。

（三）企业文化与品牌文化的建设方法不同

企业文化是内倾型、内向型的，主要是在员工中开展。在日常生产经营活动中，通过仪式活动、表彰奖励、宣讲员工手册等方式对企业文化进行建设。品牌文化是外倾型、外向型的。品牌文化是“品牌”与“文化”的有机融合，塑造方法瞄准目标消费者，分析其精神需求和社会文化价值观，同时沉淀出契合目标市场和品牌内

---

① 杨芳平．品牌学概论［M］．上海：上海交通大学出版社，2009.

② 蓝天．企业品牌与文化［M］．武汉：华中科技大学出版社，2012.

涵的文化精神，建立起消费者对品牌的文化认同。

二、品牌文化与企业文化的联系

（一）企业文化与品牌文化的内涵应该统一

企业文化与品牌文化都不能脱离公司的产品和经营，都要服务于企业的发展。因此，其核心内涵应该是统一或者相通的。企业文化是企业在长期的生产经营活动中所形成的企业员工所共同遵循的企业精神、经营理念、价值观、行为规范、道德准则、管理制度以及企业形象的总和。重点是企业价值观、企业理念和行为方式的塑造，是企业生产与发展的指导思想。品牌文化是以品牌个性、精神的塑造和推广为核心，使品牌具备文化特征和人文内涵，重点是通过各种策略和活动使消费者认同品牌所体现的精神，然后形成一个忠诚的品牌消费群体。① 例如，海尔品牌给人一种优质、真诚和负责的感觉，其企业文化也是以真诚、创新为核心。

（二）企业文化指导品牌文化

我们能感受和认知的企业文化是由企业一系列经营行为所表现出来的，反映着企业经营价值观体系。企业品牌文化的核心是品牌价值，其所彰显的是企业经营者满足消费者需求的理念。在此理念下所形成的品牌经营行为是我们能感知的品牌文化。可见，品牌文化是企业文化的重要组成部分，由企业文化指导和引领。

（三）品牌文化与企业文化存在互动

品牌文化与企业文化彼此相互映衬。品牌文化是品牌发展的主要动力，是与消费者连接的重要方式。品牌文化建设是在企业文化的指导下进行的，品牌在消费者心中的表现既代表了品牌的形象，又彰显了企业的形象。良好的品牌形象能够烘托出良好的企业形象，优秀的企业文化能够孕育出优秀的品牌文化。

知识拓展

企业在品牌打造中常见的误区

1. 通过密集广告和低价销售来推广品牌

有些企业喜欢投入大量资金进行猛烈的广告战，但企业应该注重以产品品质作为广告依托。如果只关注宣传而忽视品牌产品的品质建设，那么，企业就不能长久维持。仅仅依靠“薄利多销”则不利于品牌稳定消费群体的构建。如果一个品牌缺少文化底蕴，缺失精神价值，不管该品牌的广告做得如何铺天盖地，也只能是一种虚假繁荣。品牌文化的构建不应该通过“炒作”来实现，企业要有精品意识。

2. 品牌打造缺乏文化内涵

中华民族悠久的历史和博大精深的文化，是我们的品牌走向世界的资本。我国的传统品牌老字号，都是经历过少则几十年多则上百年沧桑历程的，是具有顽强生命力和广泛群众基础的。老字号沿袭了中华民族的商业血脉，传承了古老文明的精髓，形成了独特的品牌文化。然而，在以品牌竞争为主的经济时

---

① 杨芳平．品牌学概论［M］．上海：上海交通大学出版社，2009.

代，个别老字号企业的经营策略存在误区，精神文化缺失，品牌个性特征不够鲜明，没有体现出传统品牌的特色和丰富的内涵底蕴，从而影响了其进一步发展壮大。

3. 严重缺乏品牌危机意识

我国的品牌建设不能照搬国外经验，要在考虑了国内民族文化背景、经济社会环境、经济目标、企业组织模式等基础上借鉴国际企业文化成功的经验，创立具有中国特色的品牌文化。企业经营者在具体的经营活动中，必须采取一切措施和方法保护品牌形象，保护品牌的市场地位。企业要打造品牌，更要保护品牌。在品牌建设过程中，要有品牌危机意识，要不断突破原有认知模式，继承传统文化，在扬弃的基础上创新和发展。

资料来源：蓝天．企业品牌与文化［M］．武汉：华中科技大学出版社，2012.

能力训练

同步测试

一、单选题

1. 孔子曰：“不学礼，无以立。”这表明在企业文化建设当中（　　）的重要性。

A. 礼仪　　B. 学习　　C. 精神　　D. 物质

2. 品牌文化与企业文化的关系是（　　）。

A. 此消彼长　　B. 相辅相成　　C. 相互指导　　D. 无联系

二、简述题

1. 企业文化的内涵是什么?
2. 品牌文化的功能有哪些?
3. 请列举 3 个中国本土著名品牌，谈谈它们的品牌文化特色是什么。

三、案例分析题

雷允上的品牌文化

雷允上是中华老字号，四大药堂之一，是国家非物质文化遗产保护单位。300 年来，雷允上一直恪守“精选道地药材允执其信，虔修丸散膏丹上品为宗”的祖训，坚持医药并济的战略方针，传承发扬温病学说学术精髓，致力于弘扬中医药文化的“治已病，更注重防未病”的核心理念，以“聚百草，泽万民”为使命，目前已经发展成为集工业、商业、连锁、中医馆、健康养生、药材种植为一体的中医药大健康产业集群。2019 年，雷允上药业作为上海市中华老字号企业代表，在第二届进博会上向全世界展示国家级非遗项目“雷氏六神丸制作技艺”场景。在用户心目中，使用雷氏产品意味着绿色健康、安全可靠。

在品牌的发展壮大过程中，“绿色安全、名医名药、服务健康”的雷氏品牌内涵，不仅已成为企业员工的共同意志，也为社会上广大消费者所认知和接受。“雷氏”品牌这几年的成绩，是通过内部的有效整合和独具特色的终端营销，以最小的资金投入，在短短的数年里，就赢得了巨大的市场美誉度，堪称重塑百年老品牌的一大典范。“雷氏”所传递给大众的不只是好的药品，还有传统中医药的优秀文化。在雷氏中医药保健节暨雷氏中医膏方节上，企业请名老中医为居民提供冬令进补和保健养生的良方，弘扬传统中医药文化，使雷氏秉持的现代保健养生理念逐渐渗透到社区居民的心中。由上海雷允上药业参与编撰的《雷氏名中医谈病丛书》《中医膏方指南》《中医五行与四季保健》《名贵中药的家庭进补》《家庭常用人参事典》等各类健康知识类书籍，成为该企业传播中医药知识不可或缺的重要工具。“雷氏”品牌在深入推广的过程中，已经融合了上海市名老中医的资源、各大协（学）会的资源、中医药文化的资源，在向外不断扩张的同时，内涵不断得到充实，品牌影响深入人心。

资料来源：李滨．品牌文化与品牌战略［M］．西安：西安交通大学出版社，2016.

请尝试分析以下问题：

1. “雷氏”的品牌文化是什么？
2. 构建品牌文化有什么作用？
3. 在构建品牌文化时，如何更好地结合中华民族的传统文化？

技能训练

实训项目：根据企业文化设计品牌文化

一、实训目的

（1）了解品牌文化的基本功能。

（2）认识企业文化与品牌文化的关系。

二、实训内容

1. 实训资料。立帆公司是一家生物制药公司，主要业务涉及医药技术开发及技术转让、药材加工、药品生产、保健食品制造等。公司共有员工 2000 人，以“绿色安全、科技环保”为企业文化理念。如果让你参与企业品牌管理工作，对企业品牌文化进行设计，你想体现出怎样的品牌文化内涵？

2. 具体要求。

（1）设计立帆公司的现实场景。

（2）分析品牌文化对增强企业凝聚力的影响，总结品牌文化内涵。

（3）针对所设计的品牌现状，撰写品牌文化建设实施方案。

三、实训组织

（1）按实训项目将班级成员分为若干小组，每组 6～8 人，采用组长负责制，组员合理分工，团结协作。

（2）小组充分讨论，认真分析，形成小组的实训报告。

（3）各小组在班级进行实训作业展示。

四、实训步骤

（1）指导教师布置实训项目，指出实训的要点和注意事项。

（2）各组明确实训任务，在教师的指导下制订方案，并具体实施该方案。

（3）小组成员分工明确。

（4）由专人进行资料汇总，记录明确。

（5）各组讨论形成核心思想，归纳要点，形成讨论稿，完成实训报告。

（6）各组分别展示实训作业，并互评成绩。（理论运用、资料翔实、文字表达方面占 60 分，小组代表的语言表述方面占 30 分，团队协作和报告形式方面占 10 分）

（7）指导教师进行综合评定和总结。

第二节　品牌文化的内涵

案例导入

中国低碳创新品牌——雷士照明

“光随心行，智亮未来”是雷士照明的品牌核心理念。雷士照明以智能化、健康化、人性化的照明科技，为用户提供高品质的照明应用解决方案，为人们带来更美好的生活。雷士一直致力于推广绿色照明，走节能环保、创新的发展之路。雷士通过自主研发，开展持续节能环保、创新运动，为大众提供高品质、节能、优美的人工照明环境，深化产品发展战略，从照明产品与服务到突出行销“光环境”，践行节能减排的低碳行动。

2003 年，雷士照明提出并注册“光环境专家”形象；2004 年，雷士照明成为亚太地区第一个加入德国 DIALUX 专业照明设计软件外挂程序的照明企业；2005 年，雷士照明建立广东惠州雷士工业园，在广东惠州设立国际标准的照明研发中心；2007 年，雷士照明中标参与 2008 北京奥运工程；2008 年，“雷士”商标被认定为中国驰名商标，雷士奥运产品获取中国创新设计最高荣誉——至尊金奖，当年还成立了雷士商学院；2009 年，成立广东首家省级绿色照明工程技术中心；2010 年 5 月 20 日，雷士照明成功在中国香港联交所主板上市。2022 年，雷士照明品牌价值达到 508.45 亿元，连续 11 年蝉联中国照明行业榜首。同年，雷士照明在亚洲品牌 500 强中位列榜单第 363 名，是唯一连续三年入选的照明品牌。

经过多年积累和持续投入，雷士照明已建立起完善的研发体系。雷士照明在广东惠州总部按国际标准建立照明实验室，拥有严苛的 CNAS 认证实验室，产品品质检测水准与国际同步，保证了产品质量优良、稳定。企业坚持采用优质的光源、电子件、材料和工艺，光效设计要求普遍高于国内能效标准。企业聘请国内外著名电光源专家、灯具专家和顶尖设计团队为顾问，并与同济大学、复旦大学等高校开展合作，实现产、学、研一体化，为企业发展提供了强大的技术动力。

资料来源：根据雷士照明官网相关资料改写.

思考：

1. 雷士照明的经营过程中反映了怎样的品牌文化？

2. 品牌文化对于顾客定位和产品营销有着怎样的作用？

一、品牌文化的内涵与特征①

如今，品牌之间的竞争日益体现为品牌文化层面上的竞争。无数市场营销和品牌竞争的实践证明，品牌知名度高并不代表品牌的价值高。品牌价值的核心资源是文化内涵。中国拥有悠久的历史，各类产品文化也有着丰厚的文化底蕴。如何对产品、品牌的文化内涵和价值进行挖掘，赋予产品以文化的韵味，将历史文化元素融入产品和品牌营销中，是关系现代市场经济条件下品牌经营战略的重要议题。可见，了解品牌文化的内涵与特征，对于提升企业的品牌影响力具有重要的作用。

（一）品牌文化的内涵

品牌文化，是指有利于识别某个销售者或某群销售者的产品或服务，并使之与竞争者的产品和服务区别开来的名称、名词、标记、符号或设计，或是这些要素的组合；是指文化特质在品牌中的沉淀和品牌经营活动中的一切文化现象，以及它们所代表的利益认知、情感属性、文化传统和个性形象等价值观念的总和；是指在文化积淀过程中，文化创造者所呈现出来的精神、行为状态。

品牌含有很高的文化价值，是社会物质形态和精神形态的统一体，是现代社会消费心理和文化价值取向的结合。品牌中沉淀的文化内涵，也就是指在品牌的各个层面吸收和借鉴人类文明的一切成果。品牌是经济现象，也是文化现象。在品牌文化形成的过程中，社会也逐渐产生了一系列文化心态、文化习惯、文化观念和文化现象。这些都是品牌活动的衍生品和附属品，对品牌经济和社会发展有着深刻的影响。

（二）品牌文化的特征

品牌与文化相辅相成。品牌是一种文化现象，蕴含着丰富的文化内涵。它的主要特征体现在以下几个方面。

1. 品牌文化具有个性化的特点

品牌最根本的价值在于标志差异化的产品和服务。相对应的，品牌文化也应具有鲜明的个性。通常人们描述一个人的个性，都会用诸如成熟、随和、傲慢、谦虚、乐于助人、平易近人、冷漠、热心等词语。而描述品牌个性就会用消费者所向往的个性来描述。从另一种角度来说，品牌是顾客实现梦想的一种方式。

2. 具有鲜明的主观性

品牌文化是品牌拥有者事先设计好，在一定时间内通过一系列的实践活动定向积累而成的。与人类文化相比，品牌文化带有更强烈的人的主观性特征。相对于人类文化蕴含的某个民族或某个地域的群体无意识的主观性而言，品牌文化往往带有设计者的主观意识性，是品牌拥有者按照设定的方向，通过广告、营销等方式积淀

① 杨芳平．品牌学概论［M］. 上海：上海交通大学出版社，2009.

而成的。

3. 具有相对稳定性

品牌文化一经形成就具有稳定性，尤其是品牌文化中的精神文化系统。品牌文化形成后，品牌推广的方式是变化的，但品牌所反映的品牌文化个性、品牌精神文化都是不变的，是一定的利益认知、感情属性、文化传统和个性形象等价值观念的长期积累。深层品牌文化，即品牌精神的部分，对企业经营将产生持续、长远的作用，关系到企业的长期规划。

4. 具有动态性

品牌文化的形成受到宏观社会文化系统的影响。一方面，品牌文化中蕴含着超越民族、国家的恒定不变的因子；另一方面，品牌会随着时代的发展和社会文化的变迁而注入新的内涵，存在动态性。

二、品牌文化的作用①

品牌文化建设对提高品牌力甚至企业的核心竞争力是十分有利的。因为对于一种文化的认同，消费者是不会轻易改变的。这个时候，品牌文化就成了对抗竞争品牌和阻止新品牌进入的重要手段。这种竞争壁垒存在的时间长且不易被突破。品牌文化的作用体现在以下几个方面。

（一）标志差异的识别作用

品牌文化最基本的功能就是识别标志差异。品牌文化为品牌创造了多层次、多角度的识别功能。第一，从外在的视觉系统造成品牌视觉形象上的差异，包括企业的形象识别系统和产品的基本品牌要素。第二，从行为文化系统上造成行为识别的差异，主要是指品牌文化在推广实践中所遵循的标准与规范的差异。第三，精神文化上的理念识别的差异，即通过视觉系统、行为文化系统、语言系统所表达出来的品牌在其价值观、使命、宗旨等方面的差异性。

（二）整合资源的作用

品牌文化从诞生之初就存在整合自身发展资源的作用。品牌文化的塑造涵盖设计、生产、销售、服务等一系列经营环节，涉及企业的人、财、物等多个生产要素，对无形资源、有形资源进行组合，从而达到各类资源的合理利用与配置。

（三）提升市场竞争力的作用

品牌文化的形成有助于提升企业的市场竞争力，实现企业的可持续发展。随着全球经济一体化进程的加速，市场竞争愈加激烈，厂商之间的同类产品在性能、质量、价格等方面实施差异化战略越来越困难。此时，品牌资源就成为厂商之间竞争的重要资源，品牌文化成为企业进入市场、拓展延伸的关键。

（四）传播上的整合作用

在媒体发展迅猛的信息时代，整合营销传播是品牌营销的必然发展趋势。品牌文化实现了统一化、标准化的层次识别，为品牌传播创造了巨大的优势，它在不增加传播费用的基础上，使品牌信息量得到成倍增长，提高了传播效果。

---

① 杨芳平．品牌学概论［M］. 上海：上海交通大学出版社，2009.

（五）提升品牌价值

品牌文化的构建，是联系企业和消费者的过程，也是企业竞争取胜的关键。品牌文化的构建，从品牌价值发现入手，在品牌要素的各个方面体现品牌的价值观，并通过文化传播提升品牌价值。

三、品牌文化的构成要素①

品牌文化是在品牌建设过程中不断发展并积淀起来的，由品牌物质文化、品牌精神文化和品牌行为文化等部分构成。第一，品牌物质文化是品牌文化思想的实物体现，通过产品、品名、标志、包装等方面体现品牌文化的思想和品牌价值观。第二，品牌精神文化是品牌文化的核心，它涵盖有关品牌精神和品牌价值观的元素，决定了品牌的内涵与特征。第三，品牌行为文化是品牌传播、营销过程中所展现的文化，在品牌营销的每一个环节充分体现品牌的精神，并保证每一营销环节都有助于品牌文化的形成，有助于树立良好的品牌形象。

（一）品牌物质文化

品牌物质文化是品牌的表层文化，由产品和品牌的各种物质元素构成，是品牌理念、价值观、精神面貌的具体反映，集中表现了一个品牌在社会中的外在形象。消费者对品牌的认识主要来自品牌的物质文化，它是品牌对消费者的最直接的影响要素。因此，它是消费者和社会对一个品牌总体评价的起点。根据品牌的物质构成要素，品牌物质文化可分为产品特质和符号集成两方面。

1. 产品特质

产品特质是品牌必须具备的功能要素，它满足消费者对产品的基本需求，是消费者需求的出发点。产品特质包括产品功能和品质特征，是消费者对品牌的基本需求，是消费者对品牌功能的价值评判标准。

2. 符号集成

符号集成是多种品牌识别元素的统称，它们包装和完善品牌，为消费者提供产品功能价值之外的需要，它包括视觉部分（品牌名称、标志、产品形状、颜色、字体等）、听觉部分（音量、音调和节拍）、触觉部分（材料、质地）、嗅觉部分（味道、气味）。

（二）品牌精神文化

品牌精神文化是品牌文化的精髓和核心。它掌控着品牌文化的发展方向，决定着品牌的核心价值观。品牌精神文化是指品牌在市场营销中形成的一种意识形态和文化观念。它是品牌文化中的心理部分，包括品牌精神、品牌愿景、品牌伦理道德、价值观念和目标等。它决定品牌的个性和品牌形象，决定品牌态度，以及品牌在营销活动过程中的行为表现。格力的品牌精神是“让世界爱上中国造”，海尔的品牌精神是“诚信生态、共赢进化”等，它们都是品牌对消费者和社会的承诺，影响企业与消费者的思想。在品牌营销传播过程中，企业把这种品牌价值观贯穿于品牌营销传播的每一环节，从产品设计、功能特性、品质到营销、传播和服务，无不体现品

---

① 杨海军，袁建．品牌学案例教程［M］．上海：复旦大学出版社，2009.

牌精神。

在品牌精神文化的指导下，企业形成了品牌的制度文化。品牌的制度文化是指与品牌营销活动中形成的品牌精神、价值观等意识形态相适应的企业制度和组织机构。它是品牌文化中品牌与企业结合的部分，又称“中介文化”。它包括企业领导体制、组织结构、营销机制等为进行正常的生产经营而制定的管理制度等。品牌的制度文化反映了企业的性质和管理水平，是为了实现企业目标而制定的一种强制性的文化。

（三）品牌行为文化

品牌行为文化是品牌营销活动中的文化表现，包括销售行为、传播行为和个人行为等，是品牌价值观、企业理念的动态体现。品牌的价值在于品牌的营销和传播，在于品牌与消费者之间的互动。品牌行为是构建品牌价值体系、塑造品牌形象的关键。品牌文化在品牌运动中建立，品牌价值在营销传播中体现。品牌行为是品牌与顾客关系建设中的核心过程，关乎品牌的个性彰显和品牌形象塑造，关乎企业营销的成败，关乎企业的生命。品牌行为必须与品牌精神相一致，主要包括以下几方面。

1. 品牌营销行为

品牌营销行为包括产品、价格、促销和分销等营销组合和服务。营销行为中，服务作为一种独特的方式，是品牌行为的主要内容，也是品牌塑造的重要环节。

2. 品牌传播行为

品牌传播行为包括广告、公共关系、新闻、促销活动等。品牌传播行为有助于品牌知名度的提高和品牌形象的塑造。

3. 品牌个人行为

品牌行为包括企业家、员工和股东等个人行为，即企业家、员工和股东等的行为构成了品牌个人行为，品牌行为又代表着他们的行为。

品牌文化系统由以上几个部分组成，它们形成了品牌文化由表层至深层的有序结构。物质文化最为具体实在，属于表层文化；行为文化是一种活动，处在浅层，制度文化属于观念形态的表现形式，是人与物的结合部分，属于中层文化；精神文化是价值观和文化心理，属于核心文化。各系统之间相互影响、相互制约和相互渗透。精神文化是品牌文化的基础，行为文化、制度文化和物质文化均在此基础上产生；行为文化是品牌文化的外壳，是物质文化、制度文化和精神文化动态的反映；制度文化是品牌文化的关键，它把物质文化、行为文化和精神文化有机整合，统一为整体；精神文化是主导、是中心，它决定其他文化的变化和发展方向。

知识拓展

品牌的文化板块构成

在我们所闻、所见、所购、所用品牌的背后，都是各种文化在争奇斗艳，没有文化支持的品牌是不存在的。下面我们就从国内的几个文化板块来简单探讨这个问题。

(1) 京城板块——皇家文化。自15世纪明朝迁都北京，至今已有600多年的历史，北京已经成为一座历史文化名城，不仅仅因为它是首都，还在于它那浓郁的文化气息和悠久的历史积淀。许多文化色彩较浓的中华老字号都是在北京这块沃土中成长起来的，如同仁堂、全聚德、王致和等。北京的胡同、四合院反映了鲜明的京味文化，而北京的会馆、琉璃厂、大栅栏更集中体现了明清以来其作为都城的复合文化。显然，北京板块具有大一统的、权威的、复合的多重特征。

(2) 中原板块——齐鲁文化。黄河水养育了山东人，也形成了他们粗犷豪迈的性格。孔子、孙子、孟子、墨子等人影响了整个中国几千年，齐鲁文化的底蕴可谓深远！在齐鲁大地上成长起来的山东人，除了具有豪爽、诚实和直率的性格外，还具有"登东山而小鲁，登泰山而小天下"的宽广胸怀和豪迈气概。进军世界的海尔就是一个证明。

(3) 大巴山板块——巴山夜雨。四川山清水秀，人杰地灵，在革命战争年代，走出了一批又一批的无产阶级革命家。在现代化的今天，四川人具有长远的眼光，长虹主张的"长虹，红太阳一族""以产业报国为己任"，正是这种精神的生动写照。也正因为如此，长虹能在激烈的彩电大战中脱颖而出，与TCL王牌、康佳一起成为中国彩电行业的三巨头。

(4) 广东板块——岭南粤菜。广东人拥有精明能干的个性，也正是由于这种个性，才使广东成为经济大省，走在全国的前列。广东的知名品牌数不胜数。

(5) 江苏板块——浪下东吴秦淮河。"杏花春雨江南"与"骏马秋风塞北"形成了鲜明的对照。江苏给人的感觉是"柔美"，无论是人、风景，还是企业品牌，都不同于北方那种粗犷豪迈的阳刚之美。江苏企业在经营上小心谨慎、不打无把握之仗。在这块特有的南方文化气息中成长起来的品牌，在国内外的竞争中也占有一席之地。

资料来源：刘常宝．品牌管理［M］．2版．北京：机械工业出版社，2014.

能力训练

同步测试

一、选择题

1. 下面各项中，属于品牌文化主要特征的是（　　）。

A. 差异性　　B. 主观性　　C. 可持续性　　D. 客观性

2. 品牌文化最基本的功能是（　　）。

A. 标志差异的识别作用　　B. 整合资源

C. 提升市场竞争力　　D. 提升品牌价值

3. 品牌文化由（　　）、（　　）和（　　）构成。

A. 品牌物质文化　　B. 品牌精神文化　　C. 品牌组织文化　　D. 品牌行为文化

二、简述题

1. 以一名普通消费者的身份谈谈品牌文化对你消费行为的影响。
2. 请分析一下可口可乐与百事可乐品牌文化内涵的异同。
3. 结合某品牌谈谈其品牌文化的构成要素。
4. 举例说明如何培育品牌文化。

三、案例分析题

红豆的品牌文化内涵

"名牌的一半是文化。"红豆本身就具有丰富而美好的文化内涵，因为"此物最相思"。随着生活水平的提高，人们在着装方面不仅注重产品的质量，更注重品牌及该品牌所蕴含的文化。提升红豆品牌文化是红豆集团知识产权工作的一项重要内容，红豆集团一直在这方面不断进行探索，并不断以实际行动来提升企业文化的内涵。红豆历时五年挖掘千年前的文化，为人们留下了一个榜样、一个可以借鉴的中国企业走向世界的可能性。在 2022 年世界品牌实验室公布的数据中，红豆品牌在中国纺织服装行业位列第四名，品牌价值达到 815.78 亿元。

红豆集团将相思含义和牛郎织女鹊桥相会的优美意境巧妙地融合在一起，倡导过中国人自己的情人节，同时用它提升企业文化的内涵，提升品牌的文化含量。从 2007 年开始，红豆集团开始高举七夕"红豆·相思节"大旗，通过诗歌笔会、情歌大赛、爱情故事大赛等形式，倡导全世界华人关注红豆相思节（中国情人节），此举在海内外引起了强烈反响。

问题讨论：

1. 从红豆集团的成长中你受到了哪些启发？
2. 请结合案例分析中国企业品牌文化成长之路。

技能训练

实训项目：理解品牌文化

一、实训目的

（1）掌握品牌文化理论。

（2）锻炼学生能够对现实的品牌文化进行调查，并给出品牌文化可持续发展的设计。

二、实训内容

1. 实训资料

教师选择某企业，让学生搜集该企业有关企业文化与品牌文化的资料。

2. 具体任务

了解、掌握品牌文化调查操作流程，提交详细的品牌文化发展方案。

3. 任务要求

（1）企业文化调查模块：企业文化是品牌文化的基石，品牌文化是企业文化的外化，因此了解该品牌的企业文化是首要任务；设计企业文化调查问卷，针对企业或者消费者等相关者展开调查。

（2）品牌文化调查模块：了解该品牌的物质文化；了解该品牌的精神文化；了

解该品牌的行为文化。

(3) 品牌文化设计规划模块：分析该企业的文化结构；了解该企业所处环境的文化结构；分析小组所选品牌的品牌文化现状；根据所掌握的情况，结合该行业外部文化环境、企业内部文化战略和资源状况等各种约束条件，给出合理的品牌文化战略；制订详细的品牌文化培育方案。

三、实训组织

(1) 按实训项目将班级成员分为若干小组，每组 6～8 人，采用组长负责制，组员合理分工，团结协作。

(2) 相关资料和数据的收集可以进行实地调查，也可以采用二手资料，由专人负责记录和整理。

(3) 小组充分讨论，认真分析，形成小组的实训报告。

(4) 各小组在班级进行实训作业展示。

(5) 指导教师布置实训项目，指出实训的要点和注意事项。

(6) 各组明确实训任务，在教师的指导下制订品牌文化发展方案并执行。

(7) 小组成员分工明确，广泛收集资料和数据。

(8) 由专人进行资料的汇总，记录明确。

(9) 各组讨论形成核心思想，归纳要点，形成讨论稿，完成实训报告。

(10) 各组展示实训作业，并互评成绩。

(11) 指导教师进行综合评定和总结。

第三节　品牌文化的塑造

案例导入

银鹭八宝粥品牌个性的传播策略

银鹭食品事业传承、凝练中华传统文化，将传统美食与现代工艺相结合，创造出独具中国特色的营养健康食品，如八宝粥、花生牛奶、牛奶花生等，并向全国乃至全世界推广。在三十多年发展历程中，银鹭秉承“滋养中国人”的初心，不断推进品牌发展，力求将“爱的味道”传递给消费者。

在品牌文化的传播过程中，银鹭八宝粥十分注重细节。在包装方面，赋予银鹭品牌独有的个性，在其产品特征的基础上进行了品牌个性挖掘，用爱心纳“银鹭”二字于内，赋予了银鹭爱的概念和识别特征。

在品牌公关方面，针对银鹭“爱的味道”的个性诉求，银鹭经常开展大型活动，如十大爱心使者的评选，让全国消费者参与活动进行互动；2021 年在河南暴雨成灾时驰援郑州，履行社会责任。

在产品促销活动方面，只有与消费者展开面对面的沟通促销活动，才能加深消费者对银鹭更多的认识，持续性的活动也是增加消费者忠诚度的一个必由之路。在快速消费品充分竞争的今天，只有让固有的消费群增加对产品的消费频次来实现更多的销售。而要留住固有的消费群，增加消费频次，单单依靠渠道发力是远远不够的，从品牌出发与消费者实现有步骤、有计划、有方法的促销沟通活动也必不可少。相信银鹭在消费者沟通方面亦能做成品牌营销之典范。

资料来源：梁东，连漪．品牌管理［M］．北京：高等教育出版社，2012.

思考：

1. 银鹭塑造了怎样的品牌文化？
2. 如何传播品牌文化？

一、品牌文化的设计①

（一）影响品牌文化设计的因素

品牌文化需要品牌拥有者综合多方面因素提前设计，通过一系列经营时间定向积累。在品牌文化设计时，一方面要考虑适应市场竞争的需要，另一方面要考虑适应社会的客观要求。因此，不同的品牌，其品牌文化的内容、侧重点会有所不同。具体来说，影响品牌文化设计的因素有以下几个。

1. 行业影响

品牌所属行业、领域不同，所承载的品牌文化和样式选择的侧重点也会存在较大差异。例如，餐饮行业与高新技术行业，品牌文化的侧重点就有重大区别，餐饮行业需要打造高质量的服务特色，而高新技术行业需要有核心技术和产品特色。

2. 企业经营性质

品牌经营性质与方式对品牌文化系统有着一定的影响。不同经营性质和经营方式下的品牌组织原则与制度是不同的，员工的精神风貌、企业文化也都不同。例如，计划经济体制下的企业和市场经济体制下的企业，其品牌文化建设存在差异；民营企业与国有企业的品牌文化设计也是截然不同的。

3. 时代特征

随着经济社会发展和技术进步，消费者的消费行为存在鲜明的时代差异，品牌文化的塑造也应根据市场需要进行变革。例如，20 世纪 70 年代结婚的“三大件”是指手表、缝纫机、自行车；到了 20 世纪 90 年代指的是冰箱、彩电、洗衣机。在当下手表早已不是家庭财产的象征，而成为个人时尚、地位的一个符号。

4. 社会文化和民族文化

品牌文化的构建，在一定程度上依赖并反映上层建筑，遵循现行法律法规和政治政策，反映不同社会民众的文化心理。另外，品牌的产生伴随着深刻的民族文化烙印，在推广过程中也受到当地民族文化的影响。

① 杨芳平．品牌学概论［M］．上海：上海交通大学出版社，2009.

（二）品牌文化设计的维度①

1. 围绕品牌核心价值来构建品牌文化

品牌文化的构建必须围绕品牌的核心价值，应有利于消费者识别和记住品牌的利益和个性，创造独特的象征符号，获得消费者认同、喜欢。构建品牌文化之前，首先应该明确品牌的核心价值、品牌理念以及品牌的个性，否则会使消费者对该产品定义不清，产生错觉，自然难以积淀成深厚的文化内涵，也就不能传递给消费者清晰的品牌形象。例如，美加净的“真情、真美、美加净”，中国东方航空的“东航，让旅行更精彩”，完达山的“为所爱，尽所能”等，均有效地帮助品牌提升了形象。

2. 契合品牌定位，注重与目标消费者的共鸣

品牌文化构建的过程也是品牌和消费者之间互动的过程。消费者的认同和共鸣是品牌文化推广的关键所在。因此，品牌文化的构建需要契合品牌定位，以消费者为导向，将品牌文化和品牌定位信息传递给消费者。

3. 发掘传统民族文化的精髓，营造仪式化气氛

挖掘品牌中蕴含的民族文化，在品牌文化设计时充分考虑、适应民族文化，才能引起目标消费者的认可。例如，中国“景泰蓝”、无锡“红豆”服装品牌，反映了深厚的中华历史文化沉淀。

4. 以创建品牌故事来构建品牌文化

品牌故事是品牌文化中最感性的部分，通过传播品牌传记、塑造品牌人物或创建品牌故事的方式，可以让消费者产生深刻的记忆。品牌故事必须是积极向上的，并且与产品有高度的正面关联性。

二、品牌文化的营销与传播

品牌文化是在传播推广中，与内部员工以及外部公众的互动中逐渐形成。可以说，品牌文化必须经过传播才能形成。品牌文化的传播包括内部传播与外部传播。

（一）品牌文化的内部传播

品牌文化的内部传播与企业文化的塑造相伴而行。一种成功的品牌文化首先必须渗透到每位员工的内心深处，促使员工认可品牌文化并在日常经营过程中表现出来。这是品牌文化的内部传播过程。在这个传播过程中，品牌领袖通过自己的强制性影响力和非强制性影响力直接作用于每个员工。对品牌领袖的影响力可做如下理解：

（1）强制性的影响力。品牌领袖的影响力一般通过规章制度的形式来实现。例如，海尔集团规定维修人员上门服务时不准在客户家里喝水、抽烟。企业通过这种强制性办法，来制约员工的思想和行为，使之按照品牌整体的目标方向、品牌领袖的意志行事。

---

① 任慧娟．企业品牌文化塑造探析［J］．现代商业，2020（16）：3－4；陈晴旖．企业在塑造品牌文化过程中的问题与对策探析［J］．经济研究导刊，2012（12）：192－193；生诚．如何塑造企业的品牌文化［J］．科技资讯，2007（14）：243．

(2) 品牌领袖非强制性的影响力，是由于其品德、知识、才能，即个人魅力对下属产生影响的力量。这种影响力是由品牌领袖自身所具有的良好素质而自然引起的组织成员的敬佩感、敬爱感、信赖感和服从感。这样的影响力虽作用于无形却十分有效。这种品牌领袖的影响力在非营利性品牌中体现得尤为明显。

(3) 品牌领袖与组织成员的沟通程度也直接影响着品牌文化的内部传播。品牌领袖与组织成员之间良好的人际关系、宽松的氛围是建立良好品牌文化的基础。在组织内部，以处理"家庭关系"的宽容心理来处理相互之间的关系，可以形成互怀善意的人际环境。在组织内部倡导民主，创造一些环境和场合，让品牌组织成员提出意见，可以缓解组织内部矛盾，使组织成员心理上得到满足，自然更容易接受体现品牌领袖某些主观意志的既定品牌文化。

(二) 品牌文化的外部传播

在品牌文化对组织内部渗透的同时，它也必须向外传播，让受众知晓并认同该品牌的品牌文化，从而提高品牌的知名度与美誉度。在此传播过程中，除了品牌领袖承担其品牌文化代言人的角色外，商品本身，包括产品的设计、外包装的设计、品牌的名称、Logo、广告理念、服务等，凡是品牌与消费者的接触点，都应成为品牌文化向外营销和传播的载体。常见的品牌文化传播载体如下。

1. 产品

产品（包括服务）是品牌文化的基本要素，是品牌文化的载体。任何成功的品牌文化，必定有高品质的产品作为支撑。

2. 包装

包装最初是和产品联系在一起的，是指盛放并保护产品的容器。现代词汇中的"包装"则蕴含了与形象、个性等相联系的更丰富的文化寓意。企业进行包装设计，不仅考虑形式、色泽上的外观美感，更要体现深层的文化内涵，传递企业的思想，增加产品的文化内涵。在包装设计上，使产品借文化而拥有某种附加值。

3. 名称标志

品牌的名称、标志作为一种"视觉语言"，能给消费者留下很深的印象，所以名称应简洁易懂，标志应形象生动，才有利于支持品牌的寓意联想。"金利来"领带这一知名品牌原本不叫"金利来"而是叫"金狮"。一次，该品牌的创始人曾宪梓将"金狮"领带送人，对方却并不领情，原来粤语中"狮"和"输"读音相近。曾宪梓经过一番思考，最终将"金狮"的英文 Goldlion 改为意译和音译结合，即 Gold 意译为"金"，Lion 谐音读为"利来"，便成了今天几乎无人不知的知名品牌"金利来"。

4. 广告

(1) 广告词。广告词往往由品牌文化凝练而得，简单直接地体现品牌文化的核心价值。广告词简单易记，能被广泛运用于电视、广播、户外路牌等各种广告方式，是广告必不可少的构成部分。我们一提起某些品牌，就会立即联想到其广告词。李宁品牌的广告词从"中国新一代的希望"到"一切皆有可能"，逐渐积淀出其品牌独有的内涵。

(2) 背景氛围。这主要是针对广告的视觉效果而言的。人们所接受的信息中有 80%是通过视觉获得的，可见创造适合品牌文化的氛围是取得良好广告效果的关键。隆力奇“江南之恋”主题广告，通过动听的歌曲和创意拍摄，讲述江南水乡的动人故事，再现江南温婉秀美的场景，使消费者感受到健康、美丽、时尚的品牌文化。

5. 公关传播

公共关系也是品牌文化传播不可忽视的一个方面。相比于广告而言，公关活动更能获得消费者的情感认同，而且公关传播的范围更为广泛，不仅包括向外的传播，还包括向内的传播。这是内外沟通达到和谐统一的手段。一般来说，公关活动可以通过赞助文化体育、文艺活动或公益活动，与某些特殊场合产生联系等方式进行。

6. 新闻

新闻传播品牌文化是品牌营销的重要手段，可以快速传递品牌的核心价值观，并能够为取得良好的品牌文化传播效果提供可能。在现代企业的品牌文化传播当中，将传统的品牌文化信息传播寓于新闻传播的具体形式当中，依据周期制订造势计划，已经成为企业最终谋取市场的重要法则。新闻传播的另一大优势就是信息量大，这为立体呈现品牌形象、巧妙发扬品牌个性创造了足够的展示空间，容易从文化的高度，让消费者与该品牌的历史、文化、理念等产生共鸣，进而提升品牌美誉度、忠诚度。新闻传播具有议程设置功能，能够制造一系列新闻事件，打造持续影响力。而且新闻传播形式多样，可调用的资源丰富，报纸、电影电视、广播、网络等都可以为己所用。

三、品牌文化培育程序①

（一）整合品牌文化资源

建立品牌文化的第一步是确认可以使用的各种文化资源，包括内外部的各种文化资源。其中，内部文化资源，是指可以反映并影响品牌定位的各种文化因素，如：世界文化、民族文化、地方文化、行业文化和职业文化。外部文化资源主要是指品牌本身的一些资源，具体如下：

（1）企业名称（字号）。这是企业无形资产中商誉的主要载体。企业字号有的是历尽百年沧桑的老字号，有的是近年来脱颖而出的新字号。

（2）企业 CIS（企业形象识别系统），主要通过企业图案标志体现。

（3）商标。即经注册或未注册的在商品上的标志。企业可能有多个注册商标。

（4）商品名称。对企业生产的产品的称呼，可与商标一致，也可不一致。

（5）名人。企业家或杰出职工代表在社会上知名度极大，也可作为企业的一种品牌资源。

（二）建立品牌价值体系

企业在收集和整合内外部的各种文化资源之后，可根据品牌战略定位，对各种文化因素进行提炼，确定品牌的价值体系。

---

① 卢晶．品牌管理［M］．北京：清华大学出版社，2019．

（三）建立品牌文化体系

由于对不同的客户以及同一客户的不同产品会有不同的品牌文化，因此要明确本企业品牌内涵及其价值对客户的承诺、品牌附加值等因素，明确特定产品的品牌内涵及其价值对终端消费者的承诺、品牌附加值等。建立品牌文化体系时要考虑以下几个因素：确定品牌文化范围，确定品牌文化个性，确定品牌文化价值，确定客户群体，确定客户价值，评估、提升客户关系。

（四）建立品牌文化管理体系

品牌文化管理体系包括品牌文化内部管理和品牌文化外部管理两个体系。品牌文化内部管理体系指的是针对品牌文化的定位，企业内部全体成员从认识上进行高度一致的协同，通过各种管理行为，包括现场管理、服务意识、营销体系等，全过程进行品牌协同。品牌文化外部管理体系是通过各种媒体或载体，围绕品牌文化核心进行传播，但品牌文化的传播与品牌传播的着重点不一样，品牌文化传播的主要传播方式不是广告这样的硬性载体，而是借助各种宣传媒体进行长期的潜在渗透。这种传播的主要着眼点在于建立一种氛围，让顾客潜移默化地接受这种文化的感染，即它传达的意义必须多次反复，而且要潜在无意识地传播，才可能达到“润物细无声”的境界。

（五）整体方案实施

方案的实施主要是品牌文化的推广，即给品牌的 VI 形象（产品、品牌名称、品牌标志、色彩、包装等）赋予品牌文化的核心价值，同时通过品牌故事让品牌鲜活、生动起来，并实时进行评价调整。这些都是由品牌文化管理者带领的品牌管理部门负责的。

（六）审查考核

品牌文化的建立不是一蹴而就的，需要较长时间才能建立起来。在这段时间内，企业品牌负责人要对品牌文化的实施进行全面监控，在品牌文化定位的基础上防止品牌文化变异，在各种载体上对品牌文化做全方位校验。必要的市场调研是品牌文化形成的基础，完善的品牌监控体系是品牌文化迅速形成的制度保障。当然，在信息化时代，借助互联网力量形成新的品牌文化的周期已大大缩短，因此对于品牌文化监控的难度也增加了。

（七）品牌文化优化

品牌文化优化是指在品牌文化的形成过程中，企业根据市场和客户的需要，不断检验品牌文化的定位和延伸，在此基础上进行品牌文化的创新或整合的过程。例如，要创新品牌文化的内涵，可以以一种品牌文化资源为突破口，带动其他品牌文化资源的丰富和发展，如以大客户效应组合推广企业品牌文化、围绕技术领先提升企业品牌文化、以知名品牌组建企业等。同时我们要注意一些操作规范，比如为控制品牌文化管理幅度，就要不断精确了解品牌半径，避免品牌文化浸润。此外，还要和客户保持良好的沟通，提高其理解能力和品牌文化融入性，根据品牌现有和未来的市场占有率、盈利能力指标对品牌文化进行分类管理。

知识拓展

品牌文化塑造的要点

1. 为品牌塑造恰当的文化内涵

为品牌塑造的文化是否合适，一般有两个判断标准。一是这种文化要适合产品或服务特征。产品都有自己的特性，如在什么样的场景下使用，产品能给消费者带来什么利益等。同仁堂的“同修仁德、济世养生”；格力电器的“让世界爱上中国造”；百贝佳（牙膏品牌）宣传“世界的早晨从百贝佳开始”。品牌文化要与产品特性相匹配，才能让消费者觉得自然、可接受。有的时候，品牌经营者采用的是品牌延伸策略，即一个品牌下有许多品种的产品，这时就要抓住产品的共性。二是这种文化要符合目标市场消费群体的特征。品牌文化要从目标市场消费群体中去寻找，要通过充分考察目标市场消费群体的思想、心态和行为方式而获得。只有这样，这种品牌文化才容易被目标市场消费者认同，品牌力才能增强。

2. 品牌文化与时尚文化

某些产品十分适合在品牌文化中引入时尚的内容，如服饰、运动产品等。时尚指的是一个时期内相当多的人对特定的趣味、语言、思想以及行为等模式的随从或追求。如何倡导一种品牌时尚，简言之，就是要分析消费者的心态，并通过商品将消费者的情绪释放出来，激励大众参与。

倡导品牌时尚的一个重要途径是利用名人、权威的效应。由于名人和权威是大众注意和模仿的焦点，因此有利于迅速提高大众对品牌的信心。如力士香皂就一贯坚持以著名演员作为其推介人的策略，在不断积累中成功地使力士的品牌文化与时尚联系在了一起。当然，在选用名人做广告时需要谨慎和恰如其分，一般要考虑到名人、权威与品牌之间的联系。

另外，企业还要努力将时尚过渡为人们稳定生活方式的一部分。由于时尚是一个特定时期内的社会文化现象，随着时间推移，时尚的内容将发生改变，所以在借助和创造时尚的同时，也应考虑到时尚的消退性。一个有效的措施是在时尚处于高潮时就有意识地转换营销策略，引导消费者将这种时尚转化为日常生活的一部分。

3. 品牌文化与民族传统文化

品牌文化与民族传统文化是紧紧联系在一起的。将优秀的民族传统文化融入品牌文化，更易让大众产生共鸣。比如我国的民族传统文化特别注重家庭观念：讲究尊师敬老、抚幼孝亲；强调礼义道德、伦理等级、中庸仁爱；追求圆满完美；崇尚含蓄、温和和秩序等。

品牌的文化内涵、原型、神话、艺术，是品牌内涵的根本来源，这就要求品牌的创造者要以艺术家的视角来对待品牌，也就是说，品牌管理者必须学会如何把最基本的、人类共有的所有心灵体验，甚至把一个民族远古时代以来艺术家们用来创造神话故事的特殊素材包装为品牌，使品牌与我们的生活现实很好地结合起来。这是一个重新塑造品牌的过程，也是把品牌变成“神话”的过程。

总之，在品牌文化中继承民族传统文化需要符合民族的审美情趣，也要考虑到民族的接受心理。同时要重实质，如果过分追求缺乏内涵的形式只会适得其反。一般而言，一种品牌文化应为绝大多数目标消费者现时认同或追求的，应尽可能与其生活相接近，甚至是其生活的其一部分。

资料来源：刘常宝．品牌管理［M］．2版．北京：机械工业出版社，2014.

管理实践

北京同仁堂：百年坚守与变革

北京同仁堂创建于清康熙八年（1669年）。在300多年的历史长河中，历代同仁堂人恪守“炮制虽繁必不敢省人工，品味虽贵必不敢减物力”的传统古训，树立“修合无人见，存心有天知”的自律意识，确保了同仁堂金字招牌的长盛不衰。

如今，这个饱经风霜的老字号，已经成为中医药文化的代名词，但人们对同仁堂集团的认识往往还只停留在国内市场，实际上从1993年起，同仁堂集团就已经进入国际市场了。其凭借传承百年的品牌优势，进行准确的市场定位，并运用符合自身特点的经营战略，在海外市场的拓展中创造了独具特色的品牌发展路径，在百年品牌发展的变革与坚守中找到了平衡点，开创了“同仁堂”特色的跨国经营模式。

1. 把脉核心竞争优势

同仁堂创建之初，其创建人乐显扬就认为“可以养生、可以济世者，唯医药为最”，这种高尚的择业思想指引着后人以济世救人为重。在命名时，乐显扬亦说“‘同仁’二字可以命堂名，吾喜其公而雅，需志之。”从一开始，同仁堂就重视创业的德、诚、信，通过长期的培育，形成了同仁堂特有的企业文化，这是历史留下的财富，奠定了企业发展的基础。

企业文化是企业的立身之本，把向消费者提供的产品价值与文化价值相结合，企业文化才具有生命力和竞争力。企业文化又涵盖了企业经营活动的每一个环节，它与科学技术一样，是企业重要的生产力，体现在市场之中，就是企业的竞争力。同仁堂的企业文化以高尚的道德情操，从消费者角度出发，提供最好的品质、提供最体贴的服务，从而最大限度地提高用户价值。

经历了300多年的风风雨雨，同仁堂仍在人们的心目中占据着不可动摇的地位，因为时间证明了企业的德、诚、信，值得信赖。这是同仁堂最强大的竞争力，也是它吸引消费者的最大原因。

2. 精准的市场定位

同仁堂集团的海外发展战略是“站稳亚洲，迈向欧洲，开辟大洋洲”，这基本是一张中国中医药在海外得到认知与认同的路线图。

我国的民族企业在国际市场上的竞争潜力尚待挖掘，所以选好目标市场尤为重要。有些民族企业在很多国家投资设厂，把原本就很有限的精力分散到多个市场上，结果很难占领所定下的市场目标。同仁堂通过分析不同民族的消费喜好，找准自己在国际市场上的位置，在正确确立目标市场的基础上，稳步进行海外扩张。

3. 根据自身特点制定经营战略

全球大市场不同于国内市场，企业应根据自身特点选择一条最适合自己的路。同仁堂集团在进军国际市场时首先选择的是开设药店，试探性地进入国际市场，等到时机成熟之后，才在当地投资设厂。

同仁堂的跨国经营策略启发我们：我国众多的民族企业在进军国际市场时应该制订详细的发展计划，慎重选择目标市场，挖掘自身特点，强调文化意识，把特点充分地发挥出来，积极适应外部经营环境的变化，在与国际市场对接的过程中把握好机遇和挑战。

能力训练

同步测试

一、单选题

1. 品牌文化的塑造要根据市场需要进行变革。这体现了（　　）对品牌文化设计的影响。

A. 行业　　B. 企业经营性质　　C. 时代特征　　D. 社会文化

2. 品牌在推广过程中，应该考虑地区文化的特殊性。这体现了（　　）对品牌文化设计的影响。

A. 行业　　B. 企业经营性质　　C. 时代特征　　D. 社会文化

3. 品牌文化的外部传播有多种载体。某饮料品牌的白瓷瓶和青花装饰属于品牌文化传播过程中（　　）载体发挥的作用。

A. 产品　　B. 包装　　C. 名称标志　　D. 新闻

二、填空题

1. 品牌文化的外部传播载体包括______、______、______、______、______、______等。

2. 整合品牌文化资源，需要考虑到的外部文化资源主要包括______、______、______、______、______等。

三、简述题

1. 简述品牌文化培育的程序。

2. 你认为品牌文化塑造过程中，有哪些重要因素必须予以考虑？

3. 请尝试列举几种有代表性的品牌文化。

四、案例分析题

传统老字号的品牌文化

很多传统老字号经过长期的经营，形成了特殊的工艺、严格的质量控制方法、良好的诚信传统和独树一帜的经营文化特色。如荣宝斋的“木板水印”，同仁堂的“炮制虽繁必不敢省人工，品味虽贵必不敢减物力”的古训，胡庆余堂的“戒欺”匾，吴裕泰的“自采、自窨、自拼”三自方针，内联升的《履中备载》等。

六必居始终坚持“六必”标准和精神，其所拥有的国家级非物质文化遗产“六必居酱菜制作技艺”正传承和体现了这种标准和精神。

老凤祥作为珠宝首饰专营字号，坚持“成色准足、款式新颖、公道诚信”，经过一百多年的发展，品牌历久弥新，其所拥有的国家级非物质文化遗产“老凤祥金银细工制作技艺”也成为见证中国金银文化发展历史的“活化石”。

拥有国家级非物质文化遗产“培罗蒙西服制作技艺”的培罗蒙在 20 世纪 30 年代创立于上海。培罗蒙精致服装衣料均采用最好的高级套头料。在做工上选择量体裁衣，毛壳、光壳两次试样，面料熨烫覆衬需冷却 24 小时以上，辅料热缩、水缩两次，缝制一套西服需 60 小时左右，切实做到面料高档、做工讲究、质量上乘、久不走样，获得了“西服王子”的美誉。

资料来源：王成荣，韩凝春，于继超．老字号非遗研究［M］．北京：九州出版社，2021.

请尝试分析以下问题：

1. 严格的质量控制对于企业品牌文化塑造的意义是什么？
2. 诸多传统老字号是如何形成品牌文化的？

第七章

品牌战略与管理

知识目标

1. 理解企业战略与品牌战略的含义。
2. 掌握品牌战略的构成因素及特征。
3. 理解品牌战略管理的任务及意义。
4. 了解品牌战略的层次及其基本模式。
5. 了解品牌战略性建设的主要内容。

技能目标

1. 理解品牌管理中，战略性思维对企业品牌健康发展的意义。
2. 掌握品牌战略的基本概念和理论，为今后实施品牌战略管理提供理论前提。

素养目标

1. 增强培育民族品牌的意识，树立对民族品牌的文化自信和消费认同。
2. 树立对品牌进行战略管理和不断创新的意识，强化对“工匠精神”的理解。

第一节 品牌战略

案例导入

李宁的品牌战略

李宁公司是1990年创立的专业体育品牌公司。作为中国领先的体育品牌公司之一，该公司拥有完善的品牌营销、研发、设计、制造、经销及零售能力。李宁公司以经营李宁品牌专业及休闲运动鞋、服装、器材和配件产品为主，目前已在全国建立了庞大的零售分销网络以及供应链管理体系。截至2020年6月30日，李宁在全国的销售点数量（不包括李宁YOUNG）共计5 973个，并持续在亚洲北美和欧洲等地区开拓业务。除核心品牌李宁牌外，该公司亦生产、开发、推广、分销、销售多个自有、特许或与第三方设立的合资/联营企业经营的其他品牌体育产品，包括红双喜乒乓球产品、AIGLE（艾高）户外运动用品、Danskin舞蹈和瑜伽时尚健身产品、Kason（凯胜）羽毛球产品。

李宁公司致力于体育事业的发展，长期支持中国跳水、射击、乒乓球、羽毛球等“金牌梦之队”，为运动队提供装备。李宁公司还与国际顶级赛事、顶尖运动团队和组织结为战略伙伴，并签约国际顶级运动员，全方位地弘扬李宁品牌精神和体育精神。

思考：

1. 李宁品牌采用了怎样的发展战略？
2. 企业如何设计品牌战略？

一、品牌战略概述①

欧美企业明确引入“战略”概念大约始于20世纪中期，企业战略及战略管理的发展过程可以概括为：20世纪50年代的战略概念、60年代的战略规划、70年代的战略热潮、80年代定位学派的形成、90年代资源学派的涌现。

品牌战略是企业战略的重要组成部分。所谓品牌战略，是指通过品牌形象的塑造，提高企业产品竞争力，扩大企业在市场上的份额，促使企业可持续发展的战略。也就是通过创立市场知名品牌，提高产品和企业的知名度，靠品牌来开拓市场，增大市场份额，提高产品的市场占有率。公司往往将品牌作为核心竞争力，以获取差别利润。

品牌战略是一个复杂的战略体系，包括品牌的统一与拆分战略、品牌的多元化

① 刘常宝．品牌管理［M］．2版．北京：机械工业出版社，2014.

经营战略、品牌的一般竞争战略、品牌扩张战略、品牌定位战略、品牌国际化战略，以及产品质量战略、技术开发战略、经营战略、品牌设计与广告策划战略、市场营销战略、产品服务战略、人才战略等诸多方面。所以，一个成功品牌战略的实施是综合企业经营管理中所有重大战略决策的结果。

品牌战略是市场激烈竞争的产物。近年来，一些意识超前的企业纷纷运用品牌战略这一利器，取得了竞争优势并逐渐发展壮大。战略的本质是塑造企业的核心能力，从而确保企业的长远发展。在科技高度发达、信息快速传播的今天，产品、技术及管理诀窍等容易遭到对手模仿，难以成为核心能力，而品牌一旦树立，则具有价值并且不易被模仿，因为品牌是一种消费者认知，是一种心理感觉，这种认知和感觉不能轻易被模仿。

二、品牌战略管理

品牌战略管理部门的职责主要有品牌战略制定和品牌战略执行检查。检查内容包括对品牌的营销策略、广告公关促销等传播活动的各环节进行检查，确保其有效地体现品牌战略规划。

（一）品牌战略管理的实施过程

高效创建强势品牌，关键是围绕以下主线做好企业的品牌战略规划与管理工作：

（1）规划以核心价值为中心的品牌识别系统，并以品牌识别统率企业的营销传播活动。

（2）进行全面科学的品牌调研与诊断，充分研究市场环境、目标消费群体与竞争者，为品牌战略决策提供翔实、准确的信息导向。

（3）在品牌调研与诊断的基础上，提炼高度差异化、清晰明确、易感知、有包容性和能触动消费者内心世界的品牌核心价值。

（4）规划以核心价值为中心的品牌识别系统，基本识别与扩展识别是核心价值的具体化、生动化，使品牌识别与企业营销传播活动的对接具有可操作性。

（5）以品牌识别统率企业的营销传播活动，使每一次营销传播活动都传达出品牌的核心价值、品牌的精神与追求，确保了企业的每一份营销广告投入都对品牌有所助益，都能够为提升品牌资产做一些累积。

（6）制定品牌建设的目标，即品牌资产提升的目标体系。

（二）品牌战略的基本模式

在掌握各种品牌战略模式的规律，并深入研究企业的财力、规模、发展阶段、产品的特点以及消费者心理、竞争格局与品牌推广能力等实际情况的基础上，按照成本低、有利于企业获得较好的销售业绩和利润、有利于实现培育强势大品牌的战略目标，优选出科学高效的品牌战略模式。

在选择品牌战略模式的同时，企业还要处理好企业品牌与各产品品牌的关系，以及各产品品牌之间的关系，从而建立科学的品牌架构。具体而言，大致有七种基本模式可供选择：产品品牌战略、产品线品牌战略、分类品牌战略、伞状品牌战略、来源品牌战略、担保品牌战略以及品牌特许经营战略。一个公司往往使用多种品牌战略，使公司拥有的众多品牌处于复杂的结构之中。从影响消费者的购买决策的角度来看，由于这七种品牌战略各自扮演了不同的角色，因此它们适用于不同的情况和条件，并具有各自的优缺点，下面分别加以阐述。

1. 产品品牌战略

（1）基本内容

产品品牌战略有时也称个别品牌名称决策。它的做法是给每种产品赋予一个独有的名字，并给予它们各自的定位，占领特定的细分市场。也就是说，即使同属于一个产品种类，但由于定位不同，产品有各自的品牌，如在洗发水中，宝洁的品牌有海飞丝（定位于去头皮屑）、飘柔（定位于使头发柔顺）、潘婷（定位于使头发健康）、沙宣（定位于保湿、超乎寻常的呵护）。在世界名表中，欧米茄、雷达、浪琴、斯沃琪、天梭等品牌均是出自同一制表集团 SMH 的产品。

（2）适用场合与优势

产品品牌战略适用于以下情况：

1）厂商对一个特定的市场具有战略上的需要。例如，宝洁的洗发水的四个重要品牌，保证了它在洗发水市场上获得极高的份额。

2）这些细分市场差异不显著。每个产品选择不同的品牌名称，保证消费者看到的是不同的产品。在消费者很难看出各产品差异时，特别的名称强调了产品间物理性质的差异。

3）产品品牌战略能凸显产品个性，锁定目标消费者。如雷达是高科技的象征，而斯沃琪则是前卫、时髦和潮流人士的首选。

4）公司对创新具有强烈的欲望。产品品牌战略能够为公司抢先获得有利的定位，名称使其创新变成专利，有效地抵御同行的仿制。

5）产品品牌战略允许公司在新市场上冒险。如果一个细分市场的前景不明朗，那么采用产品品牌战略，即使失败也不会影响到原有成功产品的品牌形象。

6）产品品牌战略意味着公司的名称独立于公众，这样就给公司进入新的市场提供了自由的空间。

7）产品品牌战略有助于获得有利的货架空间，因为零售商分配给公司货架空间的多少是与其品牌数量成正比的。

8）产品品牌战略适用于处于成长中的市场。虽然采用这种战略，在研究开发、设备和商业费用上投入很大（这也是这种战略的缺点），但因市场在成长，它取得投资回报的机会也是很大的。

9）产品品牌战略能给低品牌忠诚者提供更多的选择。

2. 产品线品牌战略

产品线，是指同一产品种类中密切相关的一组产品，它们以类似的方式起作用，质量和价格水平定位相同，满足同类型顾客的需要，通过同类型的销售网点分销，或在一定的幅度内作价格变动。比如，在化妆品门类中，各条产品线有洗发水、香皂、沐浴露等。产品线品牌战略就是给同一产品线上的产品赋予同样的品牌，这种战略一般得益于最初产品的成功，产品线扩展的成本不低于折扣和包装的边际成本。

一般情况下，产品线采取整体的战略推出，不需要额外的广告。产品线品牌战略有以下几项优势：第一，提高品牌的销售力，有利于创造鲜明持久的品牌形象；第二，便于更进一步的产品线延伸；第三，减少推广费用。这一战略的不利之处在于，产品线的扩展总是有限的，只能生产与现有产品密切相关的新产品，这一点常常被人们所忽视。另外，如果产品线中有一个非常强势的创新产品，那将导致产品线的发展速度减慢。

3. 分类品牌战略

分类品牌战略是指对产品使用不同类别的家族品牌名称，赋予一个具有相同能力水平的产品群单独的名称和承诺。它被广泛地应用于食品、化妆品、服饰、厨房用具、零配件和工业品上。不同类别是指一个范围较宽的组别，包含数条产品线。这种战略也可理解为不同类别的家族品牌名称决策。如松下公司将它的音像制品的品牌定为 Panasonic，家用电器的品牌定为 National，立体音响的品牌定为 Technics。

4. 伞状品牌战略

伞状品牌战略是在不同产品门类上冠以一个相同的品牌名称。它也可以理解为统一家族品牌名称决策。国际上许多大公司都采用这种做法。例如：佳能用于照相机、复印机和办公设备上；雅马哈用于摩托车、钢琴和吉他上；三菱用于银行、汽车和家用电器上。这种战略的最突出优势在于把资产集中在一个单独的名称上，它的产品、传播和其他所有行动都对品牌声望贡献良多。伞状品牌战略适用于新产品与原有产品有较高的关联度、新产品的市场竞争不太激烈、新产品的主要竞争品牌并非专业品牌等情况。另外，该战略尤其适合跨国公司进行世界性营销时采用。伞状品牌战略具有许多优点：节省广告费用、有利于解除顾客对新产品的不信任感、壮大企业的声势等。但企业要从伞状品牌战略中获益，需要具备如下的条件：品牌在市场上已获得一定的信誉，各类产品应具有相同的质量水平，否则会影响整个品牌声誉。

在伞状品牌战略的运用上还会产生如下负面影响：一个品牌下聚集了太多的产品，将会导致品牌定位的稀释，同时也不可避免地带来某些限制。

5. 来源品牌战略

来源品牌战略（或附属品牌战略）与伞状品牌战略相比，存在一个关键的差别点：前者先对产品进行直接命名（子品牌），再拥有一个共同的母品牌，因而每个产品具有两个品牌，形成双重品牌结构，所以它也被称为双重品牌化战略。来源品牌战略的益处在于，它有能力把一种差别化感觉和深度强加于子品牌上，同时，通过子品牌名称的修饰和丰富，母品牌可以加强其价值和识别。因此，我们可以发现，子品牌和母品牌相互影响、相互促进，最终吸引一个特定的细分市场。来源品牌战略的一个风险是超越母品牌核心识别的限制。这意味着要保持对品牌延伸的严格界限，只有经过鉴别的可靠的名称才可以在母品牌的活动范围内使用。例如：吉利汽车集团旗下有“吉利汽车”“吉利新能源”“领克汽车”“宝腾汽车”“路特斯汽车”等子品牌。

6. 担保品牌战略

担保品牌战略与来源品牌战略比较相似，区别在于担保品牌战略的母品牌和子品牌处于比较松散的关系，对市场来说，主要是子品牌（产品品牌）在起作用，母品牌并不突出，只是起到担保的作用（担保品牌往往是公司品牌）。在产品品牌、产品线品牌或分类品牌之外，担保品牌战略支持产品分类的广泛变化。例如，雀巢公司母品牌雀巢为全部产品提供信任、质量保证、信誉和竞争力，产品品牌则提供口味、感觉等特殊的价值和个体经验。每个产品可以自由地表现其创新性，因此在产品品牌的名称和符号使用上呈现出广泛的变化。

担保品牌战略的主要优点是能够获得很大的调遣自由。以雀巢为例，如果是来源品牌，则一些与婴儿食品和儿童巧克力相关的特殊形象必然影响到产品品牌的发展，而担保品牌战略却为雀巢带来了无限的发展空间，使它的产品领域涵盖咖啡、汤料市场等。在担保品牌下，产品品牌共享它承担的认可作用，包括标准化的质量、科学技术、对公众的责任，以及生态环保的关注等。

以上六种品牌战略都是公司的典型形式。事实上，很多公司都采用了分类品牌、伞状品牌、来源品牌或担保品牌的混合结构。毋庸置疑，许多混合情形的产生是因为在新产品的不断开发过程中很少对品牌决策进行严格的选择。如果缺乏对一个品牌整体运作和与产品关系的预想计划，将导致品牌化政策的总体混乱，这无疑会给品牌战略的有效实施带来混乱。

7. 品牌特许经营战略

品牌特许经营是以契约方式构筑的特许人与受许人共同借助同一品牌在同一管理制度的约束下实现品牌扩展的一种形式，它是促使品牌在市场上扩张进而实现双赢或多赢的营销模式。例如，肯德基和麦当劳以其优质服务、整洁明快的用餐环境、可口的快餐口味而享有盛名，它们的成功有许多相似之处，其中最重要的一点就是它们都是特许专卖权的所有者，都成功地运用了特许经营方式。可以说，没有特许经营就没有肯德基和麦当劳的品牌扩张。

所以，品牌战略管理不只是通过营销策划和宣传推广为产品销售提供资源，更是一项综合的、严格的管理业务，是使企业品牌建设与品牌文化、企业产品与企业战略相辅相成的艺术。

三、品牌战略规划

品牌战略规划的关键任务就是规划科学合理的品牌化战略与品牌架构。在单一产品的格局下，营销传播活动都是围绕提升同一个品牌的资产而进行的。在多产品格局下，企业面临品牌延伸还是重构品牌的选择，需要有品牌化战略和品牌架构优选战略。

（一）品牌战略分析

企业的品牌战略必须建立在相对客观的环境基础上，不能仅通过管理层的主观判断进行决策。所以，在开展品牌战略规划工作之前，需要准确地把握分析市场环境。

1. 品牌市场需求分析

品牌市场需求分析是指对消费者需求的分析。消费者对品牌的需求表现为两种需求。第一是功能性需求，即要求品牌具有作为标志帮助消费者识别企业的特定产品的功能。第二是情感性需求，即要求品牌能够寄托消费者的某种感情，反映消费者的心理。

分析市场需求一般从市场调查开始。大多数企业的市场调查仅限于对产品的调查，如了解用户喜欢什么样的产品、能够接受何种价格、可以通过什么渠道购买等，很少进行品牌方面的调查研究。其实，消费者对品牌也有自己的看法，比如：许多消费者要求品牌的名称好读、易懂；品牌能够有较好的场景联想，例如“福”“财”“喜”“乐”等；品牌的外部标志特征明显，容易识别；品牌的文字、图案、颜色要与自身的文化和消费理念趋同。

2. 竞争者品牌战略分析

竞争者品牌战略分析对于企业有针对性地确定自己的品牌战略十分重要。竞争者战略分析包括以下几点：第一，分析竞争者品牌设计的科学合理性，即能否充分满足消费者的各方面的功能和情感需求；第二，分析竞争者的品牌定位，即竞争者品牌的消费群体有何特征；第三，分析竞争者品牌设计的现实基础，即商品的质量、技术水平、服务能力等；第四，分析品牌竞争者的品牌延伸空间。通过竞争者品牌战略分析，可以帮助企业找到竞争者在品牌管理方面的弱点，从而确定企业更有竞争力的品牌战略。

3. 品牌政策环境分析

品牌政策环境是指国家对企业品牌的法律保护和知名品牌的产业支持政策。例如，产业支持政策、政府财政补贴和政府采购等支持政策，以及打击假冒伪劣等强制措施。品牌政策对企业品牌战略的制定和实施有着重要的指导意义。例如政府自主品牌汽车的采购方案，客观上会促进国产汽车企业品牌的扩张和市场拓展。

4. 企业品牌资源条件分析

企业品牌资源条件分析是指企业所具有的可用于进行品牌战略规划、实施和控制的各种资源。大多数企业在其生产活动中已经形成和积累了一些品牌管理资源，但是很少有企业从战略高度看待这些品牌资源的实际作用，更没有充分开发利用已有的品牌资源。因此，企业应对现有的品牌资源进行品牌定位分析，从企业未来发展的战略高度考虑取舍，对于有发展前景的品牌进行有效保护和拓展，这样既节约人力、物力、财力，又可以使企业在较短时间内见到效果。

（二）品牌战略规划的制定步骤

在品牌战略环境和企业资源条件分析的基础上，企业就可以着手制定具体的品牌战略规划了。一般来说，制定品牌战略规划包括以下三个步骤。

1. 确定品牌战略目标

品牌战略目标也称企业品牌的愿景。企业品牌战略目标应与企业总体战略目标相一致，并且服务于企业的整体战略。例如，当企业把争取国内市场最大份额作为发展目标时，品牌战略也应当把争取提升国内客户的忠诚度作为自己的战略方向。品牌战略目标包括以下几种：

（1）品牌的竞争实力。主要通过品牌的知名度、美誉度、认可度和顾客的忠诚度来实现，这些方面能够从多个角度展示品牌的综合竞争实力。

（2）品牌的拓展能力。主要通过品牌的联想度和延伸空间实现品牌的扩张，从而形成品牌族群。

（3）品牌资产的增值能力。品牌的增值对企业来说是战略的终极目标，主要通过品牌在市场上的不断推广使企业获得销售收入和企业利润等。

2. 品牌战略类型的选择

企业需要根据经营环境和资源条件的分析来确定品牌战略，要结合企业现有资源状况，包括实施品牌战略的目标和品牌市场定位、企业自身条件（如企业规模与实力、企业信誉、产品种类）等因素，综合考虑各种品牌战略类型和品牌组合方式的优劣势、适用性，进行比较选择。选择品牌战略类型时应注意以下几点：

（1）要考虑企业实施品牌战略的目标，包括提高品牌竞争力和品牌市场占有率、提升企业形象、凸显经营特色、提高顾客的品牌忠诚度、增加销售额等。

（2）要考虑产品线自身特征，以及不同产品或不同产品类别之间存在的相互影响。

（3）考虑企业的规模、实力与信誉等优势因素。

无论企业选择何种品牌经营战略，其本质都是对企业经营理念的贯彻，必须要以符合社会公众情感期盼的企业理念为指导，只有在正确的企业经营理念的统率下，才能使企业的品牌经营战略形神合一。

（三）品牌战略方针

企业品牌战略方针是实施品牌时所要遵守的基本原则，违反这些原则可能会影响企业品牌战略的有效实施，阻碍品牌战略目标的实现。企业品牌战略方针可以通过制定相应的规章制度加以实施，主要有以下几点：

（1）围绕品牌战略任务整合资源。企业要在明确品牌战略任务的基础上把有限的人力、物力、财力资源进行有效整合及优化配置，使企业的经营目标集中于品牌战略上，促使企业有限资源的集聚和效用最大化。

（2）坚持品牌的核心价值观。品牌的核心价值是品牌的生命之魂，必须持之以恒地贯彻，并且不断强化核心价值在消费者心目中的印象。

（3）在企业业绩评价体系中融入品牌价值因子。企业各部门经营活动的绩效考核要充分引入品牌元素，提升品牌价值在企业管理中的地位。

总之，品牌战略规划的职责与内容就是制定以品牌核心价值观为中心的管理体系，不断整合企业的资源，优化品牌战略和品牌架构，促使品牌价值不断增值。

管理实践

养生堂的品牌战略

近年来在市场上叱咤风云的养生堂，可谓专业化营销成功运作的代表性企业之一。正当中华大地保健品市场烽烟四起之时，名不见经传的养生堂以其独创的“龟鳖丸”杀入市场，结果一炮打响，现在已经陆续打造了一系列全国知名品牌——朵而、农夫山泉、清嘴、朵而减之、成长快乐、农夫C打、农夫果园等，可谓战绩卓越，硕果累累。为何一个原来普通的小企业能在短短十年创造如此业绩呢？

一、用心雕琢自己的“品牌屠龙刀”

“养生堂”三字高度概括了企业的行业价值取向与企业主旨，又体现了中国古典养生文化特色。作为进军药业和人类健康产业的企业，养生堂的品牌名可谓“恰到好处”，无形中传达了“古朴、儒雅、健康、养生”的品牌文化内涵，其标志更似一个药店的牌匾，给人以古色古香之感，一定程度上表现了品牌相关联想。“朵而”是一个很抽象的名字，似乎看不出什么内涵，但有一个好处，就是极容易在名字雷同的女性保健品中凸显出来。在眼球经济时代，从众多纷繁复杂的同类产品中“跳出来”是很难的事，至于品牌内涵，可以通过品牌传播体现出来，如巧妙地将“朵而”与“美丽”衔接起来。至于农夫山泉，四个字的组合结构，农夫与山泉的结合，在当时主要竞争品牌中确实是差异化的隐性体现，更多的内涵在后来品牌传播中被附载了上去。还有“清嘴”，一个巧妙的谐音（亲嘴），在社会上引发了一场关于伦理的大讨论，对于时尚产品而言，不仅起到了良好的传播效果，而且为品牌的目标定位埋下了最为恰当的“伏笔”。由此可见，在市场经济时代，品牌名字不是随意认定就行的，要有战略、有思维、有目标，更要有创新和实效，好的品牌名称本身就是最好的广告，也是一把锋利的“破市之剑”。

二、细心经营自己的“品牌阵营”

养生堂的品牌格局，从最初的单一品牌，发展成为一个规范的品牌体系，出现了二级品牌和三级品牌，并不断向下延伸和发展，品牌树越来越繁茂。

三、学习用“四条腿走路”

养生堂以保健品起家，短短十年，已横跨保健品、饮用水、食品、药品四大领域，被称为“四条腿走路的养生堂”。1993年，养生堂推出运用超低温冷冻粉碎工艺制成的纯野生龟鳖制品——龟鳖丸，凭借电视、平面等媒体的密集宣传，引发广泛关注，加之“养生堂”这个颇具中国特色的背书，其在消费者心中树立起的品牌联想是健康的、安全的、负责的。1995年，公司推出朵而胶囊，首创“以内养外”的全新保健美容理念，这种品牌联想被进一步强化。如果沿着这条路一直走下去，养生堂也许会成为“同仁堂”“青春宝”这样充满药香的保健品品牌，其品牌之路也就会和娃哈哈一样，被圈定在特定的领域。

转机出现在1999年，海南养生堂保健品有限公司成立，推出了清嘴含片、清嘴小丸子等多元化的产品，一举跳出了严谨有余而活泼不足的保健品品牌领域，并且在推广清嘴含片、清嘴小丸子等产品的过程中，放弃了在龟鳖丸时代的“海南养生堂”的背书，有意把产品品牌和公司品牌剥离开来，使普通消费者虽然在消费着养生堂的产品如清嘴含片，却并不知道它是养生堂的产品。等若干年后消费者发现这种情况时，品牌忠诚度和惯性早已形成。

那么，养生堂为什么不能像其他保健品那样，选定保健品这条道一路走下去呢？这与当时整个保健品市场的发展形势有关。资料显示：1987 年，保健品市场崭露头角，以杭州保灵为代表的蜂王浆产品拉开了中国保健品市场的帷幕；1988 年，太阳神、娃哈哈分别以“生物健口服液”和“娃哈哈儿童营养液”掀起国内保健品市场第一轮消费热潮。分析认为，从 20 世纪 80 年代到 1995 年初，是保健品行业的第一个高速发展时期。在这一阶段，由于保健品的高额利润和相对较低的政策壁垒和技术壁垒，涌现了大大小小 3 000 多家保健品生产企业，产品品种更是多达 2.8 万种，年产值达 300 多亿元。而从 1995 年到 1998 年，保健品行业经历了漫长的低谷期，企业数量和销售额大面积缩水，仅剩下 1 000 家左右的生产厂家和总共 100 多亿元的年产值。

养生堂正是在保健品市场发展的第一阶段末期进入人们的视野的，此时保健品行业已风光不再，市场已开始呈现疲态，而竞争日益激烈，要想形成垄断性品牌更是难上加难。因此，养生堂成功推出龟鳖丸和朵而胶囊之后迅速转型，由一家单纯的保健品企业转型为一家多元化的公司（当然仍然是在食用品领域打拼）。养生堂后来进入的领域，如牛肉棒、纯净水、果汁饮料，均是市场经过充分竞争的领域，其间品牌林立，但谁也不能一统天下，养生堂当然也不能例外。因此，它往往通过独特的品牌定位杀入，最明显的莫过于“尖叫”运动饮料。这种用动词来做品牌名称的运动饮料处处透着标新立异的气息，名字如此，有棱有角、充满个性的瓶身设计也同样如此，迅速吸引了大众的眼球。诸侯争霸的现实决定了养生堂不可能像娃哈哈那样一个品牌打到底，而是要多头出击，在强手林立的各种产品领域争得一席之地。

能力训练

同步测试

一、单选题

1. 某品牌针对消费者对品牌的看法进行调研，这属于（　　）。

A. 市场需求分析　　B. 竞争者品牌战略分析

C. 品牌政策环境分析　　D. 品牌资源条件分析

二、填空题

1. 品牌战略的基本模式包括______、______、______、______、______、______、______等。

2. 品牌战略分析包括______、______、______、______等内容。

三、简述题

1. 简述品牌战略的含义。

2. 请列举有代表性的几种品牌战略。

3. 请说明品牌战略的几种基本模式及优缺点。

四、案例分析题

恒源祥的品牌战略和资产管理模式

当美国耐克在运用品牌资产这一魔方将耐克产品行销全球时，中国的恒源祥也是运用了品牌资产迅速调动社会有形资产，仅以150人对其恒源祥品牌进行管理，使恒源祥品牌的产品年销售额达30亿元，并遍布全中国。

恒源祥启动品牌战略，用品牌资产在长三角培育出70多家资产几千万的民营企业，并在全国扶植起2 000多个百万富翁、500多个千万富商，为4万多人提供就业岗位。这一奇迹的出现源于一个品牌——“恒源祥”。这一奇迹的魅力就在于恒源祥用无形资产调动了大量的有形资产。

恒源祥是一家老字号企业，诞生于1927年，但是从字号变成商标的那一年是1991年，而将商标真正进行品牌资产运作又是在1998年，恒源祥在1998年上马了5个项目——羊毛衫、家纺、袜业、日化、制衣，从此改变了只生产单一的手工毛线的状况。历经8年时间，恒源祥的业务范围成功延伸到针织、家纺等领域，羊毛衫市场占有率居全国第一。

恒源祥的模式是由加盟工厂生产恒源祥产品，位于上海的总部则专注于打造品牌，并集产品研发、质量管理于一体，形成了品牌管理在上海，生产在长三角，销售遍布全国的模式。恒源祥这一品牌使70多家步履维艰的毛纺企业重现生机，并成为当地的纳税大户。恒源祥模式无意中成了中国早期的特许经营的先驱。而恒源祥的经销商们也在这一品牌的影响下，从最初的创业者成为一个个财富的拥有者。

资料来源：小羊．恒源祥品牌资产造就千万富商［J］．中国纺织，2005（07）：42；王文．一个品牌，八年时间，恒源祥品牌资产造就千万富商［J］．纺织信息周刊，2005（21）：12.

请思考以下问题：

1. 恒源祥采用了何种品牌战略？

2. 你认为它的战略是否可行？

技能训练

实训项目：理解品牌战略

一、实训目的

1. 掌握各品牌管理理论的特点。

2. 能说明品牌战略的异同之处。

二、实训内容

通过查阅文字资料及上网收集某一个品牌的相关资料，完成以下任务：

1. 结合某一个具体品牌，陈述该品牌的建设与相关品牌战略的关系。

2. 结合某一个具体品牌，说明该品牌战略的特点。

三、实训组织

1. 把班级同学分成四五个小组，每个小组大约10人。

2. 分配指定每个小组需要收集的品牌资料。

3. 每个小组的每位同学独立完成该组品牌的资料收集、整理分析工作。

4. 由组长负责组织小组研讨，集中本小组成员的研究结果，制作成文本文件，然后设计演示课件。

5. 每个小组推荐一人上讲台演讲，其间师生可以向该小组同学提问，教师引导学生参与研讨，鼓励学生陈述调研过程和调研结论。

6. 对各小组的发言进行点评并给出成绩。

四、实训步骤

1. 每人独立收集指定品牌的二手资料。

2. 每人独自分析整理相关资料。

3. 小组讨论，汇总本小组意见。

4. 撰写小组总结报告，并设计制作演示课件。

5. 各小组代表发言，全班参与讨论。

6. 教师对各小组观点进行评价。

第二节 品牌管理

案例导入

“天和”牌系列膏药的品牌管理之路

“天和”牌骨通膏药是桂林天和药业股份有限公司膏药产品的品牌，该公司前身为桂林第四制药厂，主要生产各种卫生敷料。1992 年，企业经营者果断决策，购得川南名医“海氏骨刺灵”秘方制成“天和”牌骨通贴膏，并于 1994 年正式推向市场。经过 10 年的发展，桂林天和药业股份有限公司现已成为中国膏药行业产品生产总贴数第一、销售额第二的专业型企业，产品远销美国、东南亚等地。2003 年仅“天和”牌系列膏药就突破 2 亿元销售大关，创造中药外用药的又一个市场奇迹。其骄人的业绩得益于“天和”牌系列膏药品牌管理的有效实施。

(1) 品牌打造谋在先。该公司聘请专业公司进行市场研究，发现在中医认为的“痹症”中，骨刺疼痛是发病率较高的病症之一，发病人群多在 40 岁以上，尚且没有治疗的特效药，是一个巨大的潜在消费群体。

(2) 准确的品牌定位。锁定骨刺人群，专治骨刺疼痛。根据中医“通则不痛，痛则不通”的理论，把其主打产品命名为骨通贴膏，加上企业名称“天和”，最终命名为“天和”牌骨通贴膏。以膏药专家的品牌身份，传播了“早贴早轻松”的理念。

(3) 有效的品牌实施。在传播上，该公司实现了“中药西卖”的品牌核心价值，将西药给药的“缓释”原理首次移植到中药上，并用可视化的语言“小彩球”的方式在产品包装、海报和电视上传播。特别是对膏药基质材料进行打“孔”改良，让给药看得见，开创了传统膏药走向现代膏药之先河。

资料来源：连漪．市场营销管理：理论、方法与实务［M］．北京：国防工业出版社，2010；梁东，连漪．品牌管理［M］. 北京：高等教育出版社，2012.

思考：

1. “天和”牌膏药是如何进行品牌管理的？
2. 品牌管理在企业经营过程中是如何发挥作用的？

一、品牌管理的基本概念①

在品牌经济时代，管理好品牌是企业获得源源不断的收益和持续竞争力的关键。了解和掌握品牌管理的基本方法与模式是做好品牌管理的基础，熟悉品牌管理的基本理论，更可以为品牌建设、维护和发展奠定基础。

（一）品牌管理的概念

对于企业所拥有的品牌而言，“打江山容易、守江山难”，通过科学的经营管理将品牌特色巩固并持续发展，远远要比创造有特色的品牌更难。而突破这个难关最重要的工作，就是品牌管理。品牌管理是指在动态的市场环境中，根据品牌所处的市场竞争状态和消费者的认知度，整合企业内外资源，在公司短期利益与长期利益间的均衡发展中进行决策。一个成功的品牌，需要经过长时间的培育和积淀，是成功的产品定位、产品营销的结果，也是良好的品牌管理的结果。

品牌管理的目的就是通过在细分市场上找到自己的独特性，建立自己的品牌优势，并获取利润。

（二）品牌管理的特点

1. 系统性

品牌管理是一个系统工程。对于品牌关系而言，品牌管理是所有品牌利益相关者的关系系统；对于品牌机构全员参与程度而言，品牌管理需要全体员工对品牌进行深度关注；对于品牌价值链而言，品牌管理涉及采购、生产、营销、财务和人力资源等价值链各环节；对于品牌管理的范围而言，品牌管理涉及企业的整体业务规划。可以说，品牌管理是系统性的企业管理行为。

2. 全方位性

创造品牌价值、决定品牌胜负的不是品牌注册商标，而是企业的品牌管理策略。消费者购买的是企业有形的和无形的综合实力所凝聚而成的品牌关系的价值载体，不仅仅是产品本身，而且是一个完整的系统。要塑造一个成功的强势品牌，就必须加大资金和其他资源的投入，使投资力度与重点相得益彰。可以说，品牌管理不仅需要营销部门或品牌推广部门作出贡献，更需要在品牌价值链的每个环节做出决策和行动，因此涉及品牌企业各职能部门并贯穿整个商业流程，成为企业整体战略的核心。

---

① 梁东，连漪．品牌管理［M］. 北京：高等教育出版社，2012.

3. 长期性

品牌管理是一项长期的、持续的工作，从产品品质开始到产品形象的深入，最终承担一种责任。一个成功的品牌管理实践，不是立竿见影的经营管理行为，而是通过长期的品牌管理和品牌投入形成的，需要几代企业管理者和品牌拥有者对品牌的呵护和培育。

如同木桶原理一样，每一块木板都要精心呵护、管理到位，容不得半点含糊与怠慢，不要以为倚仗某一两块木板就会享用到整桶水，也不要以为品牌建立起来以后就万事大吉。任何走捷径、对顾客不负责任、故步自封的念头都有可能毁掉辛辛苦苦建立的品牌。

二、品牌管理步骤

品牌管理是一个复杂的、科学的过程，需要按照科学的步骤和方法进行经营。品牌管理就是实现品牌的价值。成功的品牌管理应该遵循以下四个步骤。

（一）描绘品牌的理性因素

把品牌现有的可以用事实和数字勾画出的看得见摸得着的人力、物力、财力找出来，然后根据目标再描绘出需要增加哪些人力、物力和财力才可以使品牌的精髓部分变得充实。这里包括消费群体的信息、员工的构成、投资人和战略伙伴的关系、企业的结构、市场状况、竞争格局等。

（二）描绘出品牌的感性因素

我们在了解现有品牌的核心时，必须了解它的文化渊源、社会责任、消费者的心理因素和情绪因素，并将感情因素考虑在内。根据品牌管理目标，重新定位品牌的核心并将需要增加的感情因素一一列举出来。

（三）品牌的差异化定位

通过第一步和第二步对品牌理性和感性因素的了解和评估，升华出品牌的灵魂及独一无二的定位和宣传信息。例如：餐饮业品牌带给消费者快乐、安宁的消费感受；高科技产品品牌带给消费者便捷、科技感的使用感受等。

（四）品牌的培育、保护及长期爱护

形成品牌容易，但维持品牌是个很艰难的过程。没有很好的品牌关怀战略，品牌是无法成长的。很多品牌由于不知道品牌管理的科学过程，在有了知名度后，不再关注客户需求的变化，不再提供承诺的一流服务，失望的客户只有无奈地选择新的品牌，致使品牌管理战略失败。以往人们在谈论品牌时往往想的是产品或企业的商标，而真正的品牌是从信誉牌开始逐步进入感情牌、文化牌、价值牌和体验牌。

三、品牌管理的关键要素

（一）建立卓越的品牌信誉

信誉是品牌的基础。没有信誉的品牌就没有办法去竞争。只有在第一时间了解到市场的变化和客户消费习惯变化，并快速建立品牌信誉的品牌，才可能以最快的速度调整战略来适应变化的环境并最终占领市场。

（二）争取利益相关者的广泛支持

没有企业价值链上所有层面的全力支持，品牌是不容易维持的。除了客户的支持外，来自政府、媒体、行业分析家、金融界的领袖、行业的要人、专家和研究机构的权威人士、员工、合作伙伴、投资人、经销商、供应商、代理商、合作伙伴、战略联盟等的支持也同样重要。有时候，企业还需要获得名人的支持并利用他们的效应增加品牌的信誉。

（三）建立亲密的市场关系

随着客户需求的动态变化和取得信息的机会不断增加，为客户提供个性化和多元化的服务已经成为企业唯一的途径。只有那些同客户建立了紧密关系的品牌，才能使客户保持长期的忠诚度。

（四）增加亲身体验的机会

客户购买的习惯是常常变化的。消费者仅靠广告上的信息就决定购买的情况已经越来越少了。消费者需要尝试或体验后再决定是否购买。所以品牌的维持和推广的挑战就变成了如何让客户可以在最方便的环境下，不需要花费太多时间、精力就可以充分了解产品或服务的质量和功能。这种让客户满意的体验可以增加客户对品牌的信任并产生购买的欲望。

四、品牌管理的模式

（一）品牌管理模式概述

模式的本义是指某种事物的标准形式或使人可以照着做的标准样式。品牌管理的模式是开展品牌管理的一般程序与操作方法。

1. 建立品牌管理组织

开展品牌管理首先要建立品牌管理组织。当前品牌管理组织有两种模式：一种是专门的品牌管理组织，如品牌经理制、品牌管理战略部门；另一种是兼职组织模式，如由营销部门或市场部门负责品牌管理。品牌管理组织的职能是负责制定与执行品牌管理措施，开展品牌管理相关活动。

2. 品牌调研与诊断

在建立品牌管理组织后，首先要开展调研，把握企业情况和市场情况，全面判断品牌管理的优势和不足，通过调研使品牌管理方案更贴近实际。

3. 品牌定位

定位就是企业设计出自己的产品和形象，从而在目标顾客中确定与众不同的有价值的地位。该定义包含两层意思：一方面，定位是让产品在竞争中有明显差异的独特个性；另一方面，独特的个性要与目标客户的需求相一致，不然定位就会无效。品牌定位就是在消费者的头脑中为产品或品牌寻找一个独特的位置，就是针对消费者的感觉和认知做工作，培养产品或品牌在消费者心目中的特色和形象，以满足消费者的某种偏爱和需要。品牌定位的目标是获取行业的竞争优势。品牌定位实施策略有卖点定位策略、消费者定位策略、形状定位策略、感情定位策略与文化定位策略。

（二）品牌管理模式

1. 品牌经理制

品牌经理制是在企业管理中为每个品牌的产品或者产品线配备一名具有高度组织能力的经理，使其对企业的品牌开发、产品销售、毛利负责，并由他来具体协调产品开发研制、生产、包装设计、市场研究、业务拓展、广告制作、促销及支援其他部门。

（1）品牌经理制的优势。

“品牌是管理的基础”如今已成为不少企业的共识，特别在消费品企业中相当流行。它的含义是：每个品牌都需要有一个人来全力关注该品牌的表现，并协调企业的各职能部门使品牌价值最大化。采用品牌管理的企业的每个重要品牌都有自己的品牌经理并配有几个助手；较小的品牌则通常只有一个品牌经理，或由一个经理负责几个小品牌的管理。在一些大企业里，通常还设有产品类别经理，由品牌经理向其汇报。

这样的组织方法符合品牌的规划逻辑，具有显著的优势。表 7－1 显示了美国通用汽车公司采用这种品牌管理模式前后的区别，体现了品牌经理的重要作用。

表 7－1　有无品牌经理对比

	没有品牌经理时的情况	有品牌经理后的情况
产品开发	工程师认为竞争对手比消费者更重要	品牌经理和工程师一起努力，共同满足消费者需要
市场定位	相似的产品类型为得到相同的消费者而竞争	每个产品类别必须有自己的市场范围，并适应其特定需要
市场营销	广告、定价及规划分别由不同的人负责处理	一个人负责处理某一类型产品营销中的所有问题
产品形象	每年都可能改变产品类型	一个永恒的主题
责任义务	没有单个的人或部门对产品类型的成功负责	品牌经理的薪酬与产品类型的成功相联系

（2）品牌经理制的优点。

品牌经理制问世以来，受到了诸多企业的高度重视，这源于它独特的优点。

1）使各部门协调运作，聚焦于品牌发展。品牌经理能从整体上考虑品牌的利益，在对品牌的策划上进行缜密、周到的部署，并可以运用制度的力量去协调各部门围绕品牌做出种种努力，明确每个部门对该品牌在每个节点上所承担的责任，消除各部门的负面行为，使该品牌能得到各部门的支持。

2）贯彻市场导向原则。品牌经理制使某一具体品牌由专门的经理去管理，由于品牌经理要对其所负责的品牌销售额和毛利率负责，使品牌经理的利益与该品牌的成长息息相关，这就促使品牌经理更好地关心市场的需求和变化，根据市场需求的变化做出快速反应，以保证该品牌取得成功。

3）改进产品的定位。在品牌经理制下，品牌经理会非常关注竞争的差别性优势，有效克服产品定位的趋同现象，以定位的差别化参与竞争。

4）凝聚团队力量。经营品牌的企业须确保组织的资源集中用于发展及保护其品牌。品牌经理要应用资源调配能力为其所负责的品牌发展服务，同时要克服在职能管理制下工作效率低的情况。

5）可以延长产品的生命周期。品牌经理不但要在产品线延伸方面始终如一地去保护品牌个性，而且要有效地消除销售过程中容易出现的短期行为，保证消费者对个性化产品的长期认可和追随。

（3）品牌经理制的缺点。

1）在品牌管理过程中，要为每个品牌分别开展促销活动，营销费用较高。

2）品牌较多，往往得不到消费者足够的注意，形成强势品牌较难。

3）每一个品牌有一个品牌经理，多个品牌会出现不同风格，不利于塑造企业形象。

4）企业内面对同一消费群体的不同品牌，为争夺市场常常会互相竞争。

5）要求各部门以消费者为中心，敏捷地适应市场变化，否则会给企业的整体发展带来致命的打击。

（4）品牌经理的职能。

品牌经理的主要职能是计划和控制，并使所负责的品牌取得良好的营销效果。品牌经理的主要工作如下：

1）调研工作。品牌经理必须进行必要的市场调研，掌握市场信息，善于分析处理，以获知如何获得和增加利润，然后才能进行品牌规划。

2）与广告代理商和经销商研究促销方案。

3）协调工作。品牌经理制大大增强了各部门之间运作的协调性，能够使品牌经理快速掌握品牌的市场需求、生产要求、销售量等信息，并在科研、生产、广告、公关等方面做出反应，修订品牌发展的计划。

4）建立品牌定位与形象。品牌经理的所有工作都是围绕建立一个清晰独特的品牌形象而展开的。

5）制订产品开发计划并组织实施，确定产品的竞争和经营战略，编制年度营销计划和进行营销预测。

6）激励推销人员和中间商支持该品牌产品。

（5）对品牌经理的要求。

1）专业能力。品牌经理对自己所负责的品牌，必须比公司里的任何人都更了解。

2）沟通能力。品牌经理无权指挥其他部门，要想成功，必须依赖其他部门的支持，这就要求有较强的沟通能力。

3）全局意识。品牌经理虽具有相对的独立性，但要服从企业整体计划，能顾全大局。

4）创新能力。让自己的品牌形象与产品的本质属性相一致，又有别于其他品牌的宣传。

5）敏锐的洞察力。品牌经理要准确把握市场脉搏，知道以何种方式引起消费者的注意，能把握广告诉求点和市场卖点。

2. 品类经理制

品类经理制是品牌经理制的演变，通常被称为品类管理，其特点为依据不同类别或性质的产品分别设置管理部门，目的在于减轻由于品牌过多产生的内部矛盾，提高管理效率，同时也是为了适应经销渠道及零售渠道对同类别产品采购的要求。在这一制度下，品牌经理向品类经理负责，品类经理对整个产品线负责，这使得产品种类管理更加完整、协调。

3. 客户型品牌管理组织

这种组织形式是把公司的组织机构集中在一起，使主要客户成为公司各部门为之服务的中心，由客户品牌经理负责制定其所主管品牌市场的长期和年度规划，分析客户的动向及公司应提供的新产品类型。例如，银行的客户管理、移动运营商的品牌管理组织等。这种品牌管理组织的最大优点是：品牌营销按满足消费者的各类不同需求来组织和安排，而不是集中在营销功能、销售地区或产品本身。

4. 地区型品牌管理组织

由于各地区的市场环境不同，许多公司按照地区来组织品牌营销机构。国际上许多大公司如联合利华、IBM 以及许多国内大公司都采取了这一形式。地区型品牌管理是一种多品牌的组织形式，其重点在于为不同的市场提供相应的产品及品牌，使品牌能够充分满足不同市场的要求。实质上，地区型品牌管理组织是以地域为细分标准的客户型品牌管理组织形式。地区型品牌管理组织是矩阵式的结构，品牌管理和市场管理相互交叉，比较复杂。其特点是能够兼顾产品和市场，但组织效率不高，需要进行较充分的沟通，而且会由于地区分散，部分地区可能会成为独立王国，再加上地方保护主义，会造成公司总部的管理不力。实行品牌管理组织一般都设有一个全国销售总经理，下级依次为地区经理、销售主任、销售主管和销售代表。对于市场地区性差异复杂的情况，设立地区型品牌管理组织能够让公司的产品和品牌更加有针对性。

5. 品牌事业部制组织

品牌事业部制组织将各品牌或品类扩大成不同的事业部，完全独立核算，对利润指标负责。总部可按这些结构建立成本中心、利润中心、管理中心的组织体系，事业部属于利润中心，工厂属于成本中心，总部属于管理中心，这样就建立了反应灵活的组织结构。实行品牌事业部制组织形式的公司，各事业部对本部门盈利负责，并直接建立各地的销售组织，公司不再设立统一的办事处机构。

知识拓展

国家级非物质文化遗产“王麻子”剪刀的品牌管理经验

王麻子剪刀是我国北方地区家喻户晓的传统手工艺产品，有着绝佳的声誉和普及率。王麻子剪刀始创于清顺治八年（1651 年），有一套严谨的、相对标准化的剪刀锻制技艺，是我国剪刀锻制技艺的代表。2007 年王麻子剪刀锻制工艺名列北京市非物质文化遗产名录，2008 年剪刀锻制技艺（王麻子剪刀锻制技艺）被列入第二批国家级非物质文化遗产名录，传承企业是北京栎昌王麻子工贸有限公司。

2020年，“王麻子”作为出口免验企业，累计生产超50亿把刀具，产品畅销全球48个国家和地区。2022年，王麻子成为中国集成厨电峰会独家礼品供应商，在集成厨电配套供应新赛道，王麻子开创行业之先河，率先迎合发展趋势。在早期，王麻子刀剪铺始终注重品质、关注经营，致使品牌经久不衰。第一，严格生产标准，坚持出高质量产品，有“人叫人千声不语，货叫人点头就来”的老话。正因为始终坚持以质量求生存，把王麻子剪刀工艺质量推向极致，致使正宗的王麻子刀剪铺在同业竞争中始终立于不败之地。第二，核算成本统一标准。王麻子注重成本核算，在剪刀的设计方面，钢铁比例适度，钢的厚度占剪头厚度的1/5。真正实现了好钢用到刀刃上。传统王麻子剪刀制作师傅都会在炉头上放一杆秤，严格控制重量，防止浪费材料。第三，广开渠道扩大销路。王麻子在销售上想了很多点子，不限于单一的门市渠道。通过代理、代销等方式，进一步打开了市场销路，让更多消费者能方便地买到高标准、高质量的剪刀。第四，售后服务赢得信誉。王麻子不仅坚持卖最好的产品，也坚持做好售后服务。例如：对于用旧的剪刀可以旧换新，或者保修。历史上还出现过剪刀加钢、代客户磨剪刀、免费修理等业务。这些服务不仅帮顾客省了钱，也让顾客更加信赖王麻子，为品牌赢得了声誉。

案例来源：王成荣，韩凝春，于继超．老字号非遗研究[M]．北京：九州出版社，2021.

管理实践

谭木匠的品牌特色

谭木匠品牌木梳坚持手工特色，坚持将中国古典文化秉承到底。谭木匠木梳围绕亲情、友情、爱情、风土人情等主题，产品开发概念包括由牡丹、翠竹组成的花开富贵、竹报平安、凤求凰等系列，突出民族特色，符合中国人的审美，为产品增添了文化特色。从造型上看，谭木匠有宽齿的大木梳、小巧的便携梳，也有球状的健脑梳。按照用途划分的产品系列有普通桃木梳、护发梳、合家欢、婚庆梳、凤求凰系列、鹊桥仙系列等，以及相关的发夹、镜子、佛珠等木制系列。谭木匠设计了不同场合用的梳子，既有单件的，也有套装的。此外，谭木匠在产品包装上也别具特色：高档木梳有礼品盒包装，普通木梳的外包装是黑色或蓝底白花的中式小布口袋，非常富有中国传统特色。

谭木匠用千姿百态的小木梳传递出了中国传统文化的底蕴，给予消费者一种工业社会中难得的文化和情感认同，使人们的归属感得到了满足。

能力训练

同步测试

一、单选题

1. 品牌管理涉及采购、生产、营销、财务和人力资源等各价值链环节。这体现了品牌管理的（　　）特性。

A. 系统性　　B. 全方位性　　C. 长期性　　D. 实时性

2. 品牌管理需要企业的长期投入，甚至几代管理者的共同努力。这体现了品牌管理的（　　）特性。

A. 系统性　　B. 动态性　　C. 长期性　　D. 实时性

二、填空题

1. 品牌管理的模式包括______、______、______。

2. 品牌经理制的优点包括______、______、______、______、______。

三、简述题

1. 简述品牌管理的步骤。

2. 品牌管理的关键要素有哪些?

3. 请列举品牌管理的几种模式，并简述它们的优缺点。

4. 一名合格的品牌经理应该拥有怎样的特点?

四、案例分析题

大疆的技术研发与品牌发展

大疆创立于2006年，当时国内无人机市场仍是一个鲜有人问津的绝对小众领域，因为受众少、盈利难，大公司基本都不愿意以身犯险。而大疆则在这个阶段悄悄蓄力，一直专注于自己飞控系统的研发与完善。

2016年，大疆迎来了第一次品牌转折。在经过长期技术沉淀后，大疆在当年的发布会上推出了新品——御Mavic Pro可折叠四轴无人机。这款无人机一经推出，便以其娇小便携的体积、稳定的飞行体验以及惊人的图像传输速度迅速成为爆款产品，再加上大疆独创的全新刹停与起落操控系统，以至于当时业界很多资深玩家都评价御Mavic Pro是一款至少领先行业2～3年的产品。后来御Mavic Pro的市场表现也证明了这一预测，在发布会后的近半年时间内这款无人机一直处于缺货和抢购状态。2006年至2016年，十年磨剑，大疆无人机终于梦想成真。

大疆到底凭什么在如此高的品牌溢价之下依然稳坐全球消费级无人机市场的第一把交椅呢?答案很简单：大疆在多年的自研积累下形成了一套非常完善的飞控系统，而这一套飞控系统正是大疆的底气所在。大疆则在创立之初就选择了最难的一条路——自主研发。也就是说，在大疆进行技术沉淀的漫长岁月里，无论无人机怎么变，飞控系统的底层代码都是大疆自己的工作人员在编写，这样就可以针对具体产品、具体问题进行定向优化与定向解决，而不必受制于国外庞杂的开源系统。2017年之后，大疆基本上每半年更新一次自己的产品库，每一次新品发布都是一次技术迭代，这对于大疆可以在市场上快速建立自己的品牌认知有着至关重要的作用。

请思考以下问题：

（1）大疆品牌为何能够形成较好的市场认可?

（2）你觉得大疆的品牌管理有哪些值得借鉴的经验?

技能训练

实训项目：理解品牌管理

一、实训目的

1. 了解品牌管理理论的发展过程。
2. 掌握各品牌管理理论的特点。
3. 能说明品牌管理的共同特征及差异性。

二、实训内容

1. 结合某一个具体品牌，陈述该品牌管理的模式与步骤
2. 结合某一个具体品牌，说明该品牌管理的特点。

三、实训组织

1. 把全班同学分成四五个小组，每个小组大约 10 人。
2. 分配指定每个小组需要收集的品牌资料。
3. 每个小组的每位同学独立完成该小组品牌的资料收集、整理分析工作。
4. 由组长负责组织小组研讨，集中本小组成员的研究结果，然后设计 PPT。
5. 每个小组推荐一人上讲台演讲，其间师生可以向该小组同学提问，教师要引导学生参与研讨，鼓励学生陈述调研过程和调研结论。
6. 对各小组的发言进行点评并给出成绩。

四、实训步骤

1. 每人独立收集指定品牌的资料。
2. 每人独自分析整理相关资料。
3. 小组讨论，汇总本小组意见。
4. 撰写小组总结报告，并设计制作演示课件。
5. 各小组代表发言，全班参与讨论。
6. 教师对各小组观点进行评价。

第三节　品牌维护与危机管理

案例导入

长安福特的品牌维护和危机管理

2021 年 3 月 15 日，为保障消费者的合法权益，央视 3·15 晚会如期举行。在晚会上，汽车企业长安福特上榜，被点名变速箱存在问题，汽车设计存在缺陷。由于车辆挡风玻璃下方的集雨板密封性不足，大量水顺着缝隙流进发动机舱，引发变速箱生锈、损毁。解决办法只需要在漏洞处加一个封垫即可。事实上，早在 2020 年 3 月，长安福特厂家就有了解决方案，但当时给 4S 店下达的解决方案

属于内部通告，并未告知消费者，导致消费者权益受损。

3·15晚会后，长安福特没有回避问题，先后做出两次回应，解决问题态度诚恳。第一份声明在晚会结束当晚公布，内容比较简短，除了向消费者进行道歉外，长安福特还承诺对存在问题的变速器提供免费维修。或许是觉得这样还不足以体现自己的诚意，在经过一天的内部研究后，长安福特随后在3月16日晚间又发布了一则跟进声明，给出了具体的处理举措：延长保修期，退还维修变速箱费用以及开通维修专线。

其实从汽车设计的角度来看，汽车产品设计之初并不能尽善尽美，一辆汽车有两万多个零部件，可能会存在一些设计上的不足，出现问题也较为正常，只是当用户发现问题后，企业要不断去改进，汽车产品安全性能才能不断提升。

看得出来，长安福特已经深刻意识到了错误，解决问题的态度十分诚恳和积极，并且解决方案也落到了实处，显示出了一家大企业的责任和担当。

资料来源：https://baijiahao.baidu.com/s?id=1694470517855184694&wfr=spider&for=pc.

思考：

1. 长安福特面临怎样的品牌危机？
2. 长安福特是如何进行危机管理的？

一、品牌危机的概念①

（一）品牌危机的内涵

危机在中文意义上有“危险”和“机会”两层含义，应该具有在“危险中寻求生机”的含义；在英文中，危机（crisis）是指“政治、社会或经济方面的即将来临的突然变化或决定性的不稳定状态”。

可以说，危机是指一种对组织基本目标的实现构成威胁，要求组织必须在极短的时间内做出关键性决策和进行紧急回应的突发事件。危机的发生常伴随着三方面的事态：一是事件本身的延伸及变化；二是媒体的广泛关注；三是由媒体引发的社会公众的广泛关注，尤其是目标公众的直接介入。事件本身的延伸与变化具有不确定性；媒体的关注是引发公众关注的导火索；公众的关注是前两个原因的必然结果。

根据对危机的理解，我们可以认为：品牌危机是指由于各类因素（包括企业自身、竞争对手、顾客或其他外部环境）的突变或品牌运营、营销管理的失常，而使得品牌形象受损，并造成社会对品牌产生不信任，进而威胁到品牌乃至企业生存的危机状态。

（二）品牌危机的特征

企业的品牌危机主要表现为以下几点：

1. 事件突发性

尽管危机的发生都有其诱因，但品牌危机总是在没有准备的情况下突然爆发的，

① 梁东，连漪．品牌管理［M］．北京：高等教育出版社，2012；刘常宝．品牌管理［M］．2版．北京：机械工业出版社，2014.

具有很强的突发性，往往来势汹汹，迅速成为社会和舆论关注的焦点，造成巨大的负面影响。

2. 广泛关注性

危机出现之后，媒体会在第一时间赶到并进行报道，这将使社会公众及时了解到品牌危机事件的爆发状况与来龙去脉。有关当局、专家、投资方、员工以及其他利益相关者也会密切关注事态的发展变化，尤其是我们现在所处的网络时代，信息的快速传播与传播的无障碍，也必然导致品牌危机被社会公众广泛关注。

3. 巨大危害性

品牌危机的根本危害在于品牌信任度的丧失，破坏消费者对品牌的感知、识别、联想与忠诚，损害到品牌市场、消费者和社会公众的利益，并给品牌的拥有主体带来损害，而这种损害往往会蔓延至更大的范围、持续更久的时间，使企业市场价值下降，品牌形象和企业形象蒙受巨大的损失。

4. 危机联动性

品牌危机的爆发常常要牵动各种关系和各项工作，这时企业的核心工作就是解决危机问题，企业所有的工作均围绕着这项工作展开；企业的利益相关者会关注事态的发展，他们或者参与到解决危机事件的工作之中，或者审视企业解决危机事件的工作进展状况；企业的各种社会关系，为防止自己的利益受损，会不断地给企业施加压力。品牌危机的联动性更多地表现为：负面效应增多，正面效应减少；怀疑者比例上升，信任者比例下降；指责者增多，同情与认同者减少。

（三）品牌危机的类型

品牌危机的类型大致包括以下几种：

（1）质量事故类，如餐饮品牌的食品安全问题。

（2）生产事故类，如供货厂家的用工条件恶劣问题。

（3）虚假营销类，如虚假品牌宣传、虚假社会责任事故。

（4）情感事故类，如伤害公众感情的品牌宣传、公司商业丑闻等。

（5）个人危机类，如企业领导与职业经理人个人危机、形象代言人个人危机等。

（6）法律纠纷类，如产权纠纷、商标权利受损等。

二、品牌危机的成因

品牌危机管理的起点，首先应是对危机的成因、要素进行识别。只有将品牌危机的具体成因识别清楚，才能对症下药，制定出相应的危机管理策略。造成品牌危机的原因可能有很多种，并且不同形式的品牌危机都有其独特的诱因。

（一）内部原因

可能导致品牌危机爆发的内部原因主要有以下几个方面。

1. 产品质量原因

品牌危机的爆发，常常是因为消费者对产品质量不满所致。产品质量问题主要由产品品质引发，例如产品不安全、品质不稳定、夸大功能、偷工减料、粗制滥造等。

2. 人力资源原因

人才是企业的重要资源。若企业在发展中由于各种原因造成掌握核心技术的人才流失，或关键职位人员的衔接不到位，将导致企业发展后劲不足，甚至会给企业造成重大损失。这种损失不仅表现在销售和利润方面，更可能表现在品牌方面，即表现为企业无形资产的损失，它比有形资产的损失更具破坏性。在人力资源方面，可能是领导层的更换或分裂导致品牌危机，也可能是大量员工流失造成的品牌危机。

3. 财务方面原因

财务状况是企业在一定发展阶段盈利能力与偿债能力的综合体现，是企业生产经营状况的一个主要衡量指标。财务状况不佳将使企业资金流不稳定，引起债权人、股东等利益相关者对企业管理层的质疑，甚至引发财务危机。债务压力过大、盲目投资扩张、财务管理低效、财务造假等情况，都会引起财务问题，造成公众对企业的不信任。

4. 营销方面原因

在营销过程中，诱发企业危机的原因很多，如品牌定位不准确、过度价格竞争、品牌传播手段与内容令市场反感等。

品牌定位不准确是企业品牌运行不畅的关键原因，它虽不是毁灭品牌的直接原因，但却是拖垮品牌的根本所在。如果一个企业由于这一原因而长期不能使某品牌壮大，消费者势必会对该品牌失去信心，进而选择更换新品牌，而下一个品牌可能会重蹈覆辙，这就使品牌运行步入恶性循环。价格竞争从表面上看似乎有利于消费者的利益，也会使企业产品销售量有所提升，但恶性竞争的存在往往会造成企业的价格危机，或因为高价格而被市场“放弃”。品牌传播手段与内容令市场反感主要是指企业在品牌传播中所界定的信息及其表现形态引起市场反感，进而使企业品牌运行困难，主要表现为虚假宣传和违背公序良俗等。

5. 战略与组织原因

企业由于战略选择失误或是自身组织结构上的缺陷，也将导致品牌危机发生。战略与组织原因具体包括缺乏明确的发展战略，战略选择过于保守或过于随意，组织结构老化、臃肿，组织布局不合理等。这些原因导致的品牌危机在发生之前往往会在多方面发出危机信号，而企业管理者对这些信号的忽视与此类危机的突然发生有着直接关系。通常认为，正确的战略决策标准应是：符合企业和品牌的特征，有完整的运行思路，对可能出现的不利事件考虑周全并有所准备等。

（二）外部原因

外部原因引发的危机是任何企业都很难预测和准确判断的，因为这类危机事件的发生常常是非企业原因所致，即使有些原因和企业有关或有一定联系，但危机出现的导火索也可能发生在外部，企业为此所要做的工作主要是预防和在危机爆发过程中进行积极处理。由外部原因引发的危机主要有以下几个方面。

1. 宏观因素变化

宏观因素对微观企业行为有着重要的影响，如国家方针政策的变化、新法律条文的颁布、自然灾害的发生、敌对势力的破坏、重大疾病的爆发、经济危机的来临等。

2. 假冒伪劣产品

虽然政府和有关部门不断加大对假冒伪劣产品的打击力度，但仍有大量的假冒伪劣产品流入市场，给消费者和生产企业带来了危害。当市场上充斥着大量的某个品牌的假冒伪劣产品时，消费者若无法辨别真伪，就会产生沮丧和失望，从而对该品牌的产品质量产生怀疑，进而拒绝或避免购买该品牌的产品。

3. 恶意伤害行为引发的品牌危机

在市场竞争中，有些竞争者可能会采取一些不正当的竞争手段，制造一些不利于领先竞争对手的事件，企图把竞争对手赶出市场。

4. 媒体报道引发的品牌危机

媒体的报道存在主观性，尤其是一些不负责任的媒体为了追求新闻的轰动效应，肆意炒作，将品牌推入绝境。

5. 受行业其他品牌影响引发的品牌危机

同行企业生产同一类产品，各企业间会有连带的互相影响，某一品牌的危机常常会对其他品牌产生株连，甚至影响一系列民族品牌的培育和发展。

三、品牌危机管理

品牌危机管理是一个系统工程，它包括企业在品牌危机出现之前的预警管理、危机出现时的处置管理，以及危机平息后的恢复管理。这三大流程环环相扣，共同构成了一个完整的品牌危机管理系统。

（一）品牌危机预警管理

品牌危机的预警防范，是品牌危机管理的首要任务。品牌危机预警机制是指企业全员有着强烈的危机意识，有着敏感的危机触觉，有着处理危机的约定程序和制度以及组织机构，具有即时性处理危机事件的能力。

1. 树立品牌危机意识

这要求企业建立包含品牌危机意识的企业理念系统，组织员工参加危机管理培训，如进行品牌危机事件发生的实地模拟演练，收集与分析各类品牌危机的案例，为企业积攒强大的危机管理档案库和应急方案，做到危机管理的有备无患。

2. 制订品牌危机防范计划

品牌危机防范计划应包括：建立品牌危机处理小组；建立品牌危机防范制度；制订品牌危机管理计划等。

3. 树立良好公共关系形象

公共关系是社会组织以现代传播沟通为手段，以建立互利合作的公众关系为重点，以塑造良好的组织形象为目标的管理科学和经营艺术。企业树立良好的公共关系形象，既包括企业与利益相关者之间的关系，例如处理供应商、经销商、投资者、股东、员工等的关系，也包括企业与非利益相关者之间的关系，如企业和媒体的关系。

（二）品牌危机处置管理

品牌危机预警是品牌危机不发生或少发生的有力保证，但危机预警并不能绝对保障不会发生品牌危机。品牌危机产生的原因多种多样，有些原因在企业的控制范围之内，而有些原因则是企业无法控制的。因此，任何品牌，包括世界级的品牌都不可能避免发生品牌危机。在品牌危机来临之际，企业必须从容应对。在进行品牌危机应急处理时，需要注意遵循以下原则。

1. 主动性原则

任何危机发生后，不可回避或被动应付，要积极直面危机，有效控制局势。可任命专门负责的发言人，主动与新闻界沟通，并且开辟高效的信息传播渠道。面对品牌危机，企业切不可采取“鸵鸟政策”，那样可能会为更大的危害播下种子。企业单方面逃避，在信息反馈不足的情况下，公众会愤怒地对企业的这种行为进行抵抗。

2. 快速性原则

以网络技术为代表的信息社会的到来，使得品牌危机产生的负面影响在极短的时间内就会传遍世界，造成极为严重的局面。因此，对危机的反应必须迅速，在最短的时间里介入危机，无论是对受害者、消费者、社会公众还是对新闻媒体，企业都应尽可能地成为首先出现者，以便迅速地消除公众对品牌的疑虑。如果危机处理失去最佳时机，即使事后再努力，也往往于事无补。

3. 真诚性原则

品牌危机发生后，企业必须向公众陈述事实真相。“家丑不可外扬”是中国人普遍具有的观念，这种观念被应用到企业品牌危机管理中，则会造成比危机本身更为严重的影响，使企业不但继续受到危机的影响，而且还会出现诚信危机。通常情况下，任何危机的发生都会使公众产生种种猜测和怀疑，有时新闻媒体也会夸大事实，为此危机单位要想取得公众和新闻媒介的信任，必须采取真诚、坦率的态度。一些企业在危机时刻“铁将军把门”，或者让一两个无关紧要的人物出场说一些“无可奉告”之类的言辞，殊不知“无可奉告”之类的回答往往会让危机的程度加深。

4. 统一性原则

危机处理必须冷静、有序、果断、指挥协调统一、宣传解释统一、行动步骤统一，而不可失序、失控，否则只能引发更大的混乱，使局势恶化。

5. 全员性原则

企业全体员工都是企业品牌的创建者和保护者，当危机来临时，他们不是危机处理的旁观者，而是参与者，应做到群防群治、群策群力。要搞好内部公关，以争取内部员工的理解，提高透明度，让员工了解品牌危机处理过程并参与危机处理，不仅可以减轻企业震荡，而且能够发挥其宣传作用，减轻企业内外压力，重新让公众树立对品牌的信心。

6. 创新性原则

危机处理既要充分借鉴过去成功的经验，也要根据危机的实际情况，借助新技术、新信息和新思维，大胆创新，应对危机的思路与方法。

（三）品牌危机恢复管理

企业在平息品牌危机事件后，就要着手企业的恢复与重振工作。一方面，企业要尽力消除品牌危机产生的负面影响，将企业的各方面工作恢复到正常营运状态；另一方面，企业要则对企业形象和品牌进行重塑与强化。企业的恢复与重振工作主要包括以下几个方面。

1. 品牌危机总结

危机总结是品牌危机管理的一个重要环节，它对制定新一轮的危机预警措施，尤其是对于本企业品牌管理工作有重要的启示。所以，应对品牌危机管理进行认真而系统的总结。对危机的总结，就是要重新审视品牌危机出现的原因，从制度上制定预防危机再次发生的相关规则，并且把本次危机处理的方法和经验记录下来，调查危机发生的过程，评价危机管理的效果，整改危机管理的不足。危机过后应立即着手制订企业危机管理计划，必要时请专家和公共关系公司进行指导和帮助，这样才不至于再犯同样的错误。

2. 加强企业内部的沟通

危机事件的正确处理能使企业绝处逢生，化险为夷，但危机中暴露出来的企业管理、员工素质、公关状态等方面的问题却不能忽视。企业应以此为典型、生动的教材，深入对员工进行品牌危机教育和培训，使每一个员工都能从中找到差距和存在的问题，自觉将自己的行为、形象与企业的命运、形象连在一起，强化企业员工的凝聚力，团结一致共同对付危机。进一步深化全员危机意识，完善企业管理的各项制度措施，有效地规范组织行为，为下一次可能出现的品牌危机做好准备。

3. 品牌形象重塑

当危机事态已经得到控制之后，企业的首要工作是恢复其品牌形象。企业惧怕危机，是因为危机的确会冲击品牌的良好形象，但是只要处理得当，危机反而能带来正面效应，比如增加品牌的曝光率和知名度、展现企业领导人的魄力和能力、改善企业与某些重要公众的关系、为企业的可持续发展做出必要的改变。品牌形象重塑要做好以下两方面工作：一方面，实事求是地兑现企业在危机过程中对公众做出的承诺。另一方面，要继续传播企业信息，举办有影响力的公关活动，提高企业美誉度，制造良好公关氛围。

知识拓展

提高商标保护意识，有效避免品牌危机

商标是商品的记号。因企业商标保护不到位而使品牌产生危机的现象时有发生，主要表现如下：第一，不及时注册商标，忽视对品牌产品或优质服务项目及时注册，未能对自创品牌进行合理合法的保护，这是大量品牌商标被抢注的直接原因。而失去一个知名商标，就等于失去了一大片市场，直接影响品牌的营销推广。第二，不及时续展商标或不续展商标。《中华人民共和国商标法》规定，注册商标的有效期为 10 年，到期前 6 个月内应申请续展商标。在此期间内未提出申请的，可以给予 6 个月的宽展期。超过宽展期未申请续展注册的，即丧失商标专用权。很多企业由于品牌意识不强，法制观念薄弱，并不重视商标问题，结果自己创立的品牌被别的企业抢先注册，出现品牌危机。第三，假冒商标的影响。在市场上可能会出现某个商标是同类产品的某著名品牌的商标图案或文字稍加修饰和调整改动而成，在视觉上给消费者造成错觉，在宣传效果上以假乱真，同时因为质量问题而影响著名品牌的推广。

我们在进行品牌管理时，需要充分利用法律手段，通过注册商标保障品牌的法律权益，降低出现此类品牌危机的可能。

资料来源：刘常宝，肖永添．品牌管理［M］．北京：机械工业出版社，2011.

管理实践

"金华火腿"产业集群品牌危机管理

据史书记载，金华民间腌制火腿始于唐代，迄今已有 1 200 多年的历史。金华火腿作为原产于浙江金华地区的传统名特产品，是一种典型的以"产地＋商品通用名"命名的区域产业集群品牌，金华火腿产业集群一直为金华地区的经济创造价值。但是，2003 年的一起产品质量危机事件却几乎给这块金字招牌带来灭顶之灾。

2003 年 11 月，中央电视台《每周质量报告》披露了旭春火腿厂、永泰火腿厂两家金华火腿生产企业使用"敌敌畏"防虫蝇的内幕，社会舆论反响强烈。国内许多地方政府迅即组织查封金华火腿，经销商纷纷撤单、撤架退货，导致产品严重积压，半数工厂停产，金华市 160 家金华火腿生产企业全部蒙受损失，该年度金华火腿销量同比下降 75%～80%。金华火腿生产企业、销售企业陷入绝境，甚至整个火腿产业链上的养猪农户、饲料经营者都遭受连累。

在"金华火腿"产品质量危机事件发生后，金华市政府采取了以下主要治理措施：(1) 积极开展危机公关活动。金华市政府宣传部门通过新闻媒体积极地宣传反季节腿和金华火腿、原产地保护金华火腿与其他金华产的火腿等的区别，使社会大众对金华火腿有了更多的认识，尽可能地降低因为个别商家所产劣质产品影响整个区域产业集群品牌造成的严重后果。(2) 组织开展行业专项整治活动。金华市政府组织各部门开展了行业专项整治工作。一是严厉查封涉案的永泰、旭春两家企业，销毁质量不合格的火腿；二是整合质监、工商、卫生、农业、商检、经贸委和火腿行业协会等，开展全行业的专项整治，包括加强对火腿产品质量监管、生产卫生条件管理、腿源的检疫、有毒及有害违禁物的管理、火腿产品的检测等。

2004 年，"金华火腿"又以崭新的面貌走向了国内国际市场。在此次事件中，政府在解决质量问题、加强质量监管中发挥了重要的"公信力"作用；火腿行业协会协助金华市政府对全行业进行了专项整治，也发挥了一定的作用。

资料来源：夏碧莹．"金华火腿"产业集群品牌危机案例研究［J］．学习月刊，2011 (16)：36－37.

能力训练

同步测试

一、单选题

1. 品牌危机的爆发可能体现在负面效应增多、怀疑者比例上升、指责者增多等。这体现了品牌危机的（　　）特征。

A. 事件突发性　　B. 广泛关注性　　C. 巨大危害性　　D. 危机联动性

2. 品牌危机的爆发可能体现在负面效应增多、怀疑者比例上升、指责者增多等。这体现了品牌危机的（　　）特征。

A. 事件突发性　　B. 广泛关注性　　C. 巨大危害性　　D. 危机联动性

二、填空题

1. 品牌危机的特征包括______、______、______、______。

2. 品牌危机的类型大致包括______、______、______、______、______、______等情况。

3. 品牌危机产生的内部原因主要有______、______、______、______、______。

三、简述题

1. 请谈谈你对品牌危机的理解。

2. 简述品牌危机形成的原因。

3. 企业怎样进行品牌危机预警？

4. 请列举你熟知的一次品牌危机事件，并评价企业的危机处理方案。

四、案例分析题

华为的危机管理实践

华为成功的秘诀就是始终坚持践行“以客户为中心，以奋斗者为本，长期坚持艰苦奋斗，坚持自我批判”的核心价值观，这对华为而言，既是常识，也是真理。自我批判是华为重新焕发活力的重要武器。华为的决策层认为：“自我批判是拯救公司最重要的行为，世界上只有那些善于掌握自我批判的公司才能存活下来，世界是在永恒的否定之否定中发展的。如果不坚持自我批判这个原则，华为绝对不会有今天，没有自我批判，华为就不会认真听取客户的需求，就不会密切关注并学习同行的优点，就会以自我为中心，很快被淘汰。”所以，华为一直坚持自我批判，在自我否定中不断进步。在华为，自我批判不是一种口号，而是一种制度和文化。华为的自我批判不是为了批判而批判，不是为了全面否定而批判，而是为了优化和建设而批判，目标是为了提升公司的整体核心竞争力。因此，华为一直运用自我批判的哲学工具锻炼队伍，培养优秀人才，从而使这个庞大组织不断得到改造与优化。华为已经成为全球最大的通信设备制造商，但华为的决策层却认为，今天的华为恰恰可能是最脆弱的时候。因为成功容易让人变得怠惰和自大，让组织变得盲目骄傲和故步自封。过去的成功不是未来成功的可靠向导，不能陶醉于过去的成功，不要迷信过去成功的经验，要敢于不断地批判自己。

华为的决策层认为，失败这一天是一定会到来的，大家要准备迎接。即便不能避免这种危机，至少可以最大限度地避免企业受损。因此，华为需要的，不仅仅是决策层、管理层和个别部门具有危机意识，还必须加强对员工危机意识的强化与培养。

为了达到强化员工危机意识的目的，华为的决策层甚至将这一点作为一项战略纳入企业的发展规划中。在 1998 年出台的《华为基本法》中就有这样一条内容：“为了使华为成为世界一流的设备供应商，我们将永不进入信息服务业。通过无依赖的市场压力传递，使内部机制永远处于激活状态。”

华为的决策层要求每一个华为人也要做到“破釜沉舟”，只有这样，华为才能因来自竞争的压力而无比专注地不断提升自己，才能在强者如云的国际市场竞争中得以生存，并最终成长为世界级的企业。通过《华为基本法》，华为的决策层将危机意识融入华为的企业文化中，让员工时刻都能感受到一种山雨欲来的紧张气氛，引导员工不要只看着国内，而要向国际竞争对手看齐，从而达到遏制部分员工和管理人员因公司高速成长而滋生的盲目乐观情绪。

资料来源：余胜海．任正非和华为．武汉：长江文艺出版社，2017.

请尝试分析以下问题：

1. 你觉得危机管理对于品牌发展有哪些作用？
2. 华为的危机管理能够为我们提供哪些经验？

技能训练

实训项目：掌握品牌危机预警能力

一、实训目的

1. 培养学生对品牌危机预警的分析能力。
2. 锻炼在处置品牌危机中制订应急计划、协调各方关系等方面的能力。

二、实训内容

1. 实训资料：搜集 2 个有代表性的品牌危机事件相关资料。
2. 具体任务：分析 2 个品牌对待危机事件的态度和策略。
3. 任务要求：

（1）相关资料和数据的收集可以进行实地调查，也可以采用二手资料。

（2）比较二者的态度与策略。

（3）综合分析要全面、客观。

三、实训组织

（1）实训指导教师明确实训目的、任务和评价标准。

（2）按实训项目要求将班级成员分为若干小组，每个小组 4～6 人，采用组长负责制，组员合理分工，团结协作，专人负责记录和整理。

（3）小组在调研基础上充分讨论，认真分析，写出书面实训研究。

（4）完成后各小组派代表在班级进行实训报告的 PPT 演示。

四、实训步骤

（1）指导教师布置实训项目，指出实训的要点和注意事项。

（2）各小组明确实训任务，在教师的指导下制订方案并执行。

（3）小组成员选举组长、团结合作、发挥特长、明确分工，认真调研，广泛收集资料。

（4）由专人进行资料的汇总和整理，活动相关事项记录明确。

（5）各小组讨论形成核心思想，归纳要点，形成讨论稿，完成实训报告。

（6）通过实训作业展示，由各小组互评成绩。（理论运用、资料翔实、文字表达方面占 60 分，小组代表的语言表述方面占 30 分，团队协作和报告形式方面占 10 分）。

（7）指导教师进行综合评定和总结。

第四节　品牌价值管理

案例导入

格力电器的品牌价值发展

格力电器十分重视自主创新和品牌战略。该公司通过研发创新，在家电行业和高端装备制造业领域发展较快，获得“中国世界名牌”“最具市场竞争力品牌”“全国质量奖”“出口免验企业”“中国品牌创新奖”等荣誉。2022年，世界品牌实验室《中国500最具品牌价值企业》排行榜中，格力空调位列第33位，“格力电器”品牌资产价值达到1 986.34亿元；在北京举行的“2022中国品牌价值评价信息发布”活动上，格力电器在轻工行业排名第一；2019年，由人民日报社发起并编制的人民日报“中国品牌发展指数”中，格力电器以917.73的总指数位列全榜单第七名，居家电行业之首。格力电器在打造品牌资产的过程中，产品质量和领先科技是最关键的部分。

格力电器在品牌资产管理过程中，研发创新发挥了较大的品牌资产价值增值驱动力作用，也体现出品牌资产价值增值战略与创新的契合。在经营过程中，企业通过以下方式提升品牌资产的附加价值：第一，通过技术创新、掌握核心技术推动节能环保，提升中高端产品的市场占比；第二，通过销售渠道创新，拓展销售链条；第三，通过产品创新，集中塑造品牌形象，进行品牌资产管理，提升品牌竞争力。

格力电器重点通过加大研发创新投入方式提升品牌资产价值。通过长期研发创新投入，格力电器已拥有全球最大的空调研发中心、4个国家级研发中心、1个院士工作站、16个研究院，超过1 000个实验室。2019年，格力电器获批筹建“广东省高性能伺服系统企业重点实验室”“广东省智能化模具技术创新中心”“广东省能源互联网创新中心”“广东省小家电智能制造区域创新中心”。截至2021年底，格力电器累计获得国家级、省部级、行业级的重要奖励共99项；累计申请国内外专利96 626项（其中发明专利49 549项），累计获得国内外发明专利授权13 507件，成为中国首家发明专利授权破万件的家电企业；累计获得65项中国专利奖，其中发明金奖2项，外观金奖3项，历年获奖总数位居空调行业第一；累计获得日内瓦发明展金奖11项，纽伦堡发明展金奖6项。同时，格力电器还是国家首批企事业知识产权示范单位、国家专利运营试点企业，并获得中国商标金奖。

思考：

格力电器品牌资产管理的成功之处在哪里？

品牌价值是品牌管理要素中最为核心的部分，也是品牌区别于同类竞争品牌的重要标志。迈克尔·波特在其《竞争优势》中曾提道："品牌的资产主要体现在品牌的核心价值上，或者说品牌核心价值也是品牌精髓所在。"企业可以通过各类新闻媒体发布品牌评估及评价资料，量化和展示企业自主品牌价值①。

一、品牌价值的内涵②

品牌价值既与生产者的特殊劳动投入（高质量的、创造性的劳动投入）的数量和质量有关，也与市场上消费者的认可程度有关。因此，品牌价值的内涵可以界定为被消费者认可的品牌所赋予产品的物理功能之上的情感和体验附加值。由于其能够为企业带来超额利润，所以它作为一种无形资产，是企业总资产的组成部分之一。在既定的劳动投入条件下，品牌价值取决于生产者特殊劳动投入和市场认可的契合度。如果生产者能够依据消费者的需求进行产品的设计和生产，其产品的效用就能得到发挥。

二、品牌价值的来源与构成③

大卫·阿克将品牌资产价值分为五个部分，即品牌忠诚度、品牌知名度、品牌认知度、品牌联想和其他资产。

（一）品牌忠诚度

1. 品牌忠诚度的含义

品牌忠诚度是指在多种因素（如价格）的影响下，消费者对某一品牌产生感情并形成偏爱继而长期重复购买该品牌商品的程度。品牌忠诚既是一种态度，又是一种行为。品牌忠诚度是在品牌知名度、品牌认知度和品牌联想基础上所形成的一种稳定的心理状态。

2. 品牌忠诚度的价值体现

较高的品牌忠诚度，即品牌形成了稳定的客户群，可以为企业减少营销成本，并为竞争对手设置行业进入障碍；较高的品牌忠诚度，可以为企业带来收益，把品牌的相关信息、产品使用情况和使用体验告知其他消费者，从而影响其他消费者对该品牌的认知与情感，有利于企业吸引新顾客。

3. 提高品牌忠诚度的方法

提高品牌忠诚度，需要企业进行高效的客户关系管理，对各种顾客资料数据进行挖掘、分析，留住新顾客，巩固老顾客，同时取得顾客份额，开发顾客的终生价值。

提高品牌忠诚度，需要企业提供附加服务，提高消费者的购买情绪。

提高品牌忠诚度，需要创建品牌转换成本。转换成本是指当客户从一个产品的提供者转向另一个提供者时所需要的一次性成本。这种成本不仅是经济上的，也是时间、精力和情感上的，它是构成企业竞争壁垒的重要因素。如果客户从一个品牌转向另一个品牌，会损失大量的时间、精力、金钱和关系，那么即使他们对企业的

---

① 刘常宝．品牌管理［M］.2版．北京：机械工业出版社，2014.
② 王成荣．品牌价值论：科学评价与有效管理品牌的方法［M］．北京：中国人民大学出版社，2008.
③ 南开大学课题组．品牌价值评价体系研究：理论视角［M］．北京：中国经济出版社，2019.

服务并不是完全满意，也不会马上转换品牌。

（二）品牌知名度

1. 品牌知名度的含义

品牌知名度是指品牌为目标市场消费者所知晓的程度，也称品牌知晓度。通常，某品牌的知名度需要通过总体目标消费者中知晓该品牌人数的相对数来测定。不同品牌的知名度是不同的。

2. 品牌知名度的价值体现

由于顾客不会购买自己毫不了解的东西，因此知名度和购买行为之间存在着明显的关联，尤其对于那些消费者介入程度低、单位产品价值低的产品来说，品牌知名度与产品销量短期内有着正相关的关系。

品牌知名度的价值主要表现在提高品牌影响力和抑制竞争品牌知名度两方面。消费者购买商品时，一般倾向于在自己熟悉的范围内选择，因此品牌知名度越高的商品，越容易进入消费者的视野，越有可能成为被选购的对象。另外，品牌知名度还会降低竞争品牌的市场影响，提高自身品牌的市场竞争力。

3. 如何提高品牌知名度

品牌知名度的提升方法主要有两种：一是通过密集的、高频率的广告投放，迅速建立品牌知名度，正因如此，国内许多企业纷纷愿意出高价参与中央电视台黄金时段的广告竞标；二是通过策划有轰动效应的营销活动或新闻事件，这样也可以达到迅速名扬天下的效果。但需要注意的是，品牌知名度一定要与品牌忠诚度相结合，品牌管理不能只依靠“短线营销”。

（三）品牌认知度

1. 品牌认知度的含义

品牌认知是指消费者感知到的某一品牌产品质量而形成的印象。品牌认知并非单指生产中的问题，而是从消费者的角度来审视的，消费者对品牌的感知质量至关重要。具体来讲，消费者对品牌产品质量的认知包括功能、特点、可信赖度、耐用度、服务、外观等。

2. 品牌认知度的价值体现

（1）品牌认知度给消费者提供了购买的理由。较高的品牌认知度，为消费者提供了充足、全面的信息。如果顾客在做出购买决策时缺乏全面信息，往往会依据自己心目中的品牌认知来决定购买哪一个品牌的产品。

（2）品牌认知度是品牌差异化定位的基础。品牌认知差异化是品牌差异化选择的重要方面，是许多强势品牌取得差异化竞争优势的源泉。不同的品牌通过长期的产品经营和品牌传播，在消费者心中形成了相对稳定的品牌认知。例如，低端消费品牌如果要转化成高档消费品牌，需要付出高昂的代价；相反，一个高档品牌，如果想转换为大众化品牌，就会损害自己的品牌形象。

（3）品牌认知度是高价值的基础。强势品牌通过长期的积累，在消费者心目中形成了高档、时尚、高品质、高性能的品牌认知价值，因而这些品牌的产品能够卖到较高的价位，而且能够被消费者接受。普通消费者在选择产品时，无法通过专业手段辨别产品品质，只能从品牌上加以识别，这样就使得贴牌生产的产品也能顺利实现高价销售。

3. 如何提高品牌认知度

提高品牌的认知度，对于企业经营而言是一件十分重要的工作。提高品牌的认知度，需要从企业的技术优势、产品领导、优秀服务等方面努力，在潜移默化中培养起消费者对品牌品质和品牌定位的认知。

（四）品牌联想

1. 品牌联想的含义

品牌联想是指透过品牌所产生的一切联想。这些联想往往能组合出一些意义，形成不同的品牌形象。消费者通过对不同品牌产生不同的联想，使品牌间的差异得以显露。品牌传播的主要目的是试图使消费者“产生联想→产生差别化认识→产生好感→产生购买欲望”。这种品牌联想所形成的对品牌的印象最终将成为消费者选择品牌的重要依据。

2. 品牌联想的价值体现

（1）品牌联想有助于消费者形成正面印象。消费者对品牌会有理性的联想和感性的联想。理性的联想为消费者提供购买的理由，而感性的联想则牵动着消费者的情感。

（2）品牌联想有助于消费者联想到品牌利益点。当消费者面对琳琅满目的商品无法决定购买何种产品时，他们的头脑中便会迅速地产生有关这些品牌的联想，而这些联想大部分反映的是品牌的利益点，通常是通过广告画面、广告语或者周围人的影响而获得的，这些利益点如果符合消费者的需要，就为消费者购买某个品牌提供了重要的动机。

3. 品牌联想的策略

品牌应该是一种消费者体验，要真正做到不同凡响，就要建立起一种与消费者的亲密联系。在某种品牌的购买逻辑推理形成之后，还要靠附加的情感联系来区分品牌间的差异。因此，如果品牌与消费者建立理性联想的同时能让消费者感受到强烈的情感联想，那么品牌联想的创建就是成功的。具体来说，企业能够通过创造品牌故事、为品牌设计灵魂人物、为消费者提供有名望的消费者以及通过迎合消费者心理实现“品牌感动”等方法，让消费者对企业品牌建立正面联想。

（五）其他资产

作为品牌资产价值的重要组成部分，附着在品牌之上的其他资产是指那些与品牌密切相关的、对品牌的增值能力有重大影响的、不易被准确归类的特殊资产，如专利、专有技术、商标等。例如，云南白药处方、工艺列为国家保密范围。正是这种专有生产配方和技术，让云南白药有了无可比拟的品牌特殊性。

三、品牌价值评估①

对于一个品牌，对其进行评估应主要包括下列内容。

（一）品牌寿命

存在时间长对品牌形象力大有帮助，尤其是同类产品中的第一个品牌对品牌形

① 刘常宝．品牌管理［M］．2版．北京：机械工业出版社，2014．

象力的帮助更大。在2020年《世界品牌500强》排行榜中，世界上最古老的品牌是法国建材品牌圣戈班（Saint-Gobain），其品牌历史已经超过350年；中国最古老的品牌是茅台酒，品牌历史已近320年。

（二）品牌名称

品牌名称是赋予商品的文字符号，它以简洁的文字概括了商品的特性。在评价品牌名称时，应该考虑：该品牌名称是否能引起消费者的注意和兴趣；是否能使消费者感到有魅力、有特征、有新鲜感；是否能刺激消费者的好奇心；是否能让消费者容易理解，即易读、易懂、易分辨；是否能使消费者对之产生好感等。

（三）产品或服务的商标

商标是用来帮助人们识别商品的几何图形及文字组合，它以简洁的线条组合，反映企业和商品的特性，起到明示和凸显商品特点的作用。一个好的商标，应该能引起消费者注意、能适合社会的消费潮流、反映商品的特性，并带有较强的欣赏价值，带给人好感，满足消费者的心理需要等。

（四）品牌个性和意象

从知识产权意义上说，一个品牌不仅仅局限于识别产品的作用。许多强有力的品牌几乎成为产品类别的代名词，甚至人们可以仅仅通过品牌名称来识别它们的产品或服务，它们也是企业对产品拥有的一系列权利的综合代表。

（五）品牌产品或服务的类别

一些产品或服务类别更容易引起消费者关注，它们趋向于为产品或服务创造更高的知名度和推崇程度。因此，一个品牌的产品或服务类别在很大程度上对品牌形象力的等级起到帮助或妨碍作用。

（六）品牌产品或服务的功能

各类型消费者对品牌产品功能的了解程度，以及对产品的使用功能、特点、外观的掌握，都是影响品牌价值的重要因素。

（七）品牌产品或服务的质量

质量和可靠性是每个品牌建立大众信誉的基础。无论企业经营何种品牌，都需要满足消费者的消费需求。这就要考虑品牌的质量信赖度、产品的耐用度等因素。

（八）消费者态度

消费者对品牌产品的态度，会对产品的市场表现产生很大影响。例如消费者对该品牌产品在技术水平、质量和价格比、功能和价格比等方面的产品认识；对该品牌所代表产品的情绪体验，包括在以往使用该产品过程中的情绪体验、该产品带给消费者心理上的满足、对群体心理的适应、其售后服务对客户要求的满足程度等。

（九）品牌认知

如前所述，品牌认知是品牌价值的重要构成。在评价品牌认知时，需要充分考虑：品牌认知度处于何种状态、竞争品牌的品牌认知度如何、造成目前品牌认知度的办法及其主要原因是什么、竞争品牌提高认知度的办法主要是什么、该品牌在建立其认知度时应主要倡导什么、消费者一般从什么渠道获取关于品牌认知度的信息等。

（十）品牌连续性

连续性对一个品牌保持持续发展能力是十分重要的。品牌的连续性，能够给品牌带来更持久的发展条件。

（十一）消费者购买倾向

如果消费者形成了对某品牌产品的依赖性，那么，一旦感到需要，消费者就会去购买该品牌产品，这就是说，消费者对该品牌形成了比较稳定的购买倾向。

（十二）品牌媒体支持

媒体的支持保证了品牌在市场上的可见性。媒体客观的正向报道，能够为品牌发展带来巨大的市场认可。

（十三）品牌产品的市场表现

这主要是考虑该品牌产品的市场表现，如品牌产品的盈利水平、竞争能力、市场特点、发展趋势、品牌产品在品质上有何发展创新等。

（十四）品牌更新程度

如同投掷一枚硬币，相反的一面也是真实存在的。这就是说，品牌除了保持连续性外，还必须时常更新，使自己能符合新一代消费者的要求。

（十五）品牌忠诚度

消费者能够持续地购买使用同一品牌，即为品牌忠诚。

（十六）品牌联想度

品牌联想度即消费者透过品牌所联想到的品牌形象。

（十七）品牌所拥有专利权价值评估

通过对以上因素的品牌价值评估，不但可以量化品牌的价值，还能够为企业提供各个品牌的横向纵向比较，揭示出各品牌的市场发展状况，为消费者提供品牌忠诚的理由，为投资者提供科学合理的投资参考。

品牌价值管理是对品牌价值形成、增值、使用和保护过程的规划和控制，这是一种特殊的管理活动，其管理重点是在品牌营销的基础上使品牌保值增值。

四、品牌价值保护

在有关品牌保护的一系列概念中，商标保护、品牌保护和品牌价值保护是三个不同的概念。商标保护是在法律范畴内一个有确定含义、具体途径的概念。品牌保护包含了商标保护，但又不局限于此，它既包括对受到商标法保护的商标名称、图形及其组合的保护，也包括对没有在商标管理部门登记注册的品牌名称的保护①。品牌价值保护的措施包括三个方面的内容，即品牌诊断、品牌保护与品牌保险、品牌危机管理。品牌危机管理前文已有阐述，下面着重讨论品牌诊断、品牌保护与保险。

（一）品牌诊断

品牌诊断是指用专业的手段和方法来测试传播对象（消费者）对品牌的认知状况。当品牌将自己的形象传递给消费者时，该品牌形象将会对消费者形成认知。这

---

① 吴幼萍，段仁元．企业品牌保护问题研究［J］．经济问题，2002（12）：49－51.

种认知就反映了消费者对品牌的文化要素和技术要素的评价。

品牌价值评价过程涉及一系列评价要素，包括市场占有率测量，波特五种竞争力量评估，品牌传递出来的归属感、历史感、可信赖感、尊重感以及品牌人格化等文化属性与目标顾客的契合程度，产品或服务的功能及技术创新等是否符合顾客的消费方式等。在品牌价值管理中进行的品牌诊断所要做的主要是针对消费者认知和品牌影响进行的，目的是衡量品牌管理者事前所期望的和消费者所感受的是否一致，或者品牌所体现的价值观是否对消费者产生负面影响。具体而言，可以从以下三个方面进行诊断。

1. 品牌形象监测指标体系

品牌形象监测指标体系主要包括品牌知名度、品牌美誉度、品牌毁誉度、品牌联想等指标。通过考察品牌形象监测指标的变动情况，来判断品牌形象在公众心目中的变化，同时挖掘品牌形象与品牌推广过程中存在的问题。

2. 品牌忠诚监测指标体系

品牌忠诚度可以通过顾客对消费者购买行为评估、品牌价格变化反应的敏感程度和对该品牌的满意程度等方面进行衡量。通过对品牌忠诚检测指标的分析，可以了解目标群体是否出现了期望中的品牌忠诚，同时也可以分析品牌的价值观和理念设计是否有效地触动了消费者的情感需求，是否与消费者产生了互动与共享。

3. 品牌市场影响监测指标体系

品牌市场影响监测指标体系主要包括品牌的市场地位、市场占有率、通路覆盖率、终端铺货比率等。市场影响监测指标是衡量品牌的最直观指标，但该指标只适用于对品牌价值的短期判断，而不能作为品牌价值管理的最终目标。

（二）品牌保护与保险

品牌保护与保险包括三个层次的内容：一是商标的法律保护；二是品牌传播要素的保护；三是打击假冒品牌。

1. 商标的法律保护

品牌保护是在法律层面对品牌权益的支持和认可，是不容轻视的问题。要获得法律对合法品牌权益的支持，需要取得商标专用权，以及对与品牌相关的商标类别组合进行注册。为了保护品牌长久的合法权益，应该及时注册商标以及相关的商标，以防止他人的侵权行为。

2. 品牌传播要素的保护

除了商标之外，品牌传播要素的保护同样至关重要。品牌传播要素包括广告语、宣传画册、影视作品、形象代言人等。许多知名品牌的广告宣传语已经成为品牌形象传播中极其重要的组成部分，对于消费者正确认识和认知品牌都具有非常重要的作用，也是企业品牌资产的重要组成部分。品牌代言人对于品牌形象的形成和保护也十分重要，应该加以保护。

3. 打击假冒品牌

无论消费者对买到假冒伪劣商品如何反应，都会对真实品牌产生消极影响，降低品牌价值。所以，品牌管理者应该时刻关注市场信息，联合社会力量打击假冒伪劣商品，谨防“打擦边球”“搭便车”，维护品牌形象。

五、品牌复兴及品牌放弃

（一）品牌复兴及其方法

品牌复兴和品牌放弃是品牌管理者在品牌处于衰退期时的两难选择。在品牌步入了衰退期，品牌价值急剧下降时，品牌管理者应该充分考虑是投入更多的成本和费用以推动品牌重获市场地位，还是有条不紊地将品牌退出市场。

从市场的逻辑来看，重振品牌是大多数管理者的第一选择。这主要是因为前期的大量投入已经为品牌复兴创造了价值存量，如包装、广告传播、渠道建设、厂房、设备、人员配置等。消费偏好的变化、企业营销方案的调整、新的竞争者或新技术的出现等任何一种市场变化都可能影响一个品牌的命运。对于品牌的管理者而言，推动品牌的复兴有以下两种手段。

1. 调整定位，更新品牌形象

品牌形象脱离市场需求可能是品牌逐渐被市场所遗忘并步入衰退期的重要原因之一。品牌重新定位的关键在于建立与相应的使用环境、目标顾客和潮流文化相符合的品牌个性。尤其是对于很多“老字号”品牌，管理者应该充分考虑如何将品牌在很长时间内积淀的底蕴与现实市场环境和消费者偏好相结合，迎合有潜力的目标市场。

2. 开拓品牌价值

品牌价值的开拓就是扩大品牌的使用范围和发现品牌的新用途。在很多情况下，品牌的衰退并非是品牌形象恶化所引起的。恰恰相反，许多品牌拥有一个合理的、备受关注的和积极的品牌形象，其衰退的原因是品牌价值的实现空间在缩小。此时，扩大品牌的使用范围和发现品牌的新用途将是品牌复兴的关键。一方面，可以通过提高消费数量、次数或频率来扩大适用范围；另一方面，可以挖掘品牌的新用途。

此外，企业可以通过创新品牌附加值的方式来开拓品牌价值。这一方式是指在原有的品牌附加服务和功能对消费者已经没有增值意义的情况下，通过提供符合消费者需求的新的附加服务和价值，慢慢改变消费者的原有态度，复兴其对品牌的认知度和美誉度。

（二）品牌放弃及其时机判断

重振品牌的风险在于复兴前景的不确定性。品牌的管理、维护和复兴都要耗费巨大的成本，同时，维持较大的品牌组合在经济上往往是不合算的。所以，并非所有处于衰退期的品牌都要进行品牌复兴。在对品牌发展前景判断不明时，企业可以将精力集中于强势品牌上，发挥强势品牌的带动作用，而放弃弱势品牌。放弃品牌一般是在品牌价值已经无法利用和延伸的情况下所采取的最终措施，这意味着企业放弃了以往投入的一切努力和资本，而且品牌也没有再次复兴的机会。放弃品牌时，企业一般采取收割撤退策略，即迅速降低维持品牌营销的各种费用，有可能的话提高价格，以使短期资金回笼最大化，并避免对该品牌进行任何额外的投资，最终退出清理，以便及时把资源转移到其他品牌的运作上去。

知识拓展

我国最早的商标

宋代的商品经济空前活跃，城市内各类商店和手工业作坊遍布大街小巷。随着私营工商业的发展，同行间的竞争日益激烈，不少店铺为了推销自己的产品，开始大打广告战。首先自然是招牌广告，各店铺纷纷在自家门前挂起招牌。因为多是私营店铺，所以招牌多以店主姓氏为名，像“钱家干果铺”“陈家彩帛铺”“沈家白衣铺”等。除了各式各样的店铺招牌广告外，当时还出现了一种很有创意的广告形式——将本店店名、商标和广告词刻成青铜版，印刷成小广告分发。

在中国国家博物馆，就存放着一块宋代用来印刷广告的“济南刘家功夫针铺”青铜板。铜板长 13.2 厘米，宽 12.4 厘米，近似方形。印版上端横写店铺字号“济南刘家功夫针铺”，中间是白兔捣药图，左右两侧注明“认门前白兔儿为记”的字样，下有广告词“收买上等钢条，造功夫细针……”这块青铜印版中的白兔标记被认为是世界上最早出现的商标图案。

这简单生动的文字和画面，表明了刘家功夫针铺是以白兔为标记的，所造功夫细针采用的是上等钢材，坚固耐用，质地精良，在当时的社会上享有一定的信誉。

管理实践

鸿星尔克做对了什么？

2021 年，销声匿迹多年、网友一度认为已破产的鸿星尔克，在其财报显示上一年亏损 2.2 亿元的情况下，仍然给河南捐出 5 000 万元物资，品牌美誉度与直播间销量瞬间“拉满”。从各方角度看，鸿星尔克一开始没有想到能有如此大的传播量，只是例行捐款，却意外地被微博网友发掘“出圈”。此后，直播间和微博里被衍生出诸多“梗”，在各大平台广泛传播，最终“稀里糊涂”地成为一个社会化营销案例。鸿星尔克事件引爆全网后，无数品牌和营销人都在思考：“鸿星尔克到底做对了什么？”但这个问题很可能是没有答案的，因为这场传播事件的偶然性强、可复制性低。更关键的是，作为主角的鸿星尔克做得实在不太多。

最开始，鸿星尔克只是在微博上发出捐款公告，这是一个常规操作，何况捐款更多的企业也不少。真正的引爆点，来自一条捐款微博下面的评论“感觉你要倒闭了还捐了那么多”，以及随后在各大平台上流传的关于鸿星尔克 2020 年财报截图。就此，即便亏了两亿多元，也要毁家纾难、捐款 5 000 万元的老牌国货企业形象树立起来了。在强烈的反差感和对民族企业的认可以及鸿星尔克多年积累的口碑势能的加持下，网友以喜爱和同情热捧，迅速涌入其品牌直播间，将原本日常只有几十人观看的直播间撑到了千万级流量。很快，这个直播间又成为新的传播节点。此后，类似于“鸿星尔克总裁深夜骑共享单车来直播间”“总裁劝大家理性消费”等段子在微博、抖音和哔哩哔哩网站评论区呈现病毒式传播。鸿星尔克事件彻底“出圈”，成为热度极高的品牌。坦白来讲，鸿星尔克在领域内深耕服饰行业二十多年，却未能在新时代中占据浪潮之巅，其积累沉淀和品牌势能非常稀缺，因而才会形成强烈反差。真正值得品牌和营销人关注的，不是鸿星尔克本身，而是这个事件里为人们所忽视并发挥了极大作用的平台与新工具。

资料来源：李萧楠．鸿星尔克做对了什么［J］．法人，2021（8）：90－92.

能力训练

同步测试

一、单选题

1. 较高的品牌忠诚度，即品牌形成了稳定的（　　）。

A. 盈利能力　　B. 企业文化　　C. 忠诚度　　D. 品牌价值

2. 通过密集的、高频率的广告投放，能够迅速建立（　　）。

A. 品牌忠诚度　　B. 品牌认知度　　C. 品牌价值　　D. 品牌联想

二、填空题

1. 品牌价值的来源包括______、______、______、______、______等。

2. 品牌联想的价值，体现在______、______等方面。

三、简述题

1. 品牌资产的构成要素有哪些？

2. 提高品牌知名度有哪些策略？

3. 品牌品质认知是什么？它与品牌知名度的区别与联系是什么？

4. 品牌联想的作用有哪些？如何让消费者产生正面的品牌联想？

5. 品牌忠诚的重要性体现在哪些方面？提高品牌忠诚度的策略有哪些？

四、案例分析题

中华老字号广誉远的品牌活化之路

广誉远作为历史最为悠久的 4 家传统中药企业之一，具有基于晋商文化塑造的品牌元素和形象认知，并且拥有源于宫廷配方的排他性产品禀赋优势。面临市场需求升级和竞争结构变化的外部环境冲击以及产品结构老化和品牌认知度下降的内部压力，广誉远借助股权融资提升企业的市场化运作能力，重构品牌的真实内核，并且通过医药和传统文化元素整合推动产业链纵向一体化，进而实现品牌价值更新和提升。

第一，环境压力。广誉远品牌复苏主要面临着制度变迁、产品创新、市场扩张和品牌特征重构的压力：（1）制度和行业政策压力。随着国家医改政策的不断深入，药品审批与生产、质量监管、流通环节限价、基药招标、医保控费等政策变化使得广誉远生产运营和品牌管理面临转型升级挑战。（2）产品创新压力。广誉远主要依靠龟龄集和定坤丹两个传统中药产品深耕市场并获取品牌声誉，存在产品结构单一、创新剂型匮乏、体量和规模难以扩大的问题，并且中药的纯化和提取工艺滞后。(3) 市场扩张和竞争结构剧变压力。一方面，由于中药行业市场潜力的扩增效应，大量企业进入该领域，但由于制药技术和基础理论的制约，药品同质化现象突出。(4) 交叉技术和药理论证的进步使得企业面临替代性新产品的冲击。此外，广誉远宫廷用药的品牌形象认知和品牌定位仍然存在吻合度较差的冲突，目标市场及其消费特征发生了很大变化，品牌形象认知亟待重构。

第二，品牌建构举措。广誉远通过品牌元素创新实现老化品牌的形象重构，借助资本整合实现品牌价值链纵向延伸，进而推进品牌复苏、提升品牌资产。广誉远品牌建构的典型行为主要包括以下方面：首先，品牌文化创新，建设以精品中药生产基地、保健酒生产基地以及非物质文化遗产和中药文化传承基地为联合体的中药港展示品牌文化。其次，营销体系创新，建立以龟龄集、安宫牛黄丸、牛黄清心丸、定坤丹等为主的精品中药营销体系，塑造精品中药品牌认知；同时推出龟龄集子品牌拓展养生营销体系，整合企业、渠道商和客户资源，依托产品优势推动延伸品牌成长，带动并强化养生保健的传统中医理念。最后，产品结构调整与终端开发，建立九大GAP药材基地，开发中药饮片、保健酒和食品，与京东、天猫、1号店合作布局线上渠道，并尝试移动端品牌营销。此外，通过外部合作实现医药资源整合弥补自身能力不足，出售以西药生产、销售为主营的启东盖天力，设立了以中药材种植、收购、初加工为主营的安康广誉远，并组建广誉远博物馆、国家级非物质文化传承馆、中药标本馆、中医药养生馆和名医馆，构建产业链生态闭环，实现品牌价值协同。

第三，品牌活化结果。广誉远遵从品牌原型，基于品牌历史和品牌文化进行品牌再定位和品牌传播，实现品牌定位与消费者感知的有效匹配，构建了“精品新中药”的独特品牌形象并提升品牌价值。首先，实现老化品牌的文化重构与组合创新，重塑龟龄集、定坤丹的核心品牌元素，结合公司产品特点和优势对广誉远品牌进行挖掘和重塑，将广誉远老字号信誉保证、精品中药特色疗效建立在广大消费者的心智模式上。其次，形成企业、核心产品与衍生产品多层级品牌架构，建立龟龄集、定坤丹的核心品牌形象，将其打造成为男科、妇科用药的领导品牌，持续带动广誉远企业整体品牌，在企业品牌的带领下，全面启动和恢复安宫牛黄丸、牛黄清心丸等系列高端精品中药，拓展产品领域，推出衍生品牌。此外，广誉远克服组织惰性，重构老化的品牌形象，推进企业市场化变革和渠道下沉，实现产品属性由治疗性为主向大健康养生转变，品牌形象由低端向中高端转变。

资料来源：许晖，张海军，冯永春．传承还是重塑？本土老字号品牌活化模式与机制研究——基于品牌真实性与价值迁移视角［J］. 管理世界，2018 (4)：146－161，188.

请尝试分析以下问题：

1. 你认为应该如何保护和发展传统老字号？
2. 广誉远的品牌活化之路能够为我们提供哪些借鉴与参考？

技能训练

实训项目：培养品牌价值管理能力

一、实训目的

1. 培养学生的品牌价值管理能力。

2. 锻炼在品牌价值管理中制订计划、协调各方关系等方面的能力。

二、实训内容

1. 实训资料：按照品牌价值管理的各阶段设计一套完整的方案。

2. 具体任务：设计一个品牌，并进行品牌价值规划、品牌价值保护和品牌放弃的方案设计。

3. 任务要求：

（1）相关资料和数据的收集可以参考二手资料。

（2）综合分析要全面客观。

三、实训组织

（1）实训指导教师明确实训目的、任务、评价标准。

（2）按实训项目要求将班级成员分为若干小组，每个小组 4～6 人，采用组长负责制，组员合理分工，团结协作，专人负责记录和整理。

（3）小组在调研基础上充分讨论，认真分析，写出书面实训研究。

（4）完成后各小组派代表在班级进行实训报告的 PPT 演示。

四、实训步骤

（1）指导教师布置实训项目，指出实训的要点和注意事项。

（2）各小组明确实训任务，在教师的指导下制订方案并执行。

（3）小组成员选举组长、团结合作、发挥特长、明确分工，认真调研，广泛收集资料。

（4）由专人进行资料的汇总和整理，活动相关事项记录明确。

（5）各小组讨论形成核心思想，归纳要点，形成讨论稿，完成实训报告。

（6）各小组轮流展示实训作业，互评成绩。（理论运用、资料翔实、文字表达方面占 60 分，小组代表的语言表述方面占 30 分，团队协作和报告形式方面占 10 分）

（7）指导教师进行综合评定和总结。

参考文献

[1] 史芸赫．品牌人格：从一见倾心到极致信仰［M］．北京：机械工业出版社，2019.

[2] 陈晴旖．企业在塑造品牌文化过程中的问题与对策探析［J］．经济研究导刊，2012（12）：192－193.

[3] 丁桂兰，陈敏．品牌管理［M］．2版．武汉：华中科技大学出版社，2014.

[4] 何民浩．百年“老凤祥”：“老凤祥”品牌的发展研究［J］．上海经济，2010（8）：64－65.

[5] 华泽峰，谭啸威．消费者的品牌识别和品牌价值共创：以网易云音乐为案例［J］．营销界，2019（20）：37－38.

[6] 黄静．品牌管理［M］．2版．武汉：武汉大学出版社，2015.

[7] 黄胜兵，卢泰宏．品牌个性维度的本土化研究［J］．南开管理评论，2003（01）：4－9.

[8] 江平．城市品牌形象塑造与传播研究［M］．武汉：武汉大学出版社，2018.

[9] 凯文·莱恩·凯勒，王海忠，陈增祥．战略品牌管理：中国版［M］．北京：中国人民大学出版社，2021.

[10] 蓝天．企业品牌与文化［M］．武汉：华中科技大学出版社，2012.

[11] 黎万强．参与感：小米口碑营销内部手册［M］．2版．北京：中信出版社，2018.

[12] 李滨．品牌文化与品牌战略［M］．西安：西安交通大学出版社，2016.

[13] 李滨．品牌资产管理［M］．西安：西安交通大学出版社，2014.

[14] 李缓缓．“海底捞”品牌营销策略与特征探析［J］．经济研究导刊，2021（34）：70－72.

[15] 李玟，苏怡，刘丽，薛乃谦．基于体验营销模式下的视觉传达设计对实体书店的影响研究［J］．中国商论，2021（12）：47－50.

[16] 李萧楠．鸿星尔克做对了什么 [J]．法人，2021 (8)：90－92.

[17] 李逾男，杨学艳．品牌管理 [M]．北京：北京理工大学出版社，2017.

[18] 连漪．市场营销管理：理论方法与实务 [M]．北京：国防工业出版社，2010.

[19] 梁东，连漪．品牌管理 [M]．北京：高等教育出版社，2012.

[20] 刘常宝．品牌管理 [M]．2 版．北京：机械工业出版社，2014.

[21] 刘梅．运用体验营销提升品牌竞争力：从上海世博会看体验营销 [J]．现代商业，2011 (6)：64－66.

[22] 刘迅．云南白药的品牌延伸 [J]．企业管理，2011 (2)：46－48.

[23] 卢晶．品牌管理 [M]．北京：清华大学出版社，2019.

[24] 卢泰宏．品牌资产评估的模型与方法 [J]．中山大学学报（社科版），2002 (3)：88－96.

[25] 吕瑛．品牌管理 [M]．北京：北京邮电大学出版社，2011.

[26] 穆易，王红茹，林妯．“旭日升”陨落 [J]．中国经济周刊，2004 (22)：10－17.

[27] 南开大学课题组．品牌价值评价体系研究：理论视角 [M]．北京：中国经济出版社，2019.

[28] 曲纾瑶．宜家家居（IKEA）体验营销策略研究 [J]．中国外资，2013 (8)：124－125，128.

[29] 任慧娟．企业品牌文化塑造探析 [J]．现代商业，2020 (16)：3－4.

[30] 生诚．如何塑造企业的品牌文化 [J]．科技资讯，2007 (14)：243.

[31] 小羊．恒源祥品牌资产造就千万富商 [J]．中国纺织，2005 (7)：112.

[32] 孙岚．浅谈“中国红”在国内品牌包装设计中的应用及再思考 [J]．设计，2014 (2)：116－117.

[33] 王成荣．品牌价值论：科学评价与有效管理品牌的方法 [M]．北京：中国人民大学出版社，2008.

[34] 汤红瑶．基于消费者行为理论下的病毒性营销分析：以拼多多为例 [J]．营销界，2020 (12)：14－15.

[35] 王成荣，李诚，王玉军．老字号品牌价值 [M]．北京：中国经济出版社，2012.

[36] 王磊．向宝洁学什么：品牌量化管理 [M]．北京：机械工业出版社，2010.

[37] 王文．一个品牌，八年时间，恒源祥品牌资产造就千万富商 [J]．纺织信息周刊，2005 (21)：12.

[38] 王新刚．品牌管理 [M]．北京：机械工业出版社，2020.

[39] 吴幼萍，段仁元．企业品牌保护问题研究 [J]．经济问题，2002 (12)：49－51.

[40] 席佳蓓．品牌管理 [M]．南京：东南大学出版社，2017.

[41] 邢世莉．新媒体背景下 OPPO 手机的精准营销策略分析 [J]．营销界，

2021 (8)：7-8.

[42] 徐志国．物流革命：中国物流企业创建强势品牌研究 [M]. 北京：中国商务出版社，2021.

[43] 许晖，张海军，冯永春．传承还是重塑？本土老字号品牌活化模式与机制研究：基于品牌真实性与价值迁移视角 [J]. 管理世界，2018 (4)：146-161，188.

[44] 杨芳平．品牌学概论 [M]. 上海：上海交通大学出版社，2009.

[45] 杨海军，袁建．品牌学案例教程 [M]. 上海：复旦大学出版社，2009.

[46] 余明阳，杨珊珊．品牌营销管理 [M]. 武汉：武汉大学出版社，2008.

[47] 余胜海．任正非和华为 [M]. 武汉：长江文艺出版社，2017.

[48] 张灿．水井坊的文化营销 [J]. 企业改革与管理，2007 (11)：38-39.

[49] 张辰，阳光，谷俊，严久盛，等．活力 28 失踪 [J]. 中国质量万里行，2005 (9)：18-21.

[50] 张景云，张希．中华老字号品牌的文化营销：以全聚德为例 [J]. 商业经济研究，2017 (16)：55-57.

[51] 钟旭东．市场营销学：现代的观点 [M]. 2 版．上海：格致出版社，上海人民出版社，2019.

[52] 周婷，于福荣．像任正非一样去经营 [M]. 南昌：江西教育出版社，2018.

[53] 周越．包装品牌塑造与促销设计 [M]. 北京：印刷工业出版社，2009.

[54] 左太元．多元化战略下品牌识别的符号化缺失与构建 [J]. 包装工程，2011 (6)：5-7，11.